抗日风云

王圣方　主编

山东大学出版社

图书在版编目(CIP)数据

抗日风云/王圣方主编. 一济南:山东大学出版社,2015.7

ISBN 978-7-5607-5334-8

Ⅰ.①抗… Ⅱ.①王… Ⅲ.①抗日战争一史料一中国一中小学一乡土教材 Ⅳ.①G634.591

中国版本图书馆 CIP 数据核字(2015)第 197805 号

责任编辑:陈海军
封面设计:张 荔

出版发行:山东大学出版社
社 址 山东省济南市山大南路 20 号
邮 编 250100
电 话 市场部(0531)88364466
经 销:山东省新华书店
印 刷:山东新华印务有限责任公司
规 格:720 毫米×1000 毫米 1/16
16.25 印张 295 千字
版 次:2015 年 7 月第 1 版
印 次:2015 年 7 月第 1 次印刷
定 价:36.00 元

《抗日风云》编委会

王圣方，男，生于1963年10月，东阿县刘集镇西苫山村人，大学本科，中教高级教师，东阿县实验小学校长。

曾获东阿县"十佳校长"、聊城市"水城名校长"、聊城市优秀教育工作者、山东省"教材实验先进个人"、中央教科所专家型校长培训班优秀学员、"全国教育科研优秀校长"等荣誉称号。在全国各类报刊发表论文数十篇，主持过多项国家级、省市级课题，多项教科研成果荣获省市级一等奖。

序 言

2015年8月15日，是伟大的中国抗日战争胜利70周年。波澜壮阔的抗战岁月，令我们刻骨铭心；中华民族的共赴国难，铸就了伟大的抗战精神。

伟大的中国抗日战争，是中国人民反抗日本帝国主义侵略的正义战争。1945年8月15日，日本宣布无条件投降。9月2日，同盟国举行日本投降签字仪式，标志着中国抗日战争暨世界反法西斯战争取得最后胜利。9月3日被定为中国人民抗日战争胜利纪念日。

抗日战争中，1937年12月13日，侵华日军侵入南京，30多万同胞惨遭杀戮，人类文明史上留下最黑暗的一页。2014年2月27日，十二届全国人大常委会第七次会议通过决议，以立法形式将12月13日设立为南京大屠杀死难者国家公祭日。

伟大的抗日战争，是中国人民反抗日本帝国主义侵略的自卫战争。从1931年开始，中华民族奋起局部抗战，到1937年的全国抗战，至1945年日本投降，经过了14年艰难曲折的苦难历程。中国共产党高举抗日民族统一战线的旗帜奋勇前进，是全民族团结抗战的中流砥柱。我国军民前仆后继、浴血奋战，以血肉之躯筑起了捍卫祖国的钢铁长城，用气吞山河的英雄气概谱写了惊天地、泣鬼神的宏伟史诗。

抗日战争是中国近代最重大的历史事件之一，是中华民族走向振兴的重大转折。回望屈辱和悲壮的中国近代史，从鸦片战争到抗日战争前的近百年间，世界列强几乎都参与了对中国的侵略和掠夺；尽管中国人民进行过一次又一次抵抗，但没有一次战争不是以中国失败而告终的。而抗日战争则不同，由于有了中国共产党，有了国共合作形成的抗日民族统一战线，亿万中华儿女形成了举国御侮的生动局面，最终赢得了近代以来民族解放战争的第一次完全胜利。伟大的抗日战争成为中华民族由衰败走向复兴的重要转折点。

伟大的中国抗日战争是世界反法西斯战争的重要组成部分，是世界反法西斯战争的东方主战场。在世界反法西斯战争中，中国抗日战争开始时间最早，持续时间最长，抗击日军最多，付出代价最大，发挥了不可替代的巨大作用。正如毛泽东所预言的那样："抗日战争是持久战，最后胜利是中国的。"

在抗日战争血与火的洗礼中，中华民族体现出团结一致、在挫折中奋起的强大民族凝聚力和生命力，体现出不畏强暴、不屈服于任何外来压力的民族气概，体现出敢于赴汤蹈火、前仆后继的牺牲精神，体现出善于探索创新、寻求民族复兴之路的民族智慧，以爱国主义为核心的民族精神得到了极大的发扬和光大，成为战胜日本军国主义最强大的民族精神。

伟大的抗战精神，蕴含着中华儿女万众一心、和衷共济的团结精神。实践证明，中国共产党是全面抗战的中流砥柱，抗日民族统一战线焕发了民族精神，凝聚了民族力量，燃起了人民战争的熊熊烈火，促成了规模空前的抗日运动和抗日战争，改变了中日双方的力量对比，这就从根本上决定了中华民族抗战胜利的前途和日本帝国主义必然失败的命运。

伟大的抗战精神，蕴含着中华儿女舍生忘死、前仆后继的牺牲精神。在野蛮凶残的日本侵略者的杀戮面前，成千上万的中华优秀儿女无所畏惧，挺身而出，以自己的血肉之躯抵御日军的枪炮，保卫神圣的家园。

伟大的抗战精神，蕴含着中华儿女百折不挠、奋斗到底的坚韧精神。在中国共产党实行的全面抗战的路线和持久战的战略方针指引下，中国人民在抗日战争中孕育出的不畏强暴、不甘屈辱的自强精神，万众一心、和衷共济的团结精神，舍生忘死、前仆后继的牺牲精神，百折不挠、奋斗到底的坚韧精神，极大地丰富了中华民族精神的宝库。

历史是最好的教科书，也是最好的清醒剂。中国人民对战争带来的苦难有着刻骨铭心的记忆，对和平有着孜孜不倦的追求。付出了巨大牺牲的中国人民，将坚定不移地捍卫用鲜血和生命写下的历史，任何人想要否认、歪曲甚至美化侵略历史，中国人民和各国人民绝不答应！

朱佳娟

2015年5月16日

编写说明

本书为纪念抗日战争胜利70周年，纪念世界反法西斯战争胜利70周年以及纪念为战争胜利牺牲的先烈和为胜利做出贡献的先人而作。

本书力图体现革命性、思想性、知识性和科学性，旨在对师生进行爱国主义和革命英雄主义及综合素质教育，使其在教材之外，学习社会科学和人文科学，并得到全面发展；使师生对抗日战争及正面战场和敌后战场有比较系统和比较全面的了解，以读史知今，继往开来。

由于本书涉及面广，编写、出版时间紧，限于资料和学识，难免存在失误之处，诚望读者批评指正。

目　录

第一章　历史记载

一、中日首战

在中国历史上，一共进行过三次抗日援朝战争。其中，发生在1300多年前的中日战争，因为年代久远和史料的相对匮乏鲜为人知。

公元663年的中日战争，其结局是：唐军大胜，倭军（即日军）400余艘战船被毁，其水军基本被全歼。残余的日军除了一部分投降外，其余的则是屁滚尿流地逃回了日本。百济王先在岸上守卫，见倭军失利，乘乱军之际逃亡高句（gōu）丽，百济宣告正式灭亡，日本势力也从此绝迹朝鲜半岛达千年之久……

朝鲜半岛唐倭开战

公元618年，李渊建立唐朝之后，位于朝鲜半岛的新罗、百济和高句丽三国，先后与唐建立了外交关系。在与唐建交前，新罗和百济间关系紧张，一直互相攻城略地而争夺不休。为实现分割新罗的企图，百济曾与高句丽联合进攻新罗。新罗则积极向唐朝靠拢，以期得到保护。

公元653年8月，百济与倭国（日本）"通好"之后，再次联合高句丽出兵新罗，新罗告急。唐高宗李治派左卫大将军苏定方统领水陆军队13万多人出兵百济，以解新罗之危。

苏定方大军与5万新罗军会师后大败百济军，随后率军进至百济王城。百济为唐军所灭。苏定方留下中郎将刘仁愿、刘仁轨等驻守百济王城，自押俘虏回国。

百济即亡，百济将军鬼室福信率部退至周留城，同时遣使去日本求援，并迎接以前赴倭国为人质的王子扶余丰回国即王位。

在倭国，正值实行大化改新——实行新政时期，国内矛盾重重。为了转移内部矛盾，倭国于660年10月允诺出兵援助百济，并送王子扶余丰回国。而高句丽唯恐鬼室福信兵败，使本国遭南北夹击，也遣使于662年3月赴倭乞师，敦促倭军迅速开赴战场，与唐军作战。决心参战的倭王政府，遂命令百济战场的倭军立刻投入战斗。

663年6月，倭前将军上毛野稚子等率军2.7万人进攻新罗，夺取沙鼻歧、奴江二城，使新罗与唐军的联系通道受到威胁。至此，朝鲜半岛形成南、北两个战场。在北方战场，高句丽与唐军基本形成了对峙的局面；而在南方战场，由于倭军的介入，战争形势已转向倭军和百济军方面了。虽然唐军和新罗的联军还未遭到败绩，但总体上已经开始居于守势。

但精通谋略的唐将刘仁轨已经看出，百济的栋梁大将鬼室福信功高震主，扶余丰必不能容，百济国不日即有内讧，宜静观其变。鬼室福信一死，百济必不堪一击，斯时趁机灭之，再挥师北上，可奏全功。

时隔不久，百济王扶余丰果然治鬼室福信以谋反之罪，杀之。百济国人心思动，其战斗力受到极大的削弱。

663年8月初，倭国援军将至，百济王扶余丰率部分军队自周留城赴白江口迎接，周留城则由百济王子及倭军联合守卫。这时唐朝右威卫将军孙仁师率7000援军赶至，与刘仁轨会师，随后分兵两路进攻周留城。

刘仁愿、孙仁师以及新罗王金法敏统帅陆军，从陆路进攻周留城。刘仁轨、杜爽率领唐水军和新罗海军从熊津入白江口，溯江而上夹击周留城。

唐军大捷

8月13日，刘仁愿所部进逼周留城外围。百济则因鬼室福信之死，士气极其低落。尽管有倭军相助，但还是难以抵抗唐军的进攻。周留城周围的城池，逐一被唐军攻克，只待攻进城去。

在刘仁愿率军向周留城进军的同时，刘仁轨率唐军和新罗海军驶向白江口，力图溯江北上进逼该城。

当刘仁轨所率海军驶抵白江口时，与先期前来的倭国海军相遇。“倭船千艘，停在白沙，百济精骑，岸上守船。”刘仁轨立即下令布阵，170艘船按命令列出战斗队形，严阵以待。

8月27日上午，倭军战船首先开战，冲向唐军。由于唐军船高舰坚利于攻守，倭军船小不利于攻坚，双方战船一接触，倭军立刻处于劣势。

倭军指挥官慌忙下令战船撤回本队。其指挥互相计议说：“我等争先，彼当后退。”遂各领一队战船，争先恐后毫无次序地冲向早已列成阵势的唐海军。

唐军统帅见倭军军旅不整，蜂拥而至，便指挥船队变换阵形，分为左、右两队，将倭军团围困在阵中。倭军被围，舰只相互碰撞无法回旋，士兵大乱。不过片刻之间，倭军战败，落水而死者不计其数。

中国史书记载：唐军与倭军海战，“焚四百船，海水为丹”。唐军大胜，日本400余艘战船被烧毁，日本水军基本被全歼。残余的日本军除了一部分投降外，其余的则是屁滚尿流地逃回。

百济王先在岸上守卫，见倭军失利，乘乱军之际逃亡高句丽，百济宣告正式灭亡，日本势力也从此绝迹朝鲜半岛长达千年之久。

二、倭扇与“小丑国”

明太祖朱元璋1368年登大宝之初，就派使臣向日本下国书，希望他们来朝拜新中华之主。

但是，骄横的日本权臣不仅没有朝贡，还杀了使者。

朱元璋恼羞成怒，但思量再三，始终没有作出远征日本的决定。打又打不得，不打又不消停，怎么办？

朱元璋咽不下这口窝囊气，终于想出了一个“抗日绝招”——令人做了一把仿日折扇，钦名为“倭扇”，并在扇面上题写了一首荡气回肠的“反日诗”。

在这首诗中，朱元璋明确地将日本定性为“国王无道民为贼”的“小丑国”，发出对日本肆意挑战大明的鄙视。同时，他也料到日本日后一定会成为诸多麻烦的制造者，但却没有拿出具体的应对之策，只是表示要把日本像折扇一样，一挥掌握中。

如此这般，天天把“倭扇”带在身上，握在手中，就等于天天把玩日本。

朱元璋此举也真是够绝的，不费一刀一枪、一兵一卒，就取得了抗日胜利——至少是精神及意念上的完胜。

看来，朱皇帝也是具有阿Q精神的，也会精神胜利法，也是“从战略上藐视敌人的”。

三、郑和东使

公元1405～1433年，明朝政府派郑和七次下西洋，在中国历史上妇孺皆知，但对“郑和下东洋”却知之甚少。

明朝建立前后，倭寇猖獗，边患频仍。明太祖朱元璋一怒之下，断绝中日交往，实行海禁，朱棣（即明成祖，1403～1424年在位，年号永乐）夺得帝位后，希望四海宾服，便试着开放海禁。岂料这一来却让日本浪人钻了空子，如潮水般涌来。“倭寇”势力渐大，越闹越凶，甚至有时候明朝官军都不能敌。顾炎武在《天下郡国利病书》中记载：“永乐二年四月，夷船一十一只，寇穿山，百户马兴与战死亡。寻寇苏州府、松江府诸处。”

日本浪人仅凭十几只木船，在中国东南沿海一带如入无人之境。“鬼子”进村，烧杀淫掠，老百姓避之不及，纷纷逃难。对此倭乱，明朝小说家冯梦龙在《古今小说》中的《杨八老越国奇逢》一章中亦有形象描绘：“舟车挤压，男女奔忙。人人丧胆，尽愁海寇恁猖狂；个个惊心，只恨官兵无备御。扶老携幼，难禁两脚奔波；弃子抛妻，单为一身逃命。不辨贫穷富贵，急难中总则一般；哪管城市山林，藏身处只求片地。”

必须指出的是，明朝所谓“倭寇”，与后来大举进攻中国的日寇不同，不是政府正规军，而是日本政府也管不了的海匪。于是，“郑和下东洋”的故事就在这样的历史背景下发生了。永乐二年（1404年），郑和督师10万出师日本。

据《明史·戎马志》记载，郑和出使东洋做了两件事：

第一件，晓谕明成祖旨意：“使其自行剿寇，治以本国之法。”

第二件，“许以贸易”，双方签定《堪合贸易条约》。“堪合”乃明朝廷颁发的执照，日本人在条约下与明朝进行“朝贡贸易”。中国的丝绸、瓷器、书画、资财等等，尽可以通过“合法途径”，而非“野蛮打劫”地拿走。

此时的日本，怀义王已经作古，第三代室町幕府将军足利义满执政。眼见明朝大队人马押送着大量宝物到访日本，也不在君臣礼仪虚名上较劲，遂象征性地杀了20多个海盗浪人，将首级送给大明使者，并接受了明朝封号、金印、冠服等，表示臣服，按属国的名分向明朝皇帝呈递国书，奉明正朔。

郑和带着20多个倭寇首级和足利义满的“臣服表”回国交差。朱棣找回了面子，满心欢喜，对日本国“嘉其勤诚，赐王九章”，又向足利义满将军赠送了金银、瓷器、书画等物，并允许日本国朝贡团人员总数可多至200人，在江浙一带进行贸易活动。

明史学者总结“郑和下东洋”，赞其以经济手段怀柔，“不战而屈人之兵”。

四、倭寇骚扰

1336～1392年(日本后醍醐天皇到后小松天皇时期),日本处于封建割据的南北朝时期。后来北朝统一南朝,南朝失意的封建主(其中大部分是武士,武士是日本的中小封建主,受大封建主的控制,成为大封建主的侍卫)不愿意投降北朝,就亡命入海,加入海盗行列,骚扰朝鲜和我国海岸。这就是倭寇的开始。

1553年,倭寇在明朝奸商汪直、徐海等的勾引下,“连舰数百,蔽海而至,浙东西,江南北,滨海数千里,同时告警”(《明史·日本传》)。第二年,倭寇越来越多,往往“自焚其舟,登岸劫掠”(《明史·日本传》)。他们把根据地从海岛迁到陆上,分成几十人到几百、几千人的小股,四出劫掠。由于官军的腐败,倭寇一直闯到徽州、芜湖、南京、淮南和徐州、邳县一带。他们到处杀人越货、掳人勒赎或出卖。

例如倭寇骚扰江苏昆山县城,“孤城被围凡四十五日,大小三十余战。其六门并被攻。被杀男女五百余人,被烧房屋两万余间,被发棺冢(挖坟盗棺)四十余具。各乡村落凡三百五十里,境内房屋十去八九,男妇十失五六,棺椁三四,有不可胜计而周知者”(归有光《昆山县倭寇始末》)。

五、僧兵杀倭

古代嵩山、五台山和伏牛山的寺院均有武僧,他们还被正式列入国家“乡兵”行列,俗称“僧兵”,犹如今天的民兵或预备役军人。

训练有素、武艺高强的少林僧兵,自然被视为主力。大凡平定叛乱、征讨土匪、戍边守疆等大事,少林武僧都招之即来,来即能战。少林僧兵不需国家拨款供养,却个个骁勇善战,冲锋陷阵,不愧为矢志报国的好儿男。而他们的武器装备却并不先进,无非是棍棒乃至徒手出击的少林拳。“少林和尚棍”驰名天下,棍棒为木质钝器,杀伤力虽远不及刀剑长矛等金属利器,但在佛门十八般兵路中却素有“诸艺宗于棍”之说,被誉为“艺中魁首”,足见少林棍棒的厉害。

明朝嘉靖、隆庆年间,日本海盗(倭寇)在我国东南沿海频频骚扰滋事,强烈动摇了明王朝在东南地区的统治和国土的安宁。但当时海防松弛,沿海战船、哨船仅"十存一二",兵力也不多,加之朝政腐败、军纪松懈,从而导致部队战斗力极弱。而倭寇却凭借其制作精良的日本刀及诡秘刀法,令明朝守军节节败退,使沿海百姓惨遭欺凌。

1553年,一股只有数十人的倭寇小分队,在浙江登陆后竟长驱直入安徽歙县和芜湖,逼近南京城,一路上这伙强盗极尽抢劫杀戮之能事。南京此时为明朝"陪都"(1421年,明成祖迁都北京),驻军10余万,竟让一小股外国海盗过关夺隘如入无人之境,堪称天下奇辱,也说明了明王朝的软弱无能和朝政混乱程度。

前方告急,朝廷只得下旨征调各地乡兵,少林僧兵当然名列榜首。国家有难,匹夫有责,闻沿海倭寇作乱,欺压我同胞,少林武僧群情激愤,不远千里,日夜兼程,一马当先地冲杀在平倭抗侮的最前线。那倭寇也不是吃素的,他们挥舞双刀,横劈直砍,刀法诡异,呼呼生风,以至于"电掣、风翻、旋转格杀,四方尽白,不见其人"。

但是,"强中更有强中手",少林僧兵此番用的"杀手锏"乃是一种特制铁棍,舞动时却"迅捷如竹杖",他们还以靛青(一种染料)涂面,红布蒙头,俨然天兵下凡、神兵降临。神奇的少林拳和少林棍棒横扫敌阵,终使倭寇威风扫地,落荒而逃。

宁波人万表在《海寇议》中云:嘉靖三十二年(1553),倭寇进犯杭州。少林武僧教练月空法师亲率30余少林僧兵大破倭寇。后因误入敌军埋伏,全体阵亡。少林方丈闻讯后又携百名僧兵,口宣佛号棒杀倭寇上千人。是年六月上旬的一战,少林武僧以区区数十人一举痛歼倭贼100余人,在翁家港、白沙滩战役中,少林僧兵更将入侵的250多名倭贼斩尽杀绝,一个不留……捷报频传大长了国人威风。山东等地也派人来请少林僧兵,有一诗咏:"山东应募少林僧,叶谢江湾敌队乘。七尺棍长卅斤重,战场陷阵勇先登。"少林僧兵的神勇与忠贞由此可见。

少林武僧奋勇杀敌的精神震惊朝野,更为百姓称赞。明末清初的著名思想家、史学家顾炎武在《日知录·少林僧兵》中竭力讴歌少林僧兵保家卫国的传奇。他还披露了这一史实:在保卫松江战役中,彻堂、一锋、真元、了心四位少林武僧壮烈牺牲,松江知府方康为悼念四位僧人的忠勇,在上海近郊佘山建了座"四义僧塔",供人凭吊缅怀。

六、戚军战倭

明朝第12代皇帝嘉靖(即朱厚熜,1522～1566年在位),整天求仙修道,奸臣严嵩把持朝政，弄得朝廷上下一片昏暗，百姓啼饥号寒，内忧外患接踵而至。外患中最突出的是倭寇的侵扰。多亏有一支御倭劲旅戚家军，同爱国将领俞大猷、谭纶等所领导的军队协同作战，才肃清了倭患。这戚家军就是抗倭名将戚继光组织和领导的军队。

戚继光（1528～1587），字元敬，号南塘，山东登州（今山东蓬莱）人。戚继光出生在一个武将家庭，父亲戚景通当时任大宁（今河北保定）都指挥使。戚继光从小聪明好学。他 17 岁那年，父亲病死，戚继光袭职做了登州卫指挥佥事。在登州，戚继光听说倭寇侵扰我国沿海地区，给人民带来了灾难，心中很是不安。他在一本兵书的空白处，写下了“封侯非我意，但愿海波平”的诗句，抒发了一心保国安民的壮志豪情。

1553 年夏天，明政府擢升 25 岁的戚继光署都指挥佥事，管理山东 3 营 25 个卫所，负责从现在的黄河河口到山东、江苏交界一带海岸的防务。如果有足够的兵力、坚固的海防设施，军队训练有素、纪律严明，击退倭寇的入侵自然没多大难处。可当时的各卫所，戍卒逃跑，剩下的多是老弱残兵；沿海岛屿许多没有设防，岸上虽有工事，却年久失修，残破不堪，军队没有训练，纪律松弛。

戚继光深知军队没有纪律，就没有战斗力，不仅不能战胜敌人，还将会被敌人打败。所以他首先整顿纪律，接着戚继光整顿卫所，修葺海防工事，裁减残卒，训练士兵，军队过去那种闲散懒惰的习气逐渐克服，战斗力大大加强了。

1555 年秋，明政府把戚继光调到倭患严重的浙江。1556 年，由浙江总督胡宗宪推荐，28 岁的戚继光被任命为参将，负责镇守宁波、绍兴、台州（今浙江临海一带）三府。

戚继光刚上任不久，就传来倭寇入侵龙山所（今浙江龙山）的警报。他立即率领部下迎敌，同总兵俞大猷、台州知府谭纶联合作战，把倭寇打得大败而逃。

龙山所一战，戚继光开始崭露头角，显出英勇善战的才干。通过这次战役，戚继光也看到，浙江的军队也是缺乏训练，纪律松散，因而不少士兵临阵逃脱。特别是由广西、河北等地调来的客兵。享受着特别优厚的待遇，却坑害百姓。当地百姓流传着这样的谚语：“宁遇倭寇，毋遇客兵；遇倭犹可逃，遇兵不得生！”这样的军队哪能抵御倭寇的侵扰呢？而每次倭寇入侵，都是当地抵抗、击退的。于是戚继光提出招募当地百姓当兵并加以训练的建议。基于这种情况，戚继光报告上级，决心重新招募一支新军。

1558 年，义乌县八宝山发生了一场矿徒和当地农民的械斗，双方死伤严重。戚继光为这场悲剧而伤心,想把这支力量转移到抗倭战线上来。于是又一次建议招募新军,加以训练。他的建议被采纳了。不久戚继光亲自到义乌招兵,经过严格挑选,编成队伍,填造名册,发放武器,很快就建立起一支 3000 多人的新军队。

戚继光又根据浙江河湖港汊纵横,稻田里只有田埂才能行军的特点,把部队的作战单位编得很小。具体做法是:每 12 名士兵编为一队,最前面的人是队长,队长身后又分左、右 2 行,每行 5 人,最后一名是挑炊具的伙兵。2 行的第一个人分别是执长牌和藤牌的士兵,可以遮挡敌人的长矛、长枪,掩护后队前进。随后的 2 人拿狼筅,照顾牌手。再后的 4 人持长枪,每 2 枝长枪照顾一牌、一筅。最后 2 人用短兵器与长枪互相救应。这就充分发挥了每个士兵和各种武器的作用,以长补短,浑然一体。这个阵式就是著名的"鸳鸯阵"。

如果设立埋伏,就把"鸳鸯阵"变为队长居中,左右为狼筅,筅外各有二枪挟一牌,后面为二短兵。狼筅是戚继光所创制的兵器,又叫"狼牙筅",用带竹枝的大毛竹的上截(长约 5 米),在顶部安上利刃,用来杀伤敌人。

这支军队绝大多数是农民和矿徒,成分好,组织严密,纪律性强,又有适于战斗的阵法,成为一支劲旅,以后人们就称其为"戚家军"。

戚家军建立不久,1561 年,倭寇一两万人大举进犯浙江,从奉化到太平(今浙江温岭)沿海各县和卫所纷纷报警。戚继光在台州、海门和宁海一带布下伏兵,自己率戚家军主力直抵倭寇主力侵扰的宁海。进犯的倭寇见戚家军主力来了,纷纷逃跑,而另一股倭寇却趁机直抵台州城下的花街。

戚继光得到这个情报,麾师疾驰,在花街和倭寇相遇,戚家军勇气倍增,在战鼓声中英勇奋战,进攻部队和伏兵一齐杀出,把数百名倭寇全部歼灭在台州城下。这之后,戚家军又多次打败倭寇,在一个多月的战斗中,共歼灭倭寇 1400 多人,倭寇被火烧死、被水淹死 4000 多人,取得了重大胜利。

台州大捷之后,戚继光又招募义乌民兵 3000 人,戚家军发展到 6000 人了。

1562 年,戚继光率部驰援福建,捣毁倭寇在横屿(宁德城外海中)的大本营。

到了横屿岸边,倭寇早沿山麓布下阵势。戚家军奋勇向前,猛扑敌人阵地,双方展开了白刃战。戚继光部将吴惟忠率领部队攻打木城。正当横屿山麓硝烟尘土弥漫,喊杀声震天动地,打得难解难分之时,突然,倭寇的巢穴火光冲天,浓烟滚滚。倭寇见状惊慌逃散。戚家军乘胜追击,很快就把倭寇全部歼灭,收复了被倭寇盘踞 3 年的横屿。

据有关历史资料记载，此次横屿大火是戚继光训练的猴子放的火。这也是动物参战助人的一个光辉战例。

在庆祝横屿大捷之际，戚继光作了一首《凯歌》让士兵传唱。歌词曰：

万人一心兮，泰山可撼；
惟忠与义兮，气冲斗牛。
主将亲我兮，胜如父母；
干犯军法兮，身不自由。
号令明兮赏罚信，
赴水火兮敢迟留？

在抗倭名将戚继光的指挥下，戚家军驰骋在闽、浙两省抗倭战场上，狠狠地打击倭寇，取得了一个又一个的胜利。经过接连多年的奋战，东南沿海的倭患，基本上解除了。

戚继光还发明了世界上最早的最难破解的“密电码”。为此，他还编了两首诗歌，作为“密码本”。一首是：“柳边求气低，波他争日时。莺蒙语出喜，打掌与君知。”另一首是：“春花香，秋山开，嘉宾欢歌须金杯，孤灯光辉烧银缸。之东郊，过西桥，鸡声催初天，奇梅歪遮沟。”取前一首中的15字的声母及后一首中的36个字的韵母，依次编号，再将当时字音的8种声调，形成完整的“反切码”体系。

1567年，戚继光被调到北方，镇守蓟州（今天津蓟县）。晚年受排挤，居家病死。

戚继光作为我国历史上著名的军事家和民族英雄，是我国历史上歼灭日寇最多的将领，著有《纪效新书》《练兵实纪》，极受后代军事家的重视。其他著作尚有《止止堂集》。

七、援朝抗日

1586年，日本权臣丰臣秀吉用武力统一了日本各州，把持了日本的国政，“并欲侵中国，灭朝鲜而有之”（《明史·日本传》）。

1592年（明神宗万历二十年），丰臣秀吉派加藤清正、小西行长等率领军队20多万人和战舰几百艘，由对马岛渡海，进攻朝鲜。日本侵略军在釜山登陆后，接连攻占了汉城、平壤和许多城市，到处“放兵淫掠”。朝鲜的汉城、开城、平壤“数百里间，荡为灰烬”（《续皇朝史略》）。

中朝两国是山水相连的友好邻邦，自古以来就有着深厚的情谊和密切的经济文化交流。1368年,明朝建国的时候,朝鲜还称为"高丽"。在退居漠北的元朝残余势力的怂恿下,高丽末代国王辛禑派大将李成桂侵犯明朝。但是,李成桂反对进犯明朝,发动兵变,回师京城,废掉辛禑。不久,自立为王,迁都汉城,改国号为"朝鲜",开始了朝鲜历史上延续了430多年的李朝。

李朝建立之后,一直和明朝保持着友好的关系,两国政治上友好往来,经济上互通有无,文化和科学技术上互相交流,所以,当侵略军侵略朝鲜,朝鲜国王李昖被迫北撤的时候,急忙派使者到明朝请求援助。

明政府接受朝鲜国王李昖的请求,派遣李如松将军率领各路援军出兵援助朝鲜。明朝援军包围平壤,把日本侵略军打得大败。平壤大捷以后,明朝援军和朝鲜军民一起,又连续给日本侵略军以沉重的打击,收复开城、汉城,迫使日本侵略军退到釜山。

日本侵略军一面同明朝和朝鲜代表进行谈判,一面积蓄力量,准备发动新的进攻。

1597年3月,和议破裂,丰臣秀吉又派加藤清正、小西行长等带领日本侵略军14万人,分为5路,再度发起大规模进攻。明政府派杨镐经略朝鲜军务,再次派出援军,进入朝鲜。日本侵略军向北进逼到朝鲜的都城汉城。

明军和朝鲜军民联合作战,再一次把日本侵略军压缩到朝鲜南部沿海的蔚山一带。

1598年秋,丰臣秀吉病死,日本侵略军"俱有归志"。明朝援军和朝鲜军队水陆两路加紧攻击。日本侵略军放弃蔚山,加藤清正见势不妙,开船先逃。

此时,明朝水军提督陈璘正率领几百艘战舰分布在朝鲜南部海口,监视日军,见日军扬帆逃遁,立即派老将邓子龙会同朝鲜名将李舜臣率水军千人,驾巨舰3艘为前锋,到前面拦截阻击。

在激战中,邓子龙的船误中火器,敌人反扑,邓子龙战死。李舜臣赶赴援救,同时战死。而日本侵略军的舰船,也都中火焚毁,"焚溺死者万计",几乎全军覆没。小西行长等带领的侵略军,也遭到明军和朝鲜军的水陆夹击,"复焚其舟百余"。

连续7年的援朝战争,终于以中朝两国的胜利、日本的惨败结束了。

八、康熙论倭

在《清代简史》中,可以看到日本称康熙皇帝为"上国圣人"。为什么呢?

这可以在《康熙朝起居注》中找到答案。

在康熙三十年(1691)以后的记录中，康熙帝多次评论日本人。他并不叫他们为日本国，而只叫“倭子国”。康熙帝说：“倭子国最是反复无常之国。其人甚卑贱，不知世上有恩谊，只一味慑于武威……故而不得对其有稍许好颜色。”

有臣子问康熙帝为什么叫日本为“倭子国”？康熙说就是矮子国，“其国人不知何故天生矮小……”康熙进一步解释说，“倭”字从“人”从“委”。“委”意为“身材软缩”。“人”与“委”联合起来表示“身材矮小的人”；“寇”字从“完”从“支”，“完”指“家园完整”，“支”指“敲打”，“完”与“支”联合起来表示“家园破碎”。

康熙帝进一步解释说：“倭寇”一词的由来，是从《高句丽广开土王碑》(414年)碑文上所记载“日寇××××(某地名)”而来，在此“寇”当动词，即“日本侵略××××”之意。之后“倭寇”二字作为名词独立，用以称呼来自倭子国的海盗。

从康熙皇帝的这些言谈中可以看出，康熙看透看穿了一些日本人“不知世上有恩谊，只一味慑于武威”的本质，因而，从不给好颜色。

也许正因为如此，日本才对康熙皇帝极为敬重，尊其为“上国圣人”，甚至将康熙的《圣谕》翻译过去当宝书读。

清康熙帝对日本国的认识、分析和评价，真可谓一针见血，入木三分，后人读罢耳目一新。

【参考文献】

[1]孙乃民主编：《中日关系史》，社会科学文献出版社2006年版，第111～116页。

[2]方俞：《千年乱局》，华夏出版2012年版，第152～169页。

[3]何畏岩：《这才是日本史》，九州出版社2011年版，第40～45页。

[4]曾志华、杜文玉、白玉林主编：《唐史解读》，云南教育出版社2011年版，第623页。

第二章　甲午风云

一、甲午之战

1894～1895 年，日本发动了对朝鲜和中国的侵略战争。因战争爆发于旧历甲午年，故称“甲午中日战争”。

清光绪二十年(1894)春，朝鲜发生东学党起义，朝鲜国王李熙向清政府求援。6 月 2 日，日本内阁通过出兵朝鲜保护在朝日侨的决定；5 日，成立战时“大本营”，调兵开赴朝鲜。同时劝诱中国出兵，保证日本“必无他意。”

6 月 6 日，中国应邀出兵朝鲜并正式知会日本。太原总兵聂士成、直隶提督叶志超相继率淮军 1500 人入朝，驻汉城以南的牙山。后鉴于朝鲜局势趋稳，清政府向日本建议双方撤兵。

日本不但不撤兵，反而继续增兵，蓄意扩大事态。6 月底，入朝日军已达万人，并且不断向中国军队挑衅。清政府被迫于 7 月中下旬增兵达 1 万人，驻守平壤。7 月 23 日，日军占领朝鲜王宫，并成立了傀儡政权。

7 月 25 日，日军在牙山口外丰岛海面袭击中国运兵船。“济远”“广乙”两舰受伤，运输船“高升”号被击沉，船上兵士约 700 人死难。同时，日本陆军向牙山中国驻军进攻，挑起战争。29 日，双方激战于成欢驿(今朝鲜天安北)。清军溃败，聂士成、叶志超撤至平壤。

8 月 1 日，中日双方正式宣战。9 月初，日军分 4 路围攻平壤，中朝军民奋起抗击。清军将领左宝贵中炮牺牲。16 日平壤陷落。

8 月 17 日，北洋舰队护送运兵船返航行至大东沟(今辽宁丹东西南)海面，遭到日本联合舰队袭击，双方激战 5 个多小时。北洋舰队邓世昌、林永升等将领壮烈牺牲。黄海海战结束，日军掌握了海战主动权。李鸿章为保存实力，令北洋舰队退守威海卫。10 月，日军分兵两路大举进犯中国东北，攻陷大连、旅顺。

1895年1月，日本组成“山东作战军”2万人，舰艇25艘，分海、陆两路夹击威海卫。清军阻击未果。2月初，威海卫港南北炮台相继失守，北洋船队被合围于刘公岛。

日本陆军把炮台的大炮转向躲在威海卫军港里的北洋舰队，集中火力轰击。一部分北洋军舰被击沉。一些怕死的将领，在英美教习的怂恿下，威胁海军提督丁汝昌投降。但是，丁汝昌拒绝了。他召集将领，下令港里余存的11艘军舰猛冲突围。将领们违抗命令，并且派人持刀威吓丁汝昌。

丁汝昌宁死不愿投降，自杀殉国。那些民族败类竟然让美国教习起草投降书，并盗用了丁汝昌的名义，向日本侵略军乞降。留在军港中的残余舰船和大批枪炮、辎重都拱手送给了敌人。李鸿章苦心经营了16年的北洋海军，就这样可耻地覆灭了。

1894年10月下旬，日军在辽东半岛相断攻下岫岩、海城，扬言要夺取奉天(今辽宁沈阳)。1895年3月，日军侵占了牛庄、营口和田庄台。日本海军又攻陷澎湖。清政府急忙向日本侵略者求和。

1895年3月14日，腐朽的清政府授权李鸿章以议和全权大臣身份，携其子李经方、美国顾问科士达赴日谈判。4月17日，在日本的威逼利诱下，李鸿章和日本首相伊藤博文在日本马关签订了空前丧权辱国的中日《马关条约》。

《马关条约》的签订，充分暴露了清政府的腐朽无能。条约签订以后，中国大片领土沦为日本的殖民地，便利了日本进一步侵略中国。巨额的赔款，加重了中国人民的负担，增强了日本帝国主义的侵略力量。允许日本在中国开设工厂，增辟商埠，便利了帝国主义向中国大量输出资本和掠夺财富。《马关条约》大大加深了中国社会的半殖民地化。

二、左将援朝

1894年9月，甲午中日战争爆发不久，一位清末民族英雄在朝鲜平壤的对日战争中壮烈殉国，其英勇牺牲的战斗场面撼天动地，舍生取义的民族精神光照千秋。他就是山东籍的清末高级将领左宝贵。

左宝贵(1837～1894)，山东费县人，回族。自幼父母双亡，生活十分艰难，受回族尚武之风的影响，练就了强悍的身体和坚强的意志。19岁时投效江南军营，开始了他的清军生涯。

在军中，他骁勇无比，每次参战，总是“飞军冲入，东荡西决”，“身先士卒，冲锋直前”。因“累著劳勋”而逐步得到清政府的赏识和信任，一步步成为清廷的高级将领。最终官至建威将军、记名提督、广东高州镇总兵。

1894年春，朝鲜全罗道爆发了东学党起义，朝鲜国王请求清政府出兵帮助镇压。6月份，清政府派总兵聂士成、提督叶志超率2000人进驻朝鲜牙山，日本趁机派兵1万人从朝鲜的仁川登陆，并闯进王宫，逼迫朝鲜政府“邀请”日军驱逐牙山之清军，蓄意挑起中日战争。清廷慈禧和李鸿章一味指望西方列强出面调停，对日本的挑衅一再妥协，因而激起举国上下的极大愤慨，朝廷内外抗日呼声日益高涨。迫于压力，1894年7月中旬，清政府派马玉昆统领毅军，左宝贵统领奉军，卫汝贵统领淮军之盛军，丰升阿统领奉天盛军，各路分进，增援位于牙山的中国驻军。

7月25日，日军在牙山口外丰岛海面突袭清军的运输船只；不久，又在牙山附近的成欢驿袭击清军。8月1日，清政府被迫对日宣战。日军在对华宣战前早有预谋，军事上已做了充分准备，兵力部署非常迅速。9月2日，日军分四面包围平壤。14日，日军逼近平壤，完成了对平壤的四面合围之势。15日清晨，日本兵分三路向平壤发起总攻；担任城北防务的清军将领正是左宝贵。

战斗进行得极为惨烈，双方枪炮对射，硝烟弥漫，对面几乎看不见人。战斗至8时许，日军攻破三处垒台，致使左宝贵坚守的牡丹台处于不利的地位，日军调集炮火，集中猛轰牡丹台，不久牡丹台失守。

正在玄武门指挥作战的左宝贵“知势已瓦解，志必死”，他沉着地遵照回族礼俗，先期沐浴，然后着“御赐衣冠……黄马褂、珊瑚冠”，士兵们劝他摘掉头上的顶戴，以免引起敌人注意。但是，左宝贵坚定地回答：“吾服朝服，欲士卒知我先，庶意为之死。敌人注目，吾何惧乎？”

左宝贵亲量火炮准星，亲手点燃，鼓舞守城将士拼死抵抗。此时，正在激战中的左宝贵被炮弹击中肋部，“铁穿宝贵肋下”，但他仍指挥战斗。不料一颗开花炸弹落在身旁，左宝贵“受伤坠地，犹能言，下城始殒”。

民族英雄左宝贵，为抵抗日本的侵略以身殉国。

左宝贵牺牲后，牙山守将叶志超狂退500里，平壤随即失守。部将杨某将左宝贵的尸体放在马背上撤退，途中又遇日军的伏击，杨某战死，左宝贵的尸体在混乱中丢失在朝鲜。

左宝贵壮烈殉国的事迹迅速传遍全国，百姓纷纷摆供祭奠。清廷感其忠勇，光绪皇帝授予他太子少保，谥“忠壮”，予骑都尉兼一云骑尉。并准其家乡营造陵墓。坟茔中只埋了一只他生前穿过的靴子，墓前建有碑坊、石狮、华表、龟驮碑等。

日军攻下平壤城后，闻听左宝贵壮烈殉国的经过，大为敬佩。

传说，平壤每年逢9月15日，如赶上下雨，便可在夜间10点钟左右，“有个军人骑着白马，高挥着在暗淡中仍然发着白光的军刀，向着北方走去”。“这骑白马的将军就是左宝贵的英灵显圣。”

20世纪90年代初，平邑县大桥东曾按左宝贵生前的照片，建造了一尊骑马挥刀的左宝贵雕像，呐喊向东方，这便是百姓敬仰的民族英雄左宝贵。

三、悬旗督战

邓世昌(1849～1894)，清末海军著名将领，字正卿，广东番禺人，出身于农家。

1867年(清同治六年)，邓世昌入福州船政学堂学习造船和驾驶，成为该学堂第一届优秀毕业生。旋任“琛舰”运输船管带(船长)。

从1875年(清光绪元年)起，历任南洋水师“东云”“振威”“镇北”“扬威”各舰管带(舰长)。

邓世昌治军严整，办事认真，刻苦钻研海军业务，得到李鸿章赏识，遂调入北洋海军，先后任“飞霆”“镇南”等舰管带。

1882年夏，邓世昌奉命赴朝鲜平定兵变，以功升游击将军，任“扬威”舰管带。

1887年，清政府派邓世昌赴英国接收“致远”号巡洋舰等4舰。回国后升任副将兼“致远”舰管带。1888年擢升总兵。

邓世昌平素怀忠义报国之志，专心研究西学，严于训练。甲午战争爆发后积极主战。

1894年9月17日，中日黄海海战中，邓世昌率“致远”舰奋勇击敌。他看到“定远”号督旗被击落，立即悬旗督战。“致远”号多次中弹，舰身严重倾斜，弹药将尽，且又与日本快舰“吉野”号相遇。邓世昌对大副陈金揆说：“倭舰专恃吉野，苟沉此舰，足以夺其气而成事。”邓世昌令“致远”号加快速度，撞击“吉野”，不幸被鱼雷击中。

邓世昌率领的“致远”舰中鱼雷舰沉。落水后，水兵欲救他，他拒绝了。邓世昌说，“事已如此，己不独生！”其爱犬曾两次叼他浮出水面，但他自沉殉国。邓世昌和“致远”舰全体将士250多人壮烈牺牲。

光绪皇帝闻知邓世昌战死疆场，遂垂泪挥毫撰联曰：“此日漫挥天下泪，有公足壮海军威。”谥“壮书”。与左宝贵并称“双忠”。

四、宝岛被割

1895 年 4 月，《马关条约》签订后，台湾被日本霸占。此后 50 年，我国军民反对日本侵占台湾的斗争从来没有停止过，直至 1945 年 8 月日本投降。

1895 年 2 月，清政府派李鸿章为议和全权大臣。3 月，李鸿章同日本首相伊藤博文等在日本马关进行谈判。谈判一开始，日本就提出已经拟好的苛刻条款，逼迫李鸿章在“允”和“不允”两点上表态。4 月，清政府被迫签订了《马关条约》。

《马关条约》的主要内容有：清政府割辽东半岛、台湾及澎湖列岛给日本。赔偿日本军费白银 2 亿两。开放重庆、沙市、苏州和杭州为商埠。日本可以在中国通商口岸开设工厂等。

条约签订以后，沙俄认为日本占领辽东半岛，阻碍它向中国东北扩张侵略势力，就纠合法、德两国一起出面干涉，迫使日本归还(从此以后，日、俄两个帝国主义国家在我国东北的矛盾日益尖锐。1904～1905 年，在我国东北南部的辽河流域爆发了日俄战争)。日本受到三国的压力，把辽东半岛归还中国。但是，又从中国勒索白银 3000 万两作为“补偿”。

《马关条约》的签订，充分暴露了清政府的腐朽无能。条约签订以后，中国大片领土沦为日本的殖民地，便利了日本进一步侵略中国。日本对我国宝岛台湾的统治长达 50 年，从此也揭开了我国军民为反对日本侵占台湾的殖民统治可歌可泣的历史篇章。

军民抗日

《马关条约》的签订，激起了中国人民的极大愤慨，纷纷声讨日本帝国主义，斥责清政府的卖国罪行。

台湾省人民听到割台消息后，义愤填膺，发出抗战檄文。台北人民鸣锣罢市，抗议示威。他们提出誓与台湾共存亡。这充分表达了中国人民保卫祖国神圣领土的决心。

1895 年 5 月底，日军在台湾基隆附近登陆。台湾巡抚唐景崧不战而逃回大陆。

台湾人徐骧聚众慷慨陈辞，号召“人自为战，家自为守”。台湾各乡选派壮丁，组成义军，推举徐骧为首领。台湾义军同防守台南的刘永福军互相配合，共同战斗。

6月初，日军由台北向台南进攻，在新竹遭到义军的坚决抵抗。日军用大炮轰击，义军奋勇冲杀，阵地几次易手。

8月中旬，战事转入台中，为了保卫彰化，刘永福率领军队和徐骧等的义军在大甲溪一带，同敌人展开激战。刘永福的军队预先埋伏在大甲溪南岸，等到日军接近，突然四出截击。日军仓皇北渡，刚渡过一半，徐骧又率领伏兵迅猛夹攻，打得日军纷纷落水，死伤惨重。

10月上旬，日军进攻嘉义，战争转入台南地区。那时候，刘永福军和义军的粮饷、弹药十分缺乏。卖国的清政府不仅不支援，还下令严禁沿海各省支援台湾军民。台湾军民在艰苦中坚持抗战。

嘉义失陷以后，刘永福军和义军坚守在嘉义西南的曾文溪。

徐骧在战斗中身受重伤，不幸牺牲，临死前豪迈地说："大丈夫为国捐躯，死而无憾。"

曾文溪失陷以后，日本海军从海上炮击台南，陆军分南北两路夹攻台南。台南军民拼死抵抗，弹尽粮绝，最后刘永福乘船退出大陆。台南失陷了。

为了保卫祖国的神圣领土台湾岛，中国军民从台北到台南抗击日本侵略军，在不到5个月的时间里，打死打伤日军3万多人。此后，在日本帝国主义殖民统治台湾的50年里，台湾各族人民反抗殖民统治、要求返回祖国的斗争，一直没有停止过，直到1945年8月日本宣布投降。

五、日占琉球

琉球国从明代起即为中国藩属，历代琉球国王均经中国中央政府册封，并向中国进贡。鸦片战争之后，中国实力衰落，1879年，琉球王国被日本兼并，设为冲绳县。

琉球王国变成日本的冲绳县

1874年5月，清廷命钦差大臣沈葆桢以巡阅为名，率兵到达台湾；又派福建布政使潘蔚协同沈葆桢处理台湾事务。二人在军事上进行部署。

此时，在台清军共有1万余人，但由于李鸿章一味力图不战而屈人之兵，不但使清军丧失了战略主动，还使得日军得寸进尺。

其实，在台驻军的日军，因水土不服，且常遭受我高山族同胞的突袭，伤亡已达1/3。但日本也不示弱，一再宣称还要派大部队来；而李鸿章也丝毫没有退却，宣布打算增兵2万，迫使日本不得不转向与清政府进行谈判。

9月1日，日本派员来到中国，他向英、美两国驻华公使求助。在他们的调停下，清政府答应给日本抚恤银10万两，在台建筑费40万两。10月31日，中日双方签订了《北京专条》，却又埋下了一个隐患，那就是承认了日本为被杀的琉球人出兵的合理性。这就等于隐约承认了琉球是属于日本的，将琉球这个一直依仗中国保护的小国推到了日本的魔爪之下。

1875年，日本派兵进驻琉球，并命令琉球尊奉日本明治年号，不再向清政府进贡。眼见形势不妙，琉球国王向清政府告急并求救。但清政府根本没把这事放在心上，只给驻日公使何如璋下令调查此事。

1878年4月，日本政府悍然决定废琉球为郡县。虽然琉球上下并不甘心亡国，但囿于国力弱小，无力抗衡日军。日本政府令琉球国王到东京听候处理，当时国王正身染重病，故派世子前往，世子哀求日本暂缓国王赴日的行期，以为缓兵之计，一心望清政府救其出水火。

8月30日，日本政府在何如璋喋喋不休的交涉声中，正式宣布改琉球为郡县，声明琉球与中国的关系由日本外务省处理。琉球最终没有逃脱被日本吞并的命运。

1879年4月，日本派出了一支由450名军人和160名警察组成的队伍，前去镇压已有200年不设军队的琉球藩王，不容分说将王室强行迁移到了东京，并废除藩政，改为由日本政府直辖的冲绳县。

二战后蒋介石曾拒收琉球

1945年8月15日，日本战败投降，并无条件接受《开罗宣言》和《波茨坦公告》，根据此约，“日本只能保有本土四岛”，其他武力吞并的琉球群岛必须放弃。

1943年11月22日至26日的开罗会议上，蒋介石与美国总统罗斯福举行了4次会议，其中有2次谈到把琉球交还中国。

11月25日，罗斯福与蒋介石会谈，再次谈到了琉球，提出将琉球与台湾及澎湖列岛一并交给中国管辖，蒋介石一时拿不出很成熟的意见来，只好闷着头不说话。罗斯福以为蒋介石没有听清楚，又补充了一句：“贵国要不要琉球?”如果想要，战争结束了，就“将琉球群岛交给贵国”。蒋介石犹豫再三，最后答复说：“琉球的问题比较复杂，我还是那个意见，中美共同管理为好。”

蒋介石对琉球的态度，让罗斯福感到不可思议。自此以后，罗斯福及美方的其他人员在蒋介石面前再也不提琉球的事了。

二战后，琉球为美军占领。1971 年 6 月，美国在没有得到中国同意的情况下，将琉球送给了日本。中国政府发表声明，表示反对并且不承认琉球属于日本。

六、收复东沙

1909 年，军力并不强大的清政府，展现了“亮剑”的勇气和灵活的谈判手段，强势收复了被日本无耻霸占的中国固有领土东沙岛。

日本人“无耻”霸占东沙岛

1901 年，小小的东沙岛控制着广达 5000 多平方公里海域，是我国的重要渔场。同时，也吸引着当时占领台湾的日本人。

西泽吉次是日本商人，1901 年其商船因风暴而偏离航道，漂流到此，发现了岛上丰富的磷质矿沙（鸟粪），厚达 15～20 英尺（1 英尺等于 0.3048 米）。次年，西泽再次率船前来挖掘鸟粪，运到台湾贩卖，攫取了第一桶金。

1901 年，清南澳总兵李准率领“伏波”“琛航”“广金”三舰前往西沙、东沙群岛巡视，在各主要岛屿（包括东沙岛）勒石为碑，宣示主权。此次巡航，清海军第一次注意到了日本人对东沙岛的野心。

西泽吉次决心开发东沙岛。1904 年，日俄战争爆发，计划搁置。1907 年夏，西泽再次带领 120 名工人登上东沙岛，将其命名为“西泽岛”，并升起了日本国旗。西泽还在该岛强力驱赶中国渔民，拆毁龙王庙、兄弟所（祠堂），数百座中国人的坟墓被掘开填平，尸骨烧化后被扔入大海。

1907 年冬，日本军舰也前来助威，护送商船“二辰丸”号，满载日本移民和军火，计划在此长期据守。日本驱逐舰进入东沙岛，是非常重要的战略步骤。

中国“军民一心”与日交涉

对此，清政府的反应是相当敏锐和迅速的。两江总督端方首先得到消息，迅速向外务部报告了该情况：“凡闽粤人之老于航海者及深明舆地学者，皆知道该岛为我属地。”同时，也将情报电告两广总督张人骏，并强调此岛“确是中国之地，不可置之不问”。两位封疆大吏积极调动一切资源，查资料、找依据，并在 1908 年年底共同要求南洋海军协助进行实地调查。1909 年春节后，南洋海军副将吴敬荣便率“飞鹰”舰远航东沙，确认了该岛已被日本人强占，并拍摄了照片作为证据。

随即，张人骏将有关东沙岛的各种文献，包括英、法海军的相关海图，连同“飞鹰”舰拍回的照片，急送北京外务部。在公文中，张总督指出，日本人“私占有据，若不设法争回，则各国必援均沾之例，争思攘占，所关非细”，希望外务部“迅与日使交涉，饬将该国商民一律撤回，由我派员收管，另筹布置，一申主权”。

1909 年初夏，“飞鹰”舰协同一艘海关巡逻艇再度远航东沙取证，还顺道巡视了西沙群岛。张人骏在提交给北京的报告中指出，东沙、西沙“适当欧洲来华之要冲，为南洋第一重门户，若任其荒而不治，非惟地利之弃，甚为可惜，亦非所以重领土而保海权也”。

大清“亮剑”收复被占国土

1908 年初，日本商船“二辰丸”号因走私大量军火，在澳门海面被中国海军成功拦截，当场缴获大量弹药，愤怒的中国水兵扯下了船上的日本国旗。但在日、葡两国巨大的外交压力下，3 月 18 日，清政府被迫释放“二辰丸”号，并鸣礼炮 21 响向其“致歉”。

为此，粤商自治会当日便宣布为“国耻日”，号召全国抵制日货，应者遍及全粤及上海、香港、南洋群岛等。这是中国近代史上第一次抵制日货的运动，日本贸易的下滑额度相当于 1907 年出口总额的 6％以上。最后，日本只能取消赔款要求，澳葡当局承诺从严管制军火走私，并与中国政府进行划界谈判。

“二辰丸”号事件刚刚平息，东沙岛响起警报。广东绅商学各界在粤商自治会的统筹下，连续举行数千人的群众集会，上书主持中央工作的摄政王载沣，要求“切实保护我国渔业并该岛财产”，而即使政府放弃，也要“竭尽我国民之能力以挽救之”。

在最初的外交交涉中，日本政府坚持认为该岛是“无主荒岛”，但张人骏的准备极为充分，提供了大量历史资料及人证、物证，日本人最后不得不承认中国对于东沙岛的主权。随后，日本人提出要对西泽已经建好的基础设施进行补偿，中国方面则针锋相对地要求，日本商人必须向中国政府补缴偷漏的渔业和矿沙税。

此时，因日本方面强行改筑安奉铁路，中日两国因东北的关系开始紧张，东北和华北均掀起了抵制日货的新浪潮，日本人也只能在东沙问题上放手，以避免两线“作战”。

几番唇枪舌剑后，中日双方终于在 1909 年 10 月 11 日签订了东沙问题条约，明确东沙群岛为中国固有领土，日本人立即撤出；中国以广东毫银16万元收购岛上已建设施；同时，日本人补缴各项税款及损坏庙产等的赔款合计广东毫银3万元。

1909年11月19日，一面鲜艳的黄龙旗在东沙岛（中国东沙群岛中唯一的岛屿）的上空冉冉升起。震耳欲聋的炮声从我国“广海”舰上响起，这是21响的最高军礼，献给刚刚回到了祖国怀抱的东沙岛。这是宣统（溥仪皇帝的年号）新朝的第一年，清政府第一次从列强手中收回了自己的领土。

七、辜氏驳伊

辜鸿铭（1856～1928），祖籍福建，民国时期任北京大学教授，还曾娶日本人为妻。辜氏把自己的一生概括为“四洋”，即：生在南洋，学在西洋，婚在东洋，仕在北洋。

辜鸿铭知识渊博，学贯中西，精通英、德、法等近10种语言，尤其擅长英文写作，被孙中山和林语堂誉为“中国第一语言天才”。

辜氏著作被多国翻译，在西方世界拥有众多读者。俄国作家曾写信祝贺。法国作家罗曼·罗兰说：“辜鸿铭在欧洲是很著名的。”20世纪初，西方曾流传着一句话：到中国可以不看三大殿，不可不看辜鸿铭。

这里所说的是辜鸿铭舌战日本首相伊藤博文的故事。

19世纪末期，日本首相伊藤博文（1841～1909，日本帝国主义侵略头子），访华时曾会晤辜鸿铭，名为请教孔孟学说，实则语含讥讽：“先生留学欧美，精通西学，难道还不知孔子之教能行于数千年前，而不能行于当今吗？”辜鸿铭微微一笑，道：“孔子的思想就好比加减乘除，几千年前是三三得九，几千年后依然是三三得九。贵国如果没有孔子之教，焉能有今日？”不待对方发话，辜鸿铭又接着说：“不过，阁下说的也不是没有道理，三三得九也有不正确之处。比如说，我们向洋人借款，三三得九却七折八扣变成了三三得七。还钱时，三三得九却连本带利还了十一！嘿，我真是落伍得很！”辜鸿铭先生慷慨激昂，义正词严，一席话说得伊藤博文哑口无言。

八、二十一条

正当袁世凯为复辟帝制大造舆论的时候，日本借一战爆发的时机加紧侵略中国，以支持袁世凯称帝为交换条件，于 1915 年 1 月 18 日，向袁世凯提出了灭亡中国的“二十一条”，充分暴露了日本帝国主义的狼子野心。

“二十一条”分为 5 号，即 5 部分，每号又分若干条，共计 21 条，其主要内容是：

第 1 号，共 4 条，要求中国承认日本继承德国在山东的一切权益并加以扩大。这表明，日本在向山东进行经济扩张的同时，还要把山东省作为日本的“势力范围”，为进一步侵略中国作准备。

第 2 号，共 7 条，日本要求承认其在南满和内蒙古东部的特殊权利。日本企图把中国东北和内蒙古变成其殖民地。事实上，在日俄战争（1904～1905）俄国战败后，东北已经成了日本的“势力范围”。

第 3 号，共 2 条，要求把汉冶萍（汉阳、大冶、萍乡）公司改为中日合办。名为“中日合办”，实际上，日本要一手操纵和控制中国最大的铁矿山和炼铁企业。控制汉冶萍公司，就等于控制了中国的重工业。

第 4 号，1 条，要求所有中国沿海港湾、岛屿概不租借或割让他国。就是说，这些地方只有日本才有权割让或租借。日本想独家控制中国的沿海地区，作为占领整个中国的跳板。

第 5 号，共 7 条，规定中国政府必须聘用日本人为政治、军事、财政顾问，中国警政、军械厂由中日合办。这一部分最能反映日本要把中国的政治、军事、财政及领土完全置于它的控制之下的野心，要把整个中国变为日本独占的殖民地，最能体现“二十一条”妄图吞并中国的特征。

“二十一条”完全暴露了日本独占中国的企图，这不仅是对中国主权的严重侵犯，而且也威胁到欧美列强在中国的权益。美日矛盾日趋尖锐，这对东亚国际关系的发展产生了重大影响。在第一次世界大战结束后的巴黎和会和华盛顿会议上，中国政府一再要求废除“二十一条”。1945 年，日本在第二次世界大战中战败，“二十一条”被彻底废除。

【参考文献】

[1]丁贤俊：《洋务运动史话》，社会科学文献出版社 2011 年版，第 137～141 页。

[2]威海市政协文史资料委员会编写：《威海文史资料》第 8 辑《北洋海军的兴衰》，1994 年，第 146～147 页。

[3]当代中国研究所：《中华人民共和国史稿》，当代中国出版社 2012 年版，第 36—42 页。

第三章　慧目识敌

在我国现代史上，有诸多政治家、军事家和名人，对历史的进程和重大事件的发生、发展和结局，有着惊人的神奇预见。他们慧目识敌，既为争取胜利赢得了时间，使其充分准备，也使友军、国际友人和广大人民群众联合起来，共同对敌，谱写了一曲曲悲壮与胜利的战歌。

一、惊人预言

毛泽东，字润之。他不但是中国人民的伟大领袖，也是伟大的政治家、军事家、诗人，还是著名的预言家。毛泽东的预言，决不是臆测，也不是巧合，而是建立在丰富的阅历、渊博的知识基础之上的，再加上超凡的洞察力、深入的调查研究、缜密的分析判断，从而得出合乎客观规律的结论。

1916 年 7 月 25 日，毛泽东预言：中日之间 20 年内必有一战。

1937 年 7 月 7 日，卢沟桥的枪声揭开了全民族抗战的序幕，决定中华民族生死存亡的 8 年抗战，印证了 20 年前一位师范生的预言。

1919 年 7 月 28 日，毛泽东预言：日本与德国将会危祸世界。

毛泽东以其神奇的观察力洞悉日、德“奸情”，提前近 20 年预言两大法西斯魔王将会勾结在一起，危祸世界。

第二次世界大战的爆发，印证了这一预言。

1938 年 5 月，毛泽东预言：中国的抗战要打七八年。

据程思远（曾任李宗仁的秘书）先生回忆：“毛泽东《论持久战》刚发表，周恩来就把它的基本精神向白崇禧作了介绍。白崇禧深为赞赏，认为这是克敌制胜的最高战略方针。又把它向蒋介石转述，蒋也十分赞成。在蒋介石的支持下，白崇禧把《论持久战》的精神归纳成两句话：‘积小胜为大胜，以空间换时间。’由军事委员会通令全国，作为抗日战争中的战略指导思想。”

果然，8 年艰苦奋战才迫使日本投降。

二、蒋百里曰

1932年2月1日，曹聚仁（国共和谈代表）和蒋百里（战略预言家，钱学森的岳父）在上海法租界一咖啡厅喝茶。蒋百里拿着上海出版的《每日新闻》报纸对曹聚仁等人说，六天以后（即7日早晨）日军要有一个师团到达上海。

怎么得知的呢？他并无内部消息或其他特殊途径。

蒋百里所看的报纸上有一条电讯，那简短的电讯说，日本陆军大臣杉山元昨天晋谒天皇。蒋百里说，这就是报告日本出兵的意思。以日本的运输能力以及由长崎到上海的水程，估计7日早上可运来一个师团。

曹聚仁吃惊不小，因为7日早上日军的第九师团果然到了上海，参加作战了。曹先生不由得对蒋百里的高明赞叹不已。

依照一条寻常新闻，推断日本即将出兵，这是判断的第一环节，而作出如此判断，必须对日本战时行政体制有深入了解。他又从交通、运量，推断出发来中国的日军的数量，这是第二环节，这就要求对当时日本军队的后勤补给要有深入体察。怪不得曹聚仁要由衷佩服了。

蒋百里常对部属或参谋说，要增加常识的涵养和保有量，它是分析判断的材料库，也是养成识别眼光的大本营。

三、中国有法

蒋百里一生研究对日作战，所作的《国防论》成为指导当时中国军队（国民政府）对日作战的方针。当时敌强我弱，形势严峻，蒋百里却发表文章，坚定鼓励大家——“打不了，也要打；打败了，就退；退不了还是打。无论打到什么田地，穷尽输光不要紧。胜也罢，败也罢，就是不要和它讲和！”一时传彻全国，舆论为之振奋。而此后战况一如蒋百里所料，最终日本无条件投降。

有趣的是，蒋百里在讨论中日问题时首先指出：中国不是一个尚武的民族。这句话能被标榜爱国的人士骂死——谁说我中华民族不尚武?！这个帽子谁敢戴？蒋百里敢戴，因为我们“好男不当兵，好铁不打钉”的传统，能和德国、日本这样的军国主义比尚武么？

蒋百里随后指出：虽然我们尚武不及敌手，但我们也有优势。我们不是工业国而是农业国。工业国占领其关键地区就要投降，纽约就是半个美国，大阪就是半个日本。而农业国你占领了我最重要的沿海、沿江地区也不要紧，你没要害可抓。所以，我们的抗战可以国民为本，打持久战，这是我们打持久战的条件。所以，蒋百里说："千言万语化作一句话，中国是有办法的！"

1938 年 11 月 4 日，蒋百里在广西因病去世。1947 年，家人和朋友将他的遗体迁葬回浙江老家。开棺时，其遗体历经 9 年竟未腐烂，其生前至交竺可桢抚棺大哭，喊道："百里，百里，有所待乎？我今告你，我国战胜矣！"

四、战争神算

王芃生，1893 年生，湖南人。解放前，曾任驻外使节，后任军委会国际问题研究所中将主任。民国史上的许多重大事件都有他的身影，他参与了从日本收回青岛的谈判；和蒋介石一起在西安事变中被扣押；他建议、指挥修建了举世闻名的滇缅公路；他参与策划、筹备了台湾的回归。当然，他最让人们敬佩的是，在抗战时期，他领导的谍报系统对于日军何时发动"七七"事变、何时袭击美国珍珠港以及何时投降等等，均能事前预测，并被历史证明是正确的，被誉为"中国的王牌间谍"。

王芃生不搞反共情报，一生致力于抗日情报。早在 1931 年初，据自己收集的情报，提前几个月告诉蒋介石，日本会在 9 月中旬发动东北事变，蒋介石不相信。他又北上通知张学良，张也不听。后来果然发生"九一八"事变，他的情报天才由此引起了蒋介石的重视。

1937 年 3 月，王芃生组建了专门的对日情报机关——国际问题研究所，直属国民政府军委会，业务上直属蒋介石的侍从室。当时，与其平行的情报机关还有戴笠的军统和徐恩曾的中统。

5 月中旬，王芃生便预测："日军将在华北伺机制造事变"，"爆发时机当在日本陆军 8 月大异动之前，迟当在 8 月上旬，也有可能提前在 7 月间发动。"王将此分析电告蒋介石，可惜没有引起蒋的注意。结果，"七七"卢沟桥事变印证了报告的准确性，蒋由此对王另眼相看。

五、当代诸葛

抗战期间，中国将军陈孝威曾准确地预言了德军进攻苏联、日本发动太平洋战争和苏联出兵中国东北等重大历史事件，被时人誉为“二战时期的诸葛亮”。

预言苏德之战，一鸣惊人

1923 年，陈孝威为少将旅长，深于兵法，治军谨严，有“六不将军”之誉。1936 年，在陆军大学研究对日策略。1937 年 10 月，离开军界在香港办《天文台》周刊，宣传抗日，专注于世界局势和二战分析。

1941 年 2 月，陈孝威在《天文台》发表题为《论大不列颠之战》指出：“在欧洲，希特勒德国不会再与苏联和平相处，德国征服中欧及西欧多数国家后必然要对苏联开战。”

苏联情报部门将该文件给斯大林。斯大林看后不以为然，甚至对外交部长莫洛托夫说：“这是别有用心的说法，说不定那个作者是中国的托洛茨基(苏联反对党头子)分子。”

然而，事实很快验证了陈孝威的预言。四个月后，即 6 月 22 日，德国就背信弃义，撕毁了曾在 1939 年签订的、有效期 10 年的《苏德互不侵犯条约》，突然对苏联发动了进攻。

预言太平洋战争，再现神算

如果说一次的预言正确只是惊动了全国，那预言太平洋战争的爆发，则令世界认识了陈孝威。

1941 年 10 月，陈孝威在《天文台》发表《德、日、意对苏、美、英三国作战的前景判断》，说已和中国打仗多年的日本，为了取得南太平洋诸岛的战略物资，并经由印度支那半岛包围中国南翼，势必南进，美国要遏止日军南下，必须迅速扩充驻南太平洋的海军力量，增加舰队基地，以援助中国，牵制日本。

果不出陈孝威所料，仅一个多月后，即 12 月 7 日，日军就偷袭了珍珠港，发动了太平洋战争，先后侵占了马来西亚、新加坡、缅甸、菲律宾、印度尼西亚、关岛、威克岛、新几内亚一部分，阿留申群岛及太平洋上其他岛屿，并严重威胁着中国抗战大后方的安全。

至此，该刊每期出版后，各国驻华外交官都抢先阅读，并当作重要情报发回本国。甚至于美国总统罗斯福和英国首相丘吉尔都曾亲自写信给陈孝威，表示赞赏他的见解。美国驻华大使曾受命给陈孝威写信，说美军统帅部在作战部署中曾参考过他的有关文章，特表感谢。

神奇军事预言家，名震全球

陈孝威几次预言成功，令全世界震惊。香港总督曾登门拜访，称他善于观察，看问题深刻，有东方军事家的远见卓识。

正当人们还在惊叹陈孝威为何能如此准确地预言世界局势时，他再次重磅出击。1942 年 4 月，陈孝威提出“战败日本，会师东京”的倡议，他再次预言“两三年内，日本必败”。

1945 年初，陈孝威又发表文章，说苏联在战胜法西斯德国之后，“完全有力量自苏联远东地区对中国东北境内的关东军发动全面进攻”。

当时，苏联同日本有一个 1941 年签订的《苏日中立条约》。然而，随着形势的迅速发展，再一次验证了陈孝威的预见。1945 年 4 月 5 日，苏联政府声明废除该条约。5 月，苏军攻克柏林，迫使德国无条件投降。8 月 7 日，苏联正式对日宣战，百万大军分 3 路进入中国东北，同日本关东军展开激战，最后取得胜利。

陈孝威将军于 1974 年去世。留有军事著作《为什么失去大陆》《我与罗、丘、杜》《抗战军事纪略》等。

六、洋生断言

1960 年，结束访华行程的二战名将、英国勋爵、蒙哥马利元帅（毛泽东曾两次接见他）深有感触地说：“我要告诫我的同行，不要同中国军队在地面交手，这应成为军事家的一条禁忌。”

而在蒙哥马利元帅讲这番话的 20 多年前的 1937 年 10 月，即侵华日寇发动卢沟桥事变且狂言“三个月灭亡中国”之时，一位名叫沃尔特·马洛里的美国年轻人就在《外交事务》杂志上刊发分析文章，得出了“日本已陷入两难境地”“中国难以被征服”“任何侵略者都不应该选择与中国军人交手”等今天听来仍然振聋发聩的结论。

那么，这个未必读过《论持久战》的“洋书生”，何以断定中国必胜呢？

马洛里的文章说：“或许，日本根本没有意识到，其面对的是一个人口稠密、地域广袤、物产丰富的庞大国度。越来越多的中国人要求政府奋起抗日，他们不仅考虑如何抵抗日本的下一步侵略，同时还在思索怎样才能把日寇赶出自己的家园。”

马洛里的文章最后说：“更何况，根据以往的历史，我们很难想象中国人在日本侵略者面前束手就擒。事实上,从日本侵略者踏上中国东北土地的那一刻起,中国人民的抵抗就开始了。我们有理由相信,无论这些身在沦陷区的中国人力量多么弱小,他们都会抗战到底。因为他们对本民族及文化的强大生命力的高度自信,从来都没有动摇过。"

【参考文献】

[1]曹聚仁:《采访外记》,三联书店 2007 年版,第 222～236 页。

[2]张建安:《人生本不苍凉:民国十六名士写真》,商务印书馆 2010 年版,第 120～134 页。

[3]车吉心主编:《民国轶事》第 6 卷,泰山出版社 2004 年版,第 531～549 页。

第四章　东北抗战

一、驻华日军

1931年"九一八"事变和1937年"七七"事变以前，在中国境内驻扎着两支日本军队，一支是在东北一带的关东军，一支是在平津一带的中国驻屯军。在中国领土上为什么驻扎着日本人的军队？其背后又有着怎样的历史内幕呢？

关东军

1904年初，日俄战争爆发。1905年1月，俄国战败投降。战争结束后，日本与清政府在北京经过1个月的谈判，签订了《中日会议东三省事宜正约》及其附约。在条约中，日本承诺撤军并将东北大部分领土归还大清国，但要求清廷承认日本从俄国人手里"继承"所谓的"满蒙权益"：(1)日本取得旅顺、大连两处租借地；(2)取得南满铁路(注：沈阳至大连)的经营权以及沿线的林产、矿产；(3)取得上述铁路沿线的驻军权；(4)取得在东北16个城市的通商权。

根据上述条约规定，日本人大批移民旅顺和大连，他们将这个地方称作"关东州"，并设置关东都督府作为管理机构，关东都督府下设民政部和陆军部。当然，这个"关东"意为山海关以东，与日本本土的关东地方无关。日本为保护南满铁路权益，还成立满铁守备队，后来升格为关东军，司令部设在旅顺口，这便是关东军的由来。

1928年6月4日凌晨，关东军制造了"皇姑屯事件"，炸死奉系军阀首领张作霖，意图制造混乱，趁机获取利益。但张作霖之子张学良秘密回到奉天，接替了其父的职位和权力，日本人的阴谋未能得逞。

1931年9月18日，关东军制造"柳条湖事件"，并以此为借口炮击东北军北大营，拉开了侵华战争的序幕。“九一八”事变当晚，关东军司令部连夜由旅顺迁往沈阳。

1932 年，关东军扶植前清废帝溥仪建立了“满洲国”。此后，关东军司令部再迁长春，其编制和规模也屡屡扩大。伪满成立后，日本向“满洲国”租借关东州。1937 年，日本与“满洲国”达成了新租借协议，将满铁附属地行政权交给“满洲国”，但关东州仍在名义上独立于“满洲国”之外，直至 1945 年日本投降。

关东军全盛时有 31 个步兵师团、11 个步兵和坦克旅团、1 个敢死队旅团和 2 个航空军，共约 85 万人。其属下的防疫给水部本部就是臭名昭著的 731 部队，专门从事生物细菌战，并用中国平民和同盟国战俘做人体试验。

中国驻屯军

1937 年 7 月 7 日，北平（今北京）郊外卢沟桥发生了一件改变中国历史进程的大事，在卢沟桥演习的日军以一名士兵失踪为借口炮轰宛平县城，中国军队随即还击。举世闻名的中华民族抗日战争开始了。

说到“七七”事变，有很多人不明白，北平郊外哪来的日本军队？为什么日军在中国领土上进行军事演习？要搞清楚这个问题，必须先从日本的中国驻屯军开始。

1900 年，八国联军攻陷北京，1901 年与清廷签订了《辛丑条约》，其中条约第 9 款是：中国国家应允，由诸国分应主办，会同酌定数处，留兵驻守，以保京师至海通道无断绝之虞。今诸国驻守之处系：黄村、廊坊、杨村、天津、军粮城、塘沽、芦台、唐山、滦州、昌黎、秦皇岛、山海关。

日本正是根据这个《辛丑条约》，派遣了一支部队驻守京津一带，其理由是“保护当地的日本外交人员和日本侨民”。该部队就是中国驻屯军，当时叫“清国驻屯军”，1927 年，中华民国成立后改称为“中国驻屯军”，司令部驻天津日租界海光寺。

中国驻屯军在华北驻军期间，与中国方面屡屡发生摩擦。1928 年春，国民革命军北伐，日本借口保护侨民派兵侵占济南，屠杀中国军民数千人，制造了震惊一时的“济南惨案”。这其中就有从海光寺驻屯军派出的 3 个步兵中队。

1933 年初，中国驻屯军与日本关东军联合，制造山海关事件，乘机占领热河，进逼长城一线，强迫国民党政府签订《塘沽协定》，从此华北门户洞开。

1935 年，中国驻屯军配合关东军制造河北事件，逼迫北平军分会委员长何应钦与驻屯军司令梅津美治郎签订《何梅协定》；此间，日本驻屯军特务机关还利用部分亲日汉奸分子，组织亲日团体，策划华北独立，并以各种“公馆”的名义，在华北地区建立特务机关近20个。

1937年8月31日，日本认为对华发动全面战争的时机已经成熟，日军大本营遂撤销中国驻屯军番号，将其改编为华北方面军，作为正规军编入作战系列。寺内寿一大将出任华北方面军首任司令官，辖第一军、第二军，直辖第五师团、第一〇九师团、中国驻屯混成第十一旅团和临时航空兵团等多支部队，成为侵略中国特别是华北地区的主力部队。

1945年抗日战争胜利后，海光寺日本兵营成为华北地区日本降军的集中地，不久降军被遣送回国，海光寺兵营被国民政府接收。

二、皇姑屯案

1928年，日本制造炸死张作霖的“皇姑屯事件”，却又嫁祸于南京国民政府的蒋介石。

1928年6月4日清晨5点30分，张作霖乘坐的专列经过京奉、南满铁路交叉处的三洞桥时，火车被日本关东军预埋的炸药炸毁，张作霖被炸成重伤，送回沈阳大帅府后，于当日死去。

为了逃脱罪责，日本人事先策划了一个嫁祸蒋介石的阴谋。

5月27日，关东军陆军大佐河本大作在司令部邀见日本浪人安达隆盛，要他找3名中国人。安达转托中国退伍军人刘戴明，以2万元成交，事后结账，先付刘戴明1000元。刘戴明觅得三名吸毒的无业游民，这三人是查大明、吴贵才和张文才。安达给他们每人50元钱，并带他们到日本“附属地”的澡堂洗了澡，换上新衣服，好吃好喝地供着，但不许他们出门。

6月4日凌晨1时，安达把三人带到三洞桥，查大明见势不妙，趁黑逃走。日本兵刺杀了吴贵生和张文才二人，并在他们身上塞进表明与南京国民政府有关系的信件等物。

6月4日早8时，中日双方共同调查张作霖遇难案件时，日本人有意误导中方调查人员说：“桥洞以南数十丈处，有便衣队二人，被守备队刺杀，请同往勘验。”

大家跟着日本人向南走，果然发现有2具男尸。搜检衣袋，查出密信2封，调查人员当场打开一封信，是私人信件；又打开另一封信，有红格宣纸制成的信纸2页，已破碎不全。

在信纸红格上部，横书“国民军关东招抚使用笺”。右边直书“革命尚未成功”，左边直书“同志犹须努力”。日本人据此认定，这两个人肯定是蒋介石派来的南方便衣。

6月12日，日本陆军省发表了一个声明：“4日凌晨3点钟左右，我监视兵走近问他们是谁，他们却要投炸弹。于是我士兵遂刺杀其中两个人，一个逃走。检查中国人的尸体，结果发现两颗炸弹和两封信。其中一封是私信，一封是国民军关东招抚使书信的断片。由这些可以断定他们是南方便衣队队员无疑。”

但是，纸总是包不住火的。令日本人感到非常难堪的事情发生了。那个逃跑的查大明来到奉天监狱，要求收容保护。张作霖被炸后，查大明听日本人宣传说是“南方便衣队”投弹炸了张作霖，再一看那2具死尸的照片，认出正是自己的2个伙伴，他马上意识到危险，于是就跑到了奉天监狱。

查大明向典狱长讲述了事情的经过：“我们三人在南满站做小工，因吸食大烟，被日本警察抓走，也没有审问，先给我们剃头洗澡，然后换上我穿着的这身新衣服和新鞋，并且给我们吃好的，喝好的。几天以后，日本人半夜忽然把我们三个叫了起来，带到南满铁桥地点，对我们说，你们随便走吧！当时我觉得莫明其妙，于是就提防上了。果然，过来几个日本兵，一语未发，用枪刺向头先的二人，我一看不好，撒腿飞跑，拼命逃出城来。”

典狱长听罢，感到事关重大，立即报告上级。至此，奉天（沈阳）当局掌握了确凿的证据，证明所谓“南方便衣队”完全是日本人嫁祸。

参与此事的刘戴明也没有得到好下场，事后他向安达隆盛要钱时，被安达骗到旅顺杀了。

三、“九一八”事变

1931年9月18日夜10时30分，日本关东军岛本大队川岛中队的河本末守中尉奉命率其部下七八人，炸毁了被日本霸占的中国南满铁路沈阳北郊柳条湖附近的一段路轨；随后反诬中国军队破坏铁路和袭击日军守备队，并以此为借口开始武装袭取沈阳。到9月19日早6时30分，沈阳城完全被日军侵占。

日军攻占沈阳后，大肆抢掠公私财物。据不完全统计，仅官方的财产损失就有178亿元，公私财物损失不下200亿元。仅沈阳兵工厂即损失步枪15万支、手枪6万支，重炮、野炮250门，各种子弹300余万发，炮弹10万发，飞机300余架也为日军掠走。金库所存7000万元亦被日军洗劫一空。

日军攻占沈阳的当天，还有预谋地占领了长春、鞍山、抚顺等20余座城市，略地千余里。日军又继续扩大占领区。1932年1月3日，占领了辽西通往关内的主要通道锦州，2月5日攻占哈尔滨。仅4个月零20天，东北三省便全部沦陷了。祖国的大好河山沦为日本帝国主义的殖民地，3000万同胞在侵略军的铁蹄屠刀之下痛苦呻吟。

"九一八"事变是日本帝国主义妄图征服中国的一个重要步骤，同时也是法西斯企图侵吞、瓜分世界的开始。

"九一八"事变的结果如此，其原因除了日本帝国主义采取卑鄙无耻的突然袭击外，还有一个重要原因，便是蒋介石国民政府的不抵抗政策。"无论日本军队此后如何在东北挑衅，我方应予不抵抗，力避冲突。"蒋介石其时正忙于围剿红军，大打内战。对于日本帝国主义的侵略行为竟然不组织武装力量进行抵抗，而把希望寄托在国联身上。正如毛泽东同志所指出的："假如没有这一群卖国贼，日本帝国主义是不可能放肆到这步田地的。"

中国共产党代表着全国人民的正义要求，坚决反对日本帝国主义的侵略行径，并揭露国民党政府不抵抗和依赖国联政策的罪恶。1931年9月20日，中共中央联合日共中央发表了反对日本帝国主义侵略中国的宣言；同一天，中华苏维埃共和国中央工农革命委员会发表宣言，指出："'九一八'事变是日本帝国主义早已预定的计划。"提出"反对日本帝国主义强占满蒙"。9月22日，中共中央又作出了《反对日本帝国主义强占满洲事变的决议》，发出了加强领导和发动群众的反帝运动，武装群众，进行革命的民族战争，驱逐日本帝国主义出中国的伟大号召。

"九一八"事变是日本帝国主义发动大规模侵略战争的开始，也是中国和亚洲人民蒙受空前浩劫的开始。它使人们认识到，帝国主义的本性就是侵略、落后就要挨打的真理。但"九一八"事变也是日本帝国主义走向覆灭的开始，它所引发的中华民族抗日救亡运动显示了中国人民不可侮，促使了全民族的觉醒和奋起，并最终激发中国人民在中国共产党的领导下经过艰苦抗战，终于彻底打败了日本帝国主义，取得了抗日战争的最后胜利。

四、不抵抗令

1931年"九一八"事变时，张学良（字汉卿）正在北平陪着英国驻华大使在看梅兰芳先生的京剧。

1931年9月18日22时20分，以日本军官河本末守中尉为首的7名日军，炸毁了南满铁路柳条湖（原说是柳条沟）一段，以爆炸声为信号，早已磨刀霍霍的日军迅速向东北军精锐第七旅驻地北大营发起了进攻。而此时，北大营中驻守的中国东北军正在酣睡。

当时，东北军的总人数有30万左右。除参加中原大战随张学良进关的11万余人外，留守东北的尚有20余万人，另有公安、警察部队若干。而日本关东军此时在东北的兵力只有1万余人。

由于执行蒋介石政府的“不抵抗”政策，导致在兵力上占优势的东北军将士对突如其来的进攻毫无戒备，致使日军偷袭得逞。

9月19日0时20分，关东军司令官本庄繁向所属部队下令，向东北各地实施进攻。关东军还电请驻朝鲜日军司令林铣十郎中将尽速增援。凌晨3时，日军攻入沈阳。留守的沈阳公安总队在警务处长黄显声将军的带领下同日军展开了巷战。晨4时，驻扎长春、宽城子等地的日本军队也向中国军队发动了进攻。

当时，在沈阳的东北地方军政大员仅有东北军参谋长荣臻和辽宁省主席臧式毅两人。与关东军的蓄谋已久相比，荣、臧二人对日军的突然行动毫无准备，当北大营第七旅值班军官向荣臻电话请示处置措施时，由于当时身在北平的张学良事发时正在同英国驻华大使一起看梅兰芳先生的京剧，联系不上。

荣臻参谋长不敢擅自改变既定的对日政策，故含泪下达命令：“不抵抗，即使勒令缴械，占领营房，均可听其自便。”

9月19日晨6时30分，经过5个多小时的战斗，日军占领了沈阳城。之后，一路沿南满铁路（今哈大线）、安奉路（今丹东至沈阳）疾进，一举占领了安东、营口、凤凰城等地。

19时下午5时30分，驻长春日军占领全城；22日，吉林沦陷。

在此后不到1个月的时间里，东北大部国土相继沦陷。几千万东北同胞由此开始了14年的亡国奴生活。

然而，80多年来，针对“不抵抗”命令从何而来，却众说纷纭，莫衷一是，即便是张学良本人，晚年言辞亦于人“反复无常”之感。如1990年，张接受日本NHK采访时，曾明言：“是我自己不想扩大事件，采取了不抵抗的政策。”稍后，张又对媒体说：“九一八事变，我轻信了老蒋，成了万人唾骂的不抵抗将军。”

张学良的这种“反复无常”，实际上反映的是“不抵抗”的错综复杂。日本外务省及关东厅情报档案中，收有蒋介石7月12日致张学良之密电，内称：“此时与日本开战，我方必败，败则日本将要求割地赔款，东北万劫不复，宜力避冲突，以公理相周旋。”换言之，事变之前，南京及张学良方面，已意识到关东军可能在东北生事；关东军方面，亦已侦测到中方应付其生事的退让立场。

不难看出，“不抵抗”实际上是事变前南京与张学良的“共识”。该“共识”之基础，是认为日本政府有能力控制日本军方，使冲突不致扩大。故而，事变前夕，宋子文已与重光葵商定，将于 9 月 20 日同赴东北，对中日悬案做通盘商讨。

如南京所料，日本外务省确曾阻挠过事变，但这种阻挠未能奏效。南京显然错估了日本政府对军方的约束能力。

事实上，事变爆发后，国民政府的“不抵抗”政策是以锦州为最后底线，蒋介石亦曾多次致电张学良，望其务必坚守锦州。但张学良最终仍以“要玉碎不要瓦碎”为由，不放一枪一弹弃守锦州。

事变发生前，宁（南京蒋介石）、粤（广东胡汉民）发生分裂，武力相向。粤方甚至曾三次派密使赴东京会见外相币原，谋以承认日本在中国东北的“既得权益”，作为购买日本武器的交换条件。事变发生后，蒋介石号召停止内战、一致对外，欲谋统一，但粤方志在倒蒋去张，并无共赴国难之念，如其“外交部长”对日方所言：“日本除蒋去张之主张，与粤府毫无二致。”

故而，当锦州告急之日，恰是粤方激烈通电要求蒋介石下野之时。蒋乃张学良政治靠山，蒋下野，势必牵动锦州战局，粤方绝非不知，但胡汉民恨蒋已深，坚持蒋下野乃和解统一的不可妥协条件，蒋遂于 1931 年 12 月 15 日通电辞去本兼各职，南京政府随之陷入运作真空。1932 年 1 月 3 日，日军兵不血刃占领锦州。锦州既失，东北局势遂无可挽救。此后，张学良审时度势，转与胡汉民愈走愈近，却亦屡遭算计。

不难理解，张学良晚年对“不抵抗政策”的讲述，何以呈现出一种“反复无常”——所谓“是我自己不想扩大事件，采取了不抵抗的政策”，乃是事实；“九一八事变，我轻信了老蒋，成了万人唾骂的不抵抗将军”，亦非无因，南京方面确实高估了日本政府对军方的制约能力；而张学良对唐德刚（美国历史学家、传记作家）称：放弃锦州，与蒋无关。“那个时候，蒋公根本就不负责任，他不负这个责任，我也根本没有向他请示的必要”，也是事实。今人重新审视“不抵抗”，须深切体察当日内政之芜杂，而不能仅将目光聚焦于蒋、张二人。

五、老将出山

1931年“九一八”事变后，日本侵略军由辽宁向黑龙江推进时，马占山置“绝对不抵抗”的命令于不顾，率部进行抵抗，遂打响了抗日第一枪。

马占山，战功卓著的抗日名将，1885年出生在一个贫寒的农民家庭。自幼爱好骑射，练得一手好枪法，立志报效祖国，捍疆卫土。

1931年“九一八”事变后不久，马占山任黑龙江省代理主席。日军侵占辽宁、吉林以后，又向黑龙江进攻。1931年11月，在日军咄咄逼人的攻势面前，马占山不顾蒋介石的不抵抗政策，率部在嫩江桥奋起阻击，打响了抗日民族战争的第一枪。

马占山将军的抗日行动震动了中外，成了举国敬仰的抗日英雄，就连香烟也用他的名字做商标。但是，妥协的蒋介石对马占山的抗日行动非常恼恨，将其调离，任国民党军事委员会委员的虚职，让他赋闲天津。

1933年夏，马占山由天津南下抵达庐山。他想趁机向在此避暑的蒋介石进言，重振抗日军威。但此时的委座醉心于“围剿”红军，哪还听得进谏言呢？

抗日英雄没用武之地，马将军悲痛欲绝。眼看祖国大好河山，惨遭日寇铁蹄蹂躏。在庐山，将军对记者慷慨陈词，指着一条像大牯牛的山岭说：“日本侵略中国，好比老鼠吃牛，像是很难的。但是，这头牛老是像死牛一样不动弹，早晚也有被老鼠吃完的一天。”形象生动的比喻，道出了将军忧国忧民的激情。

满怀壮志未酬的马占山将军，吟就了充满爱国豪情的伏虎石诗——《游匡庐有感》。诗曰：

百战赋归来，言游匡山麓。
爱此嵚崎石，状如於菟状。
摩挲舒长啸，狂飙振林木。
国难今方殷，国仇犹未复。
禹进遍荆榛，恐汝眼难熟。
何当奋爪牙，万里食飞肉。

该诗刻在一块状如伏虎的巨石上，是庐山“月照松明”的景点，也道出了将军的心声。

毛泽东在1935年12月27日《论反对日本帝国主义的策略》中给予马占

山将军高度评价:"马占山在东三省的抗日行为,也是统治者营垒中的一个分裂。"

六、一曼遗诗

赵一曼烈士,四川宜宾人,早年加入共青团,1926 年加入中国共产党。1935 年任东北抗日联军第三军第二团政治委员。后在与日寇作战中受伤被捕,在狱中坚贞不屈,被日寇杀害。

受伤被捕

1935 年冬天格外寒冷。赵一曼率领部队面对前来"讨伐"的日军,把生的希望留给大多数人,自己则毅然在队伍突围后,率领几个人殿后。在激烈的枪战中,饥寒交迫的赵一曼手腕负伤。在漫长的冬夜里,她和战士们互相搀扶着,跌跌撞撞地转移到山岭下的一家农舍。

几天后,敌人的密探发现了赵一曼藏身的地方,"讨伐队"来了,包围了破败的农舍。面对着围困和喊话,她并不应答,用受伤的手腕举枪对着那些不共戴天的声音回击。赵一曼身边的战士一个个相继倒下了。"讨伐队"的子弹打断了她左腿的骨头。赵一曼扑倒在雪地里,昏迷中被俘。殷红的血滴在雪里,发出刺人的颜色。"讨伐队"用一辆牛车把赵一曼押往县城。

坚贞不屈

"讨伐队"把赵一曼交给了他们的上司、日本人大野泰治。大野决计亲手审问垂死的赵一曼,他想在她闭目前掏出有价值的东西。

开始审讯赵一曼的时候,大野不断地用鞭子把儿捅赵一曼手腕上的枪伤伤口,还一点一点邪恶地往伤口里旋转着拧,碰到骨头后再不停地搅动伤口的创面,继而用皮鞋猛踢她的腹部、乳房和脸。一共折腾了 2 个多小时。大野也没有在冷汗涔涔而下的赵一曼那里获得应答。大野泰治感到日本皇军的自尊受到一个中国弱女子的凌辱。

赵一曼从被捕到走上刑场历经 9 个多月的折磨,但她始终坚贞不屈。

其中一次断断续续持续了 7 个多小时的电刑,超过了任何人能够忍耐的极限。酷刑使先前受刑从未喊叫一声的赵一曼撕心裂肺的悲哀叫声不绝于耳,胃汁和胆汁全呕吐出来……口中直流白沫,舌头外吐,眼球空凸,两眼变红,瞳孔放大,下嘴唇被咬得烂糊糊的……

一曼遗诗

在狱中，赵一曼遭到非人的酷刑折磨后，写了首律诗《滨江抒怀》送给了大野泰治。诗曰：

誓志为国不为家，涉江渡海走天涯。
男儿岂是全都好，女子缘何分外差？
一世忠贞兴故国，满腔热血沃中华。
白山黑水除敌寇，笑看旌旗红似花！

大野泰治后来一直保留着这首赵一曼的遗诗，就像对待一个圣物。1945年8月15日，日本投降后，大野在战犯管理所交出了这首诗。在交出一曼遗诗的时候，大野先是立正站起，给写有诗歌的纸片敬了一个军礼，然后泪流满面，跪在地上忏悔。

大野说："我一直崇敬赵一曼女士，她是真正的中国的女子。作为一个军人，我愿意把最标准的军礼给我心目中的英雄；作为一个军人，我愿意跪求得赵女士灵魂的宽恕。"

七、砍日少将

1932年12月16日，日军一位名叫森秀树的少将联队长，在辽宁庄河的战斗中，遭到中国抗日武装的围攻，被一名叫鞠仁卿的中国人一刀砍掉了脑袋。这位鞠仁卿，后来改名叫鞠抗捷，曾担任过中国计量科学院院长。

1931年"九一八"事变发生后，在庄河准备入关抗战请愿的鞠抗捷、此时正赶上家乡组织大刀会，众人希望识文断字的他担任军师。他欣然应允，并捐出几十石粮食和上千元钱用作活动经费，还从大连请来10余名山东武师，教练部众武术。庄河县各村大刀会成立总团"联庄自卫团"，他被推举为参谋长。

鞠抗捷的大刀会闹得如火如荼，招来了日本将军森秀树的"围剿"。森秀树1905年毕业于日本陆军士官学校，1930年晋升为骑兵大佐，到庄河时正担任伪满洲国军靖安军游击第五联队少将联队长(战死后特晋一级)。

森秀树带队前往庄河途中，身边带着一个大队人马，数百精兵。从战斗力上看，大刀会很难与之抗衡，故没有进行正面截击。然而，12月15日，这位将军在行军途中看到附近风光秀丽，遂命令大队继续赶往庄河，自己在附近留宿一夜，要"欣赏一下风光"。森秀树等日军夜宿在一个只有几十户人家的小村——土城子屯。但他却不知道该村在甲午战争中就是日军的伤心地,正定镇总兵徐邦道曾指挥所部在此取得了这场战争中罕见的一场胜利,击溃了日军进攻旅顺的先头部队。

但是,更要命的是森秀树行军途中分兵,犯了兵家大忌。其主力直插庄河县城,而他则率160余名骑兵在该村驻扎。这些骑兵大部分为伪军,战斗意志不强。

这个情报被鞠抗捷获悉,遂传令各团迅速赶到土城子将日本鬼子包围。大刀会会员都是当地人,熟悉地形,几千人携带大刀、长矛,神不知鬼不觉就包围了该村,趁夜突然对已经睡熟的森秀树部发动了袭击。

由于大刀会动员会众达2500余人,是敌军的十几倍,这场战斗几乎没有悬念。因为猝不及防,战斗打响后,伪军纷纷上马逃跑。大刀会一鼓作气,攻击森秀树的指挥部——寇福昌大院,经过激烈战斗,将这里的日伪军数十人全部歼灭,缴获了一批枪支弹药及战马,取得了战斗的胜利。

森秀树本人原驻在村民田中枕家中,仓促中率部出来迎敌,眼看招架不住便边打边试图突围,结果被大刀会会员将其与逃敌分隔。他身边的副官木下廉一郎大尉等4名日军先后被击毙,抵抗到最后的森秀树在试图逃走时被大刀会会员用长矛刺中臀部,随后被鞠抗捷枭首示众。

森秀树是1931年"九一八"事变后日军在东北阵亡的第一个将级军官。在抗日战争中,击毙日军将级军官的八路军高级将领不在少数,但亲手砍掉一个日军少将脑袋的,似乎只有鞠抗捷一人。

八、钢铁英雄

杨靖宇将军(1905～1940),抗日战争时期任东北抗日联军第一路军总司令兼政委。原名马尚德,字骥生,河南确山李家湾村人。著名的抗日民族英雄。

1927年5月,杨靖宇在白色恐怖下(1927年4月12日,蒋介石发动了反革命政变,大肆屠杀共产党员和革命群众)加入了中国共产党。

1929年春,到达东北后,化名张贯一,后又化名杨靖宇,任中共抚顺特别支部书记,组织煤矿工人进行反日活动。在运动中,杨靖宇被日本警察署抓捕入狱2次,受到日本军警的严刑拷打,但始终不承认自己是共产党员和从事抗日运动。

1931年"九一八"事变后,杨靖宇被党组织营救出狱。出狱后,任中共哈尔滨市道外区区委书记，随后任中共哈尔滨市委书记、满洲省委军委代理书记。

1932 年，杨靖宇将军在东北组建了中国工农红军第三十二军南满游击队，以磐石县红石砬子村为根据地从事抗日运动。

杨靖宇将军历任东北人民革命军第一军独立第一师师长兼政委、第一军军长兼政委、东北抗日联军第一军军长兼政委、东北抗日联军第一路军总司令兼政委。组建抗联的同时，杨靖宇按照“不击中敌人要害不打”“对当地人民损害大的不打”的原则，采用“敌合我分，敌进我退，乘敌之虚，各个击破”的战术，与日伪军在冰天雪地的长白山麓展开了激烈的斗争，很快建立了濛江（今吉林靖宇）、那尔轰、金川（今吉林辉南）、河里、辑安（今吉林集安）、老岭山区和辽宁省老秃顶子山等抗日游击根据地，给日军以沉重打击，极大地推动了东北地区的抗日运动的发展。

杨靖宇将军作战勇敢，战术变幻莫测，打得敌人闻风丧胆。因此，东北人民把他当作抗日的旗帜，亲切地称之为“杨司令”。

日军看到抗联势力的不断壮大，感到十分恐惧。1938 年下半年，日军调集重兵对抗联进行“围剿”，并以万元重金悬赏杨靖宇的头颅。

1940 年初的 50 多天里，杨靖宇率领抗联战士与日军作战 40 多次。在日伪军的疯狂“围剿”下，抗联陷入绝境，几乎弹尽粮绝。将士们只好以草根、树皮充饥，甚至将衣中棉絮掏出来吞咽。

日军曾千方百计诱其投降。但是，杨靖宇将军坚定地表示：“为了中华民族的解放事业，头颅不惜抛掉，热血可以喷洒，而忠贞不二的意志是不可动摇的。”

在斗争异常艰难的状况下，杨靖宇决定将抗联编成几股小部队，分散活动，保存实力。杨司令率领 400 多名将士在濛江方向准备突围，因叛徒告密，日军很快发现了他们的行踪。为使部队安全转移，杨靖宇决定再一次分散突围，自己率一部分抗联战士牵制日军。

1940 年 2 月 23 日，经过几次战斗后，杨靖宇负了伤，而且身边只剩下几名抗联战士。日伪军追踪杨靖宇的血迹，很快将杨靖宇与几名抗联战士包围。此时的杨靖宇已经数日粒米未进，以皮带、棉絮充饥，身体虚弱到了极点。敌人的“讨伐队”围了上来，呼喊着让他投降。杨靖宇沉着地掏出双枪向日伪军射击，击毙了数名敌人。敌人想抓活的，停止射击高声劝降。他没有应声，乘机烧毁文件，又向敌人开枪射击。敌人活捉杨靖宇的希望落空后，向他进行了疯狂的扫射。杨靖宇身中数弹，壮烈牺牲。

杨靖宇牺牲后，日军割下其头颅，又剖开遗体的腹部，发现他的胃里除了没消化的树皮、草根和棉絮外，竟没有一粒粮食。残暴的敌人都感到十分震惊。

为了纪念杨靖宇烈士英勇抗日的光荣一生，1946 年，中国共产党决定将杨靖宇牺牲的濛江县改名为“靖宇县”。1949 年，郭沫若为杨靖宇题词为：

头颅可断腹可剖，烈忾难消志不磨。
碧血青蒿两千古，于今赤旗满山河。

1958 年 2 月 23 日，杨靖宇的遗首和遗体被隆重公祭并合葬在吉林省通化靖宇陵园。中共中央、国务院和毛泽东、刘少奇、周恩来、朱德等党和国家领导人，以及朝鲜的金日成、崔庸健等国际友人分别送了花圈，高度评价了他光辉的战斗一生。

九、兆麟将军

李兆麟将军(1910～1946)，辽宁省辽阳县人。抗日战争时期我军著名将领。

独撑危局的北满总指挥

1931 年“九一八”事变后，日本侵占了我国东三省。在中国共产党的领导下，东北人民组织了东北抗日联军，同日军在白山黑水之间进行了艰苦卓绝的斗争，为后人写下了诸多可歌可泣的英雄篇章。

由于东北抗日联军始终牵制着侵华日军 1/3 以上的兵力，敌人恼羞成怒。从 1938 年开始，日本关东军的精锐机械化部队，在其空军和江防舰队的配合下扫荡我三江(松花江、黑龙江、乌苏里江)根据地，战斗空前激烈残酷，我军伤亡很大。北满我 3 个军的军长去了苏联，一个非党军长李华堂投敌当了叛徒，各军顿时失去了指挥。

在这非常时期，唯一的军领导人李兆麟将军以北满抗日联军总政治部主任的身份挺身而出，独撑危局，担负起三、六、九、十一共 4 个军的指挥重任，并立即作出贯彻中共北满省委七次常委会决议和实施战略转移的重要决策。他把各部队集中起来，分 4 批组织西征突围。在此期间，他奔忙于松花江两岸各师、团，有时一天数战，劳累紧张到极点，仅几个月就谢了顶。

1938 年底，各军都已突出重围。李兆麟将军把剩下的伤病员、医护人员、后方的女同志及兵工厂的工人等组织起来，最后离开三江。这支老弱病残的部队，在千里无人烟的林海雪原里行军，粮食很快就没了。饥饿、严寒和劳累使很多同志长眠于林海之中。每当悲痛的时刻，李兆麟将军就带领大家掩埋好烈士的遗体，并鼓励同志们："我们每走一步，就离延安和党中央近一步，大家要坚持下去，胜利属于我们！"

在这次突围战中，李兆麟将军以其坚定的党性和高超的指挥艺术挽救了部队，赢得了北满各军指战员的衷心爱戴和拥护。

李兆麟将军到达黑嫩新区后，发现有个别部队没站稳脚，过苏联去了，还有少数不坚定分子开始动摇，于是他又开始抓部队的政治思想工作。

1939 年 5 月，爆发了日苏诺门罕战争，为援助苏联红军，李兆麟将军命令所部袭击日军后方。仅某团就连续攻入龙镇、嫩江 2 个飞机场，炸毁敌机 10 余架，又攻占了讷河县城，截断了日军运输线，打得日军首尾不能相顾。

1940 年，北满所有部队统一编为东北抗日联军第三路军。三路军大举出击，仅县城就攻克 2 座，歼敌千余。同时地方党组织也得到了大发展，一时震动了整个东北，使日本侵略者惶惶不可终日。

李兆麟将军依照此段艰苦卓绝的抗日斗争史实，写出了著名的《露营之歌》。《露营之歌》不仅是东北抗日联军第三路军的军歌，既写出了抗联战士的英雄气概，也体现了李兆麟将军的文采，又是爱国主义教育的好材料，还为后人留下了一份不可多得的史料。其中的"火烤胸前暖，风吹背后寒"，已成为千古绝句。今将该作品抄录如下：

《露营之歌》

（一）

铁岭绝岩，林木丛生，暴雨狂风，荒原水畔战马鸣。
围火齐团结，普照满天红。同志们！锐志哪怕松江晚浪生。
起来呀！果敢冲锋，逐日寇，复东北，天破晓，光华万丈涌。

（二）

浓荫蔽天，野花弥漫，湿云低暗，足溃汗滴气喘难。
烟火冲空起，蚊吮血透衫。战士们！热忱踏破兴安万重山。
奋斗啊！重任在肩，突封锁，破重围，曙光至，黑暗一扫完。

（三）

荒田遍野，白露横天，夜火晶莹，敌垒频惊马不前。
草枯金风急，霜晨火不燃。弟兄们！镜泊瀑泉唤起午梦酣。
携手吧！共赴国难，振长缨，缚强奴，山河变，片刻息烽烟。

（四）

朔风怒号，大雪飞扬，征马踟蹰，冷气侵人夜难眠。
火烤胸前暖，风吹背后寒。壮士们！精诚奋发横扫嫩江原。
伟志兮！何能消减。全民族，各阶级，团结起，夺回我河山。

培养干部、关心战士的好领导

李兆麟将军以培养干部和团结同志闻名于全北满。1940年，在频繁的战斗中，他还举办了党训班，讲授毛泽东同志的《论持久战》和《联共党史》，提高了干部的马列主义水平。他还是中共北满省委委员，经常抓地方党组织的建设，如讷河地委就是在他亲自指导下组建的。

为了发动少数民族地区的抗日斗争，他命部下三进呼伦贝尔盟，将党的声音传播给各民族兄弟。

李兆麟将军关心干部、战士胜过关心自己。1939年8月，指挥部陷入重围，李兆麟将军等同志一个多月没吃到粮食。待其部下王钧同志赶到时，在警卫员怀中躺着的李兆麟将军已饿得连说话的声音都很小了。但将军的第一句话却是“部队都好吧?”在场的指战员全都流下了热泪。

1945年东北解放时，李兆麟将军通知王钧说，组织上任命你为中共东北党委会委员和接收黑龙江省负责人，嘱咐他说:“你那里是北满的最后一块根据地，要迅速找到地方党，组织起10～20个团的兵力，一旦我们在南部顶不住国民党的进犯，我再回来领你们上山开展游击战。”将军之远见，已被事后证明。将军还要求王钧等人尊重关内来的干部，加强学习，保持艰苦奋斗的作风，为完成党中央“建立巩固的东北根据地”的战略部署而努力工作和战斗。

1946年3月9日，李兆麟将军在哈尔滨被国民党特务暗杀。指战员们万分悲痛，王钧立即派出3个团的兵力千里南下，配合兄弟部队解放了哈尔滨，向国民党匪徒讨还了血债!

十、赵总指挥

赵尚志，1908年10月26日出生于辽宁省朝阳县的一个农民家庭，原籍山东省齐东县李金庄。1917年，他的父亲赵振铎背井离乡，外逃避难。1919年，赵尚志随母举家来到哈尔滨找到其父。年仅11岁的赵尚志从此走上社会谋生，曾当过学徒、杂役、信差等。

1925年，赵尚志加入中国共产党，同年冬进入黄埔军校第四期学习。1926年回东北，在哈尔滨领导学生运动，在双城从事建党工作，在长春市开辟党的工作。11月，他利用国共合作的时机，与国民党员一道成立了国民党吉林省党部，并担任常务委员兼青年部长。不久，赵尚志的活动被日本特务机关发现。1927 年 3 月 2 日，赵尚志被长春宪兵逮捕，后押至南京。由于他始终坚持说自己是国民党员，没有暴露共产党员的身份，所以同年 5 月 20 日被释放。出狱后，赵尚志又被党组织派回东北工作。

1930 年秋，赵尚志到达沈阳后被分派在中共满洲省委做团的工作。1931 年 4 月，赵尚志第二次被捕入狱，但他坚守党的秘密，坚贞不屈。"九一八"事变后，经党中央和满洲省委营救出狱。

1932 年初，中共满洲省委任命赵尚志为省委军委书记。同年 6 月，东北大部分国土被日军占领。赵尚志决定成立一支反满抗日武装，以武装斗争直接反抗日本帝国主义。

在赵尚志的一再要求下，中共满洲省委同意赵尚志离开哈尔滨，秘密前往巴彦张甲洲领导的巴彦游击队工作。化名李育才的赵尚志到了巴彦后，帮助张甲洲整顿了队伍，培养了一批抗日骨干。

1932 年 11 月，根据满洲省委指示，巴彦游击队被编为中国工农红军第三十六军江北独立师，张甲洲任师长，赵尚志任政治部主任。这支队伍在张甲洲、赵尚志等的领导下，深入敌后，开展游击战争，曾攻占过巴彦县城，打下过康金火车站，进行过西征，横扫过北大荒。

1934 年 5 月，赵尚志率领的抗日游击队接连攻占了五常和巴彦两座县城。这支由中国共产党直接领导的抗日武装在赵尚志的率领下，给了侵华日军以沉重打击，日寇因此对他恨之入骨，并曾登报悬赏 1 万元通缉他。

1934 年 6 月，珠河反日游击队扩编为"东北反日游击哈东支队"，赵尚志被任命为总司令。

1936 年 2 月，东北抗日联军总司令部成立，杨靖宇为总司令，赵尚志为副司令兼任第三军军长。全军 6000 多人所属的 9 个师，在赵尚志的率领下，在半年多时间里就参加了大小百余次战斗，歼灭敌人 1000 多人。他统一指挥军事行动，在统筹安排给养、培养和调配干部等方面，起了重要作用。开辟了清原、木兰、巴彦、铁力等 10 余县为根据地。在根据地里，建立了小型兵工厂、被服厂、仓库和军医院；还建立了政治军事干部学校。赵尚志统领的第三军活跃在松花江两岸 20 多个县境内。

1939 年后，由于日伪连续派重兵"讨伐"，抗日战争进入艰苦时期，敌人曾叫嚣、通缉赵尚志"一钱骨头一钱金，一两肉得一两银"。敌人还多次派遣特务、奸细混入抗日队伍内部，企图暗杀他，均未得逞。

1940 年 1 月中旬，赵尚志将军在苏联境内的伯力参加了一次党的重要会议。

1942 年 1 月，赵尚志带领小分队从苏联回到东北，在梧桐河一带活动。

2月12日，在袭击梧桐河警察分所时，被打入革命队伍内部的日伪特务刘德山击伤腹部，昏迷中被俘。他伤势十分严重，敌人决定对他进行突击审讯，因此决定对他进行医治，但被赵尚志拒绝，并对审讯他的伪警察说："你们不也是中国人吗？现在你出卖了祖国……还有什么可问的呢？"

赵尚志将军被俘8个小时后，英勇牺牲。敌人割下他的头颅庆功，将他的躯体扔进松花江冰窟。赵尚志牺牲后，日本关东军大肆鼓噪，曾将他的头颅由黑龙江空运至伪满首都新京（吉林长春），和在南满牺牲的另一位抗日民族英雄杨靖宇烈士的首级一起陈列。

1947年，珠河县农工代表大会决定将该县改名为"尚志县"。新中国成立后，又把赵尚志将军牺牲地改称为"尚志村"，把哈尔滨的一条主要街道命名为"尚志大街"。

2009年9月10日，在中央宣传部、中央组织部、中央统战部、中央文献研究室、中央党史研究室、民政部、人力资源和社会保障部、全国总工会、共青团中央、全国妇联、解放军总政治部等11个部门联合组织的"100位为新中国成立做出突出贡献的英雄模范人物和100位新中国成立以来感动中国人物"评选活动中，赵尚志被评为"100位为新中国成立做出突出贡献的英雄模范人物"。

2014年9月1日，民政部公布了300名抗日英烈的名单，抗日民族英雄赵尚志将军名列其中。

民族英雄赵尚志将军永垂不朽！

十一、八女投江

抗日战争时期，日本侵华关东军到1938年增至50多万人。他们对东北人民加强法西斯统治，实行"归屯并户"和"三光"（即杀光、烧光、抢光）政策，使抗日游击区广大农村变为一片焦土，并在经济上严密封锁，严格管制东北人民的衣食住行，连一尺布、一斤棉、一粒粮都不准外运，妄图隔断抗日军民的血肉联系。

1938年4月，为粉碎日军"三江大扫荡"计划，东北抗日联军第二路军总指挥周保中，率领抗联四、五军向老爷岭以西转移。妇女团的一部分女战士也随军西征。

西征大队在极端艰苦条件下，跃马挥戈，主动出击敌人，连续攻克10余座县城，歼灭日伪军4000余人，给敌人心腹地带以严重威胁。日军便调集3

个军团对西征大队紧追不放。我军虽经左冲右突，但仍不能摆脱敌人，部队伤亡很大。

妇女团在西征转移途中，英勇杀敌。最后只剩下指导员冷云，被服厂长安顺福，班长胡秀芝、杨贵珍，战士郭桂琴、黄桂清，李凤善和年仅13岁的王惠民等8个女战士。

她们历尽千辛万苦，尝尽风霜饥渴之苦。在断粮的日子里，女战士就采野菜、剥树皮，水煮充饥，风餐露宿，昼伏夜行。

1938年10月上旬的一个夜晚，妇女团的8个女战士准备过乌斯浑河去寻找抗联五军军部，她们在柞木岗山坡上露宿休息。突然，附近响起了爆豆般的枪声，原来大队又被敌人发现包围了。班长胡秀芝从敌人的枪声和没有固定方向的流弹判断，敌人并没有发现她们8个女战士的露营位置。指导员冷云和班长胡秀芝等同志商量后，决定为减少大队男同志的伤亡，把敌人的火力吸引过来，掩护大队突出重围。

冷云指导员当机立断地命令："同志们，把敌人的火力吸引过来，快打啊！"随着指挥员的枪一响，八条枪立即射出仇恨的火焰，朝敌人的方向射击。敌人在漆黑的夜晚，根本看不清她们的虚实，认为主力部队就在柞木岗山坡上，立即向她们扑来。这就使抗联的大队向西山方向冲出了敌人的包围。然而，她们却陷入了敌人的重围，被隔断在河边的山坡上，和大队失去了联系。不久，她们改变了战斗方式，分成两组，一组掩护，一组外冲，交替突围。可是，终因敌众我寡，都被敌人密集的子弹封锁了前进的道路。

第二天拂晓，敌人才发现大队已冲出重围，柞木岗山坡上只剩下8名抗联女战士。敌人蜂拥般包围上来，狂呼乱叫："捉活的，捉活的！"妄图生擒她们。

冷云等女英雄们依旧隐身应战，抛出手榴弹，猛烈射击，击退了敌人一次又一次冲锋。战至最后，她们的子弹、手榴弹都打光了。冷云、胡秀芝等几位战士又负了伤。但是，为了祖国，为了中华民族的生存和维护民族的尊严，她们大义凛然，坚贞不屈，宁死不做俘虏。

冷云指导员严肃而坚定地命令："渡过江去，哪怕一个人活着，也就保存了一份革命力量。"舍生忘死的英雄姐妹立刻背起与她们朝夕相处、患难与共的指导员冷云同志，扶着另外受伤的几名战士，昂首挺胸，紧紧地手挽着手，高呼"打倒日本帝国主义！"唱着悲壮的《国际歌》，毅然跳入波浪滚滚的牡丹江支流乌斯浑河。这时，敌人集中火力，一阵猛烈扫射，鲜血染红了滔滔江水……

松柏常青，浩气长存。8名女英雄用火与血的战斗，用爱国主义自我牺牲的伟大精神，为民族抗日战争写下了可歌可泣的不朽诗篇，谱下了一曲令世人敬仰的英雄赞歌。她们的英名将与日月同辉，光照千秋。

十二、中国奇地

1931年“九一八”事变后，东北三省沦陷，但在辽西却有一个名叫“石明信沟”的地方，却一直没有沦陷，被誉为抗日战争期间东北唯一免遭日军占领的“中国地”。但是，在这背后又有着怎样的抗日传奇？

带家人一同打鬼子

辽宁省朝阳县石明信沟，这条长八九公里的小山沟，当年住着100多户人家。当地有个叫王文福的农民目不识丁，由于他性情暴烈，办事“死凿”，因此年轻时人送绰号“王老凿”。

“九一八”事变后，日本军国主义侵占中国东北全境，此时已经58岁的王老凿带领本家人组织起民众抗日武装。1933年3月，日军侵占了当时的热河省之后，原来在朝阳地区活动的各路抗日义勇军队伍、民众抗日武装，有的随东北军撤退了，有的就地解散了，也有一部分武装留在原地坚持敌后斗争，以游击战的形式打击日本侵略者的伪满汉奸武装。

这时，王老凿带领的民众抗日武装，退守到石明信沟内，闭山自守，采取了一种特殊形式的反满抗日斗争。他们坚决拒绝日伪的统治，日伪当局的一切政治、法律措施在石明信沟一律无效。日伪军警来讨伐时，来得少便兵戎相见；来得多便退守山林，以避敌锋，敌退我回。就这样，王老凿带领民众与日伪统治者顽强奋战了14年。

在这14年间，日本侵略者和伪满当局始终视王老凿为大敌，多次血腥镇压，疯狂围剿。其中较大规模的就有5次。王老凿的三弟王文祥、三儿子王俊峰都在围剿中英勇牺牲了。亲人的鲜血染红了清风岭，更激起了王老凿对日本侵略者的仇恨。

沟内生活自给自足

日伪军的连年讨伐和围剿，并没有达到消灭王老凿率领的民众抗日武装和压服石明信沟人民的目的，便施展招安手段，多次派人对王老凿进行劝降，并封官许愿。但王老凿始终不为之所动。

日伪军连年征讨和围剿都没能置王老凿于死地，劝降招安也无济于事，便从 1940 年开始，对石明信沟施展了更加毒辣的阴谋。他们以“集家并村”为名，把石明信沟划为“无人区”，用武力强迫一些群众搬到沟外，对王老凿率领的民众抗日武装和那些无法赶走的人，日伪军就在石明信沟周围设立了警察分驻所，企图以封锁围困的办法，使王老凿就范。

在警察分驻所的伪警察有的亲眼见到王老凿和石明信沟人民坚持反满抗日的义举，唤醒了他们的民族良心，从内心里同情王老凿。一段时间后，设在石明信沟外的伪满警察分驻所，都成了“两面”警察所，担负围困任务的伪满朝鲜警察，却成了王老凿的耳目，沟外一有风吹草动，王老凿便了如指掌。

在此期间，王老凿不但多次带领民众抗日武装反抗日伪当局的统治，为了在经济上打破日军的封锁，还在沟内架起了 14 架轧棉花车子，自种、自纺、自织，又开设了 3 处油坊及鞋铺、帽铺等作坊，在石明信沟内形成了自给自足的自然经济。这在当时都是违犯日伪当局颁布的经济法令的。

石明信沟外的群众在日伪统治下正愁着有棉无处轧，有豆无处榨，王老凿开了轧花厂和油坊后，沟外的群众纷纷翻山越岭进沟轧棉花和榨油。由于大部分伪警察都与王老凿有联系，因而那些到石明信沟轧棉花和榨油的人畜车辆，常常在伪满警察眼皮底下通过。这不仅加强了沟内外群众的联系，也增强了沟外群众对王老凿的信任。沟外许多群众赞誉石明信沟为真正的中国地。

准确地说，石明信沟是 1931 年“九一八”事变东北沦陷后唯一一块未被日军占领的中国地。

团结各地抗日力量

王老凿带领石明信沟人民反满抗日斗争的事迹，不但传遍了辽西和热东地区，甚至传到了冀东抗日根据地。因此，当时的冀东党组织派到热河敌后工作的几支八路军武装工作队，都承担有与王老凿联系，联合反满抗日的任务。

1944 年 3 月，活动在热东地区建平县的远征工作队队长周治国(解放后曾任鞍山市委书记)率领一支小分队一行 8 人，克服重重困难专程赶到石明信沟拜访王老凿。

周治国队长向王老凿宣传了中国共产党的方针政策，讲解了国内外形势，肯定了王老凿带领的民众抗日武装反满抗日的功绩，还鼓励他一定要坚持抗日到底。这使多年闭锁深山的王老凿深受教育，双方约定，在今后的抗日斗争中相互支持。

1945 年 8 月 15 日,抗日战争胜利后,王老凿又率领群众抄了朝阳县南部一些铁杆汉奸的家,讨还血债,深得群众拥护。

1945 年 9 月 10 日,我军进驻了辽西和热河地区,相继成立了中共朝阳地区工委朝阳县党政机关。随后,把王老凿的民众抗日武装改编为朝阳县公安大队,任命他的大儿子王俊山为大队长,王老凿也被任命为朝阳县政府联络科科长,对王老凿坚持抗日 14 年的义举给予了高度评价。

王老凿有他的历史局限性,但他坚持抗日 14 年的民族气节和顽强的斗争精神是值得和应该肯定的。王老凿的抗日功绩,至今仍在热辽地区广大民众中广为传诵,留给后人一段不屈不挠反抗外来侵略的佳话。

根据王老凿和其乡亲们的抗日事迹,2013 年,由著名的影视演员李幼斌主演的电视连续剧《中国地》上映后,曾引起观众的强烈反响,是一部爱国主义教育的好教材,特别是对于青少年起到了启迪心灵的作用。

十三、土匪抗日

1904 年日俄战争爆发,日、俄两国除了在战场上厮杀外,不约而同地将目光对准了活跃在东北大地上的土匪。

沙俄军队的高级参谋马德里道夫大校认为,沙俄在中国土地上作战,情报搜集是个大问题,为了有利于军队作战,必须建立由俄军领导的当地人组成的别动队。他的主张引起了俄国远东军总部的重视,于是委派他在东北招募土匪武装协助俄军作战。

当时,我国东北的土匪无恶不作,手段令人发指。

小说《林海雪原》中有一个情节,土匪许大马棒血洗杉岚站,铡刀旁,血流成河,尸体一段一块地被码成了垛。大树上,挂着 9 颗人头,用铁丝穿着耳朵。全村一片火海,到处都是被烧焦的老人、孩子……小说虽是艺术作品,但这个血案却是取材于真实事件。

但是,东北土匪唯一的亮点是在抗日中的表现。

日本大特务头子土肥原贤二,有个外号叫"土匪源"。从 1904 的日俄战争到 1931 年的"九一八"事变,土肥原贤二长期在我国东北从事武装土匪、发展土匪的任务,且与东北的各地土匪保持密切的交往,向土匪提供大批的枪支、金钱,以便关键时刻能为己所用。

让土肥原贤二万万没有想到的是,这些土匪在领枪领钱时信誓旦旦,表示一定要为大日本帝国效力。但真想使用时,这些土匪们却掉转枪口,加入反侵略的阵营中去了。

1931年“九一八”事变后活跃在东北的抗日义勇军，部分是由原来的土匪转化而来的。就是在抗联（中国共产党领导的东北抗日联军）部队中也有不少人是绿林出身，很多人为抗日献出了自己的生命。

【参考文献】

[1]冯玮：《日本通史》，上海社会科学院出版社2012年版，第556～589页。

[2]佚名：《盟军二战战场大解密》，凤凰出版社2013年版，第10～26页。

[3][日]石川祯浩主编：《二十世纪中国的社会与文化》，袁广泉译，社会科学文献出版社2013年版，第275～294页。

第五章　团结抗日

侵吞中国，征服亚洲，是日本帝国主义的既定国策。1931年“九一八”日本侵吞中国东北之后，土肥原贤二由天津挟持末代废帝溥仪到东北，1932年3月1日建立了伪满洲国(定都长春，改称“新京”)，将中国的东北分裂出去，成为日本的附属地。日本又于1932年开始向长城及河北省发动进攻，目的是夺取平津，吞并华北。

中国军队保卫华北的第一战，即长城抗战开始了。

一、“一·二八”事变

“一·二八”事变是1932年1月28日日本帝国主义武装侵略上海的事件。

1931年“九一八”事变后，日本帝国主义得寸进尺，企图侵占上海，作为继续侵略中国的基地。1932年1月27日，日本领事向国民党上海市长吴铁城提出最后通牒，要求解散抗日团体、惩凶等。吴铁城竟无耻地接受了日本的全部要求。尽管这样，日军海军陆战队仍在28日深夜突然袭击驻扎在上海闸北的十九路军。“一·二八”事变爆发了。日本侵略者声称，只要4个小时就可以占领上海。

在上海人民抗日高潮的推动下，十九路军的抗日将领蔡廷锴、蒋光鼐不顾蒋介石南京政府“忍辱求全，避免冲突”的电令，立即下令，奋起抵抗，并通电全国：“军人惟知正当防卫，捍患守土，是其天职，尽地寸草，不能放弃，为救国而抵抗，虽牺牲至一人一弹，绝不退缩。”他们激战两昼夜，打退了进犯闸北的敌人。

在中国共产党的领导下，上海人民支持十九路军英勇抗战。上海几十万工人举行了声势浩大的反日总同盟罢工。上海54家日本工厂里的六七万中国工人，日本轮船公司里的中国职工、水手，日本机关、商店、住宅里的中国服务员、店员、女工等都纷纷罢工或离职。工人、学生、市民组织抗日义勇军，有的上火线同十九路军并肩作战；有的到战地慰劳战士、运送弹药、救护伤兵；有的在后方担任宣传、募捐、维持治安等工作。

在广大人民的支持下，在十九路军的奋力反击下，日军毫无进展。从1月底到3月初，日军侵略军增加到10万人，飞机100多架，军舰60多艘，三易主帅。十九路军只有4万多人，他们坚持上海保卫战，打死打伤日军1万多人。

在蒋介石不抵抗政策的破坏下，国民党政府拒绝给十九路军调派援军、接济军火，并解散上海的抗日义勇军，侵吞人民的捐款，还暗地里供给日军物资。并且，还几次要求十九路军后撤。

蔡廷锴及十九路军的将士们经过33个昼夜的浴血奋战，最后弹尽粮绝，于3月1日被迫撤退，驻守嘉定、黄渡，继续抵抗。

在英、法、美、意等国的“调停”下，中日双方于3月3日宣布停战。24日，蒋介石派人与日本侵略军的代表开始进行谈判。至5月5日，国民党政府和日本签订了《淞沪停战协定》，允许日军驻留上海——中国人民的利益再一次被出卖。

二、奋起抵抗

在华北危机、平津危机的情况下，国民政府军事委员会决定将北方各派系军队组织起来，成立8个军团(事实上只有6个军团)，由军事委员会北平分会主任张学良领导各军团共同抵抗。这8个军团包含了中央军、东北军、西北军、晋军和其他杂牌军，共约25万人，负责500多公里沿线中的100多个长城关口的防御。

1932年，时任代理行政院长的宋子文为了表示中央政府的抗日决心，2月11日到达北平。13日，他在北平记者招待会上表示：“日军如入侵，我决以全国力量应付。”16日，上海及平津各界人士及各团体在北平成立东北热河后援会，宋子文、张学良等与会并演说，希望全国一致，共赴国难，并赴热河考察防务。

南京国民政府任命张作相担任集团军总司令，代替张学良到前线指挥。

热河失陷与张学良下野

热河有十分重要的战略地位，它是冀、察(察哈尔省)、绥(绥远省)等省的屏障、平津的拱卫。当时热河省（省会承德）的军政大权掌握在汤玉麟手中，他既是热河省政府的主席，又是东北边防军驻军司令部上将司令。

但是，汤玉麟把热河看作是他私人的地盘，其手下的军队是家族统治，平时缺乏训练，更没有爱国主义的教育，再加上经常欠饷，所以战斗力极差。日本在进攻热河之前使用离间计，大量印刷“满洲国”内阁成员的传单，并将汤玉麟列入名单之内，这一手段使得汤玉麟手下的军队摸不清其到底是战还是降。

1932 年 2 月 22 日，日军进攻南岭，汤玉麟的三弟、二一四团团长汤玉山未作强力抵抗先行撤退。23 日，北路日军由通辽进攻开鲁时，虽然有由义勇军改编的冯占海、李海清等部奋起抵抗，但汤玉麟手下骑兵第九旅旅长崔新五先退却后投降，使日军未遇任何抵抗就抵达了开鲁。

3 月 2 日，凌源、平城守军溃退时，张作相命汤玉麟在承德黄土梁子布防。汤部官兵不从，要求补发 3 个月欠饷，张、汤二人双双逃跑。日军第八师团第一先遣部队突破天朝山附近我军阵地后，又得到汉奸提供的承德空虚的情报，派先遣部队 128 个骑兵不废一弹占领了热河省会承德市。

承德失守后，南京国民政府于 3 月 8 日下令将汤玉麟撤职查办。10 日，承德失陷，张学良引咎辞职。

冷口、古北口之战

张学良引咎辞职后，蒋介石派何应钦到北平担任军事委员会北平分会主任。热河失陷后防守长城各兵团继续坚持抗战。

冷口一带由三十二军商震部担任防务，1932 年 3 月 4 日午时，日军占领冷口关口并突入到口内的建昌营。3 月 5 日，其师长黄光华和五十七军军长何柱国共同在冷口顽强抵御日军进犯。3 月 16 日，日军向界岭口及其以西到罗汉洞发起猛攻，占领长城一角，万福麟的五十三军在界岭口、义院口收回部分失地。就连曾被称为“东陵大盗”的孙殿英所率的四十一军，虽然鞋袜、武器都不全，但也在赤峰和围场对日军进行顽强抵抗。

古北口位于密云县东北，是由承德通往北平的必经之路，为此何应钦安排徐庭瑶的十七军和王以哲的六十七军共同防守古北口。第十七军的关麟征师长率军英勇抵抗，由南方调来的士兵没有棉衣，脚下还是赤足草鞋，但仍奋勇作战，独立抗敌三昼夜。师长关麟征、旅长梁恺先后负伤，团长王润波阵亡，全师官兵阵亡达 4000 余人，虽然未能保住古北口要隘，但也给敌人以沉重打击，敌军伤亡也不下 2000 人。

喜峰口、罗文峪战役

喜峰口、罗文峪战役是长城抗战中最为辉煌的战役之一，由第三军团宋哲元任总指挥，秦德纯和四十军军长庞炳勋任副总指挥。

宋哲元将军曾指挥过多次战役，有丰富的作战经验。自二十九军成立到喜峰口抗战之前的两年时间里，他对战士着重爱国思想教育，经常下连队讲述“国家兴亡，匹夫有责”的道理，还注意对士兵进行严格的军风军纪教育和技术训练。例如，急行军经常夜间开拔，最高速度达到一昼夜 90 公里，所以该军有“飞毛腿”之称。全军生活上下一致，虽然经费困难，但宁可军官欠饷，也要冬天让士兵穿棉衣，每人配备 2 双鞋。

山海关失陷时，宋哲元的二十九军以一昼夜 90 公里的速度到达喜峰口。在喜峰口战役中，敌人的武器精良，我军利用大刀和手榴弹，采取了近战、夜战的方法。近战中战士们和敌人肉搏，使敌人的机枪、大炮发挥不了威力。夜战突出表现为赵登禹率兵两次夜袭敌营，摸到敌人后背宿营地砍杀敌人，使我军夺回已失陷的喜峰口。

在赵登禹夜袭敌营时，副营长过家芳从缴获的敌人背包中得到敌人两天之后要进攻罗文峪的计划，他立即将此计划交给一〇九旅副旅长何基沣，转到宋哲元军长手中。

宋哲元立即调在玉田集结待命的刘汝明暂编第二师跑步到罗文峪以逸待劳等候敌军，该师实际只有 2 个团的兵力，宋哲元又下令在喜峰口已经打退鬼子的王治邦一一〇旅疾驰罗文峪支援战斗。师长刘汝明三次到前线督战，附近三十八师祁光远团也跑步前来支援，五十三军沈克师也来助战。由于各军的同仇敌忾，以致敌人伤亡惨重达 6000 余人，粉碎了其夺取罗文峪的计划，从而保住了古都北平。

喜峰口、罗文峪的胜利鼓舞了全国人心，也挫伤了日军立即吞并华北的锐气，但是二十九军为此伤亡了 5000 多人，达到作战部队的 1/3。

长城抗战是中日之间一次实力的较量，也是中国军队的一次实战锻炼，虽然参加抗战的各军队派系不同，并多有过反蒋言行，但他们能够在抗战的大背景下做到同仇敌忾，共同抵御日本入侵，在中华民族抗战史上写下了可歌可泣的光辉绚丽的篇章。

1933 年春，日寇进犯长城，国民革命军二十九军大刀队夜袭敌营，取得了“九一八”以来一场振奋国人的胜利。大刀队也因长城抗战而名扬海内外。

三、砍铁脖鬼

“九一八”事变后，日军完全控制了东北，此后日军一路南下。1933 年 2 月，日军侵犯热河省，省主席汤玉麟不战而逃。3 月初，日军已占领热河全境，直逼长城。

时任北平军分会代理委员长的何应钦，请南京政府调驻扎山西的宋哲元第二十九军到北平以东，并任命宋哲元为华北第二十三军团总指挥。这样，长城一线就有了七八个军的力量。

宋哲元具有爱国思想，其部队是冯玉祥的西北军，提出“枪口不对内”的口号，经过刻苦训练，全军有了相当的规模和战斗力。美中不足的是武器旧劣，军中汉阳造步枪和毛瑟枪各占 1/3，另一部分是买来的土造枪，枪械陈旧，补充弹药很难。全军只有十几门野炮和山炮，重机枪不过百挺，轻机枪每连仅有 2 挺，步枪没有刺刀。士兵们身背大刀，寻求近战、夜战，用大刀向鬼子们的头上砍去。

请武林高手传授刀法

西北军用的大刀，都是长柄、宽刃、刀尖倾斜的传统中国刀，十分利于劈杀。冯玉祥还聘请了一批武术高手，设计了一套适合对付敌人刺刀的刀术，让部队勤加练习。镖师李尧臣被委任为二十九军武术总教官。

李尧臣建议二十九军抽调骨干，专门组成大刀队，传授“无极刀”刀法。得到二十九军副军长佟麟阁的极大肯定，最终实施。

二十九军大刀队让日军头痛不已。为此，日军见招拆招，给每个士兵装备一个铁围脖。在北平丰台战役中，中国军队惊奇地发现，所有的日军全部戴上了铁围脖。不过，厚重的铁围脖大大削弱了鬼子的战斗灵活性，伤亡更加惨重。

大刀队喜峰口留威名

1933 年 3 月 10 日早上，二十九军所属三十七师主力赶到喜峰口(如今已是一个沉入水中的长城关隘)，日军主力也到达了战场。双方激战，使二十九军伤亡很大。三十七师师长冯治安与三十八师师长张自忠认为，日军具有武器装备上的绝对优势，二十九军若想取胜，必须以己之长克敌之短，用大刀队出其不意地打击敌人后方。

二十九军派一〇九旅旅长赵登禹指挥这场奇袭。3月10日，当他得知敌人正在休整，便马上召集团、营长开会，决定乘敌不备，夜袭敌营。

当时，大刀队出发前，宋哲元军长亲自为500勇士送行。500壮士一个个从军长面前走过，突然一个叫侯万山的班长跪倒在地，泪流满面。军长说："你哭什么，跪什么，你是不是中国军人，是不是西北汉子？你怕死就换别人去！"侯万山流泪对军长说："我不是怕死，打鬼子咱们不含糊。只是我的老婆马上就要生了，如果我这次殉国，孤儿寡母要求军长体恤。我死也瞑目了！"宋军长听后，感动地对侯万山说："你放心去吧，你的儿子就是我的儿子。"

赵登禹带着腿伤，拄着木棒，率领全旅，冒着大雪，经过急行军之后，突然出现在敌人的帐篷周围。将士们挥舞着大刀和刺刀，左突右冲，连劈带刺，给敌人以极大杀伤，并缴获了大批武器。

此役，侯万山壮烈殉国。之后，宋哲元军长果然把侯万山夫人生下的双胞胎认为亲子，并且带回家抚养。

四、西安事变

1936年12月12日，中国历史上爆发了震惊中外的"西安事变"。

张学良与中共秘密接触

从1936年4月起，张学良开始了和中国共产党的秘密接触。4月9日，张学良驾机飞抵延安会见周恩来，同机的还有王以哲、刘鼎。

1936年9月，中国共产党与东北军正式签订了《抗日救国协定》，双方正式结束敌对状态，中国工农红军、张学良的东北军、杨虎城的西北军形成了拥护"民族统一战线"的"铁三角"。

张学良向红军提供了大量的过冬棉花、药品、新鲜食物等物资，解决了红军过冬的燃眉之急。另外，当时邓小平病重，生命垂危，无药可医，也是张学良的援助救了他的性命。

张学良不但接受并积极学习共产主义思想，还向第三国际提出加入中国共产党的申请，但由于张学良的父亲有杀共历史，入党申请被拒绝。

进谏蒋拒

1936年10月22日，蒋介石由南京飞抵西安，严令进剿红军。张学良当面表示反对，并提出停止内战、一致抗日的要求，遭蒋拒绝，两人大吵一场。

10 月 29 日，张学良飞洛阳为蒋介石祝寿，劝蒋联共抗日，遭蒋拒绝。蒋介石坚决拒绝其北上抗日的主张，强令其剿共，否则就把他的部队撤到东边去。

12 月 2 日，张学良飞抵洛阳见蒋，要求释放抗日救国会“七君子”。向蒋介石面报，谓其部下不稳，势难支撑，再三请求蒋委员长前往训话，蒋同意赴西安，驻华清池。

12 月 4 日，蒋介石由洛阳抵西安，立即调 30 万中央军嫡系部队“进剿”红军。张学良与杨虎城再次进谏，遭蒋拒绝。蒋向张学良、杨虎城表示：要么进兵，要么将东北军、十七路军分调福建、安徽。

12 月 7 日，张学良到华清池见蒋介石，再三苦谏，要求停止内战，一致抗日，遭蒋拒绝。

事变起因

1936 年 12 月 4 日，蒋介石抵达西安，给张学良造成良好的政变条件。张学良正犹豫不决之时，蒋介石召见邵力子及十七路军、东北军军师长以上官员，令张、杨恐慌，张学良出于公心，屡次向蒋介石提意见，均遭拒绝。蒋介石后来又召见邵力子，让他通知大公报社可以发表对张、杨的弹劾，并撤销职务，引起社会各界不满。张杨由此发动西安事变。

群情激愤

12 月 9 日，中国共产党组织大规模的群众游行示威，纪念“一二・九”运动一周年。特务、军警开枪打伤一名小学生，群众非常激愤，决定到临潼直接向蒋介石请愿示威。

蒋介石强令张学良制止学生运动，必要时可以向学生开枪。张学良接到命令后，赶上游行队伍，极力劝说学生回去。东北大学学生高呼“中国人不打中国人”“东北军打回老家去，收复东北失地”等口号。

张学良向群众表示一周内以实际行动答复学生要求，如果做不到，任何人都可以“置我张学良于死地”。请愿学生们在华清池前高唱《松花江上》一曲，感动了在场的东北军将士，全场爱国情绪高昂。

当晚，张学良找到蒋介石，再次劝蒋抗日，并要求蒋放过学生，但是蒋介石怒称：“对这批学生，除了拿机关枪打以外，是没有办法的。”张听后大怒，反问道：“机关枪不打日本人反而去打爱国学生？”张、蒋再次大吵，盛怒下的张学良决定于当晚兵谏。当晚张学良与杨虎城商议，决定发动兵变，命令白风翔去捉拿蒋介石，白凤翔说："只见过照片，没见过本人，到时候乱军之中怕出错误。"

12 月 11 日晚，蒋宣布了蒋鼎文为西北剿匪军前敌总司令，卫立煌为晋陕绥宁四省边区总指挥等换将的任命书，命令中央军接替东北军和西北军的剿共任务。

事变经过

12 月 11 日晚间，张学良和杨虎城分别召见东北军和十七路军高级将领，宣布第二天清晨进行兵谏的命令。

12 月 12 日晨 5 时，张学良、杨虎城发动兵谏，东北军到临潼的华清池捉蒋，蒋从卧室窗户跳出，摔伤后背，躲在一块大石头后面，被发现活捉。十七路军还扣留了在西安的陈诚、邵力子、蒋鼎文、陈调元、卫立煌、朱绍良等国民党军政要员，邵元冲等人遇难。西安事变爆发了。

当天，张学良、杨虎城向全国发出了关于救国八项主张的通电，提出：改组南京政府，容纳各党各派，共同负责救国。停止一切内战。立即释放上海被捕的爱国领袖。释放全国一切政治犯。开放民众爱国运动。保障人民集会结社一切政治自由。确实遵行孙总理遗嘱。立即召开救国会议。

南京国民党中央于当晚 11 点 30 分召开中常会及中央政治会议联席会议，决议夺张学良本兼各职，交军事委员会严办。会议最后决定剿抚并用，一面以何应钦为讨逆军总司令，一面以于右任为陕甘宣抚大使。

12 月 12 日晚间，宋美龄在闻知西安发生事变之后，就想到澳籍友人端纳。端纳与张学良交往密切，也是蒋介石的好友。蒋夫人请端纳到寓所，与孔祥熙共商，端纳认为赴西安救蒋，义不容辞。

12 月 16 日，国民政府在劝阻张学良无效后，要求讨伐。何应钦为总司令，刘峙为东路集团军总司令，顾祝同为西路集团军总司令；空军随即轰炸西安近邻城市。张学良乃允许拘扣的蒋鼎文先返回洛阳，请中央军方面暂停军事行动，避免冲突升级。

和平解决

12 月 17 日，中共收到斯大林电文，要求释放蒋介石。同时苏联报纸也公开支持。经内部争辩后，中共最后决定采纳斯大林建议，遂派周恩来赴西安进行谈判。

12 月 22 日，经端纳全力周旋，宋美龄、宋子文等到西安。在飞机上，宋美龄把手枪递给端纳，说："如果叛军对我有任何不礼貌行动，你可用此枪立即将我枪杀。”张学良、杨虎城去机场迎接。下机后，宋美龄与张学良说：“汉卿，这是我的东西，就不要再检查了吧?”张学良马上说：“夫人，岂敢！岂敢!”张、杨与宋子文、宋美龄举行了会谈。后由张学良本人陪同宋美龄和端纳往见蒋介石。

23 日，双方在张公馆正式谈判。蒋方由宋子文，西安方面由张学良、杨虎城、周恩来出席并提出六条主张：(1)停战，撤兵至潼关外；(2)改组南京政府，排逐亲日派，加入抗日分子；(3)释放政治犯，保障人民权利；(4)停止剿共，联合红军抗日；(5)召开各党派各军救国会议；(6)与同情抗日国家合作。

25 日下午，周恩来又准备劝说张学良接受中共的放蒋条件，但却意外得知，张学良已亲自护送蒋介石前往机场。蒋飞到西安，张学良陪同。当日抵洛阳。离开西安前，张学良留下手令，把东北军交给杨虎城指挥。

12 月 26 日，蒋介石抵达南京，西安事变和平解决。张学良被扣留。

历史意义

西安事变的和平解决，成为扭转时局的关键。它标志着十年内战局面的基本结束，为抗日民族统一战线的建立准备了必要的前提，成为由国内战争走向抗日民族战争的转折点。

【参考文献】

[1]齐涛主编、温锐等著：《中国政治通史》第 11 卷，泰山出版社 2003 年版，第 274～281 页。

[2]西北大学历史系中国现代史教研室等编：《西安事变资料选辑》，1978 年，第 431～453 页。

[3]哈战涌编著：《民国政府五院院长》，台海出版社 2013 年版，第 279～288 页。

第六章　正面战场

一、“七七”事变

日本帝国主义为了独占中国，把中国变成它的殖民地，发动了蓄谋已久的全面侵华战争。1937年7月7日夜间，日军借口一个士兵失踪，要进入北平西南的宛平城（今丰台区卢沟桥镇）内搜查。我国军队拒绝了这一无理要求。日军竟然向宛平城开枪射击，并发炮100多发，猛轰卢沟桥。我国军队在全国抗日热潮的影响下，奋起还击，这就是卢沟桥事变，亦即“七七”事变。从此，中国革命进入了抗日战争时期。

为何选择卢沟桥

日本帝国主义为什么把发难地点定在卢沟桥？这绝不是随随便便的决定，而是经过长期预谋的。

卢沟桥自古以来就是战略要地、交通咽喉，守桥与夺桥之战不绝于史。进入20世纪，在卢沟桥以北又架起一座铁路桥，1905年中国南北交通的大动脉平汉（北平至汉口）铁路经此全线通车。另外，卢沟桥地区还有两条铁路支线，一达北平、通县，一经丰台与北宁线相接。这样，卢沟桥地区就成为平汉、平绥（绥远省）、平津3条铁路线的汇合点，其战略地位显得更加重要了。

众所周知，日本继1931年“九一八”事变夺占中国东北三省之后，下一个目标就是夺取华北，而平津地区是华北的政治、军事、经济、文化核心，其中北平的地位尤为重要。日军甚至认为：“只要拿下北平，其余地方就会不战而降。”

至“七七事变”前夕，日军已对北平形成了三面包围的态势。东面，有日军扶植的冀东伪政权和所属的伪军部队；北面，有日寇炮制的以德王为首的伪蒙自治政府；东南面，日军强占了战略要地丰台。这样一来，只有北平西南方向的卢沟桥尚在中国军队的控制之中。

卢沟桥是北平保持对外联络的唯一通道，成了中日双方的必争之地。当时就有人指出："卢沟桥之得失，北平之存亡系之；北平之得失，华北平原之存亡系之；而西北、陇海线及至长江流域，亦莫不受其威胁也。"这也充分说明，日军把卢沟桥作为首攻目标，绝不是针对偶发事件的临时决定，而是发动全面侵华战争的一个蓄谋已久的战略步骤。

"失踪"的日本士兵到哪里去了

在"七七"事变前，日军便多次在卢沟桥地区举行以中国守军为假想敌的演习，不断进行挑衅，借以制造事端，以期挑起战争。

1937 年 7 月 7 日上午，日军又来到卢沟桥以北地区演习。下午，日军由驻守丰台的河边旅清水节郎率领，从兵营出发开到卢沟桥西北龙王庙附近，举行夜间演习。

晚 7 时 30 分，暮色降临，清水下令开始夜间演习。日军部分军官和假想敌旋即到东面活动。待天完全黑下来以后，近 600 人的部队便向假想敌所在的东方移动。这时，天上没有月亮，夜色中的宛平城若隐若现。城内城外，剑拔弩张，大有一触即发之势。

在这漆黑的夜里，日军将蓄谋已久的侵略计划一步步付诸实施了。10 点半左右，我二十九军驻宛平守军突然听到城东北日军演习位置响起一阵枪声。在寂静的夜幕下，枪声是那么刺耳，引起宛平守军的密切注意。

少顷，几名日军来到宛平城下，声称丢失一名士兵，要求进城搜查，遭到守城官兵拒绝。清水节郎派人去丰台向一木清直报告，要求派兵支援。一木接到报告后，立即向顶头上司牟田口廉报告，牟田即令一木率部开往卢沟桥驰援。

如"九一八"事变一样，"七七"事变也是日本人自导自演。事后，日本人曾称"第一枪"是"共产党学生"放的，这自然是胡说八道，至于所谓"士兵失踪"的事情，也很离谱。

那位"失踪"的士兵名叫村菊次郎，是一名二等兵，因解手离队，不久就归了队。清水节郎知道后，故意不报告。战后有人问他当时为何不报告，清水支支吾吾，说："这是一件不可想象的事故，是我的失策，现在记不清楚了。"

7 月 8 日凌晨 2 时，一木清直得知村菊归队的消息，却认为："我不知道中国方面会怎样宣传呢？"所以没有停止军事行动。不过，此后日军却把挑衅的借口由“士兵失踪”偷偷地换成了“非法射击”，甚至干脆否认曾向中国方面提出过搜寻“失踪士兵”的事情。

事态扩大

1937年7月7日夜，日军要进城搜查，并声称“要以武力保卫前进”，遭到北平当局的严词拒绝。

经过协商，双方派出代表前往宛平城调查。当双方代表正在城内会商调查之际，日军向城内开枪、开炮。我一一〇旅旅长何基沣、一二九团团长吉星文(抗日民族英雄吉鸿昌之侄)亲赴前线指挥作战。将士们忍无可忍，置蒋介石“未奉命令不得还击”的指令于不顾，纷纷要求还击，并表示愿以卢沟桥作坟墓，誓与日军决一死战。吉星文团长命令部下英勇还击，遂打响了全国抗日战争的第一枪，并于8日晚9时夺回了卢沟桥。

7月16日，日军调到华北的部队已达5个师团，总兵力在10万人以上。

7月17日，蒋介石在全国人民的压力下，在庐山发表讲话，被迫宣布对日作战。7月25日，日军已完成了对平津的包围态势，进攻廊坊、广安门等地，切断平津铁路交通线。随后，北平沦陷，天津失守。在1年零3个月内，我国华北、华中和华南的广大地区，便陷入日本侵略军的铁蹄之下。

二、抗战首枪

李文成，河南省豫东平原地区人。是1937年“七七”事变的见证人，也是卢沟桥事变时打响全民族抗战第一枪的勇士。

李文成在17岁那年投到吉鸿昌将军部下当兵。1937年3月，宋哲元的二十九军第二一九团移防卢沟桥时，李文成已是该团的一位排长。该团团长是吉鸿昌将军的侄子吉星文。

1937年7月7日夜间，李文成排长在卢沟桥上带岗，晚10点钟下岗没多长时间，正准备睡觉。此时，日军声称走失一名士兵，过到桥这边来，说是要搜人。

李文成排长报告了上级，二一九团坚决地拒绝了这一无理要求。大家都不睡了，警惕地看着日军会有什么动静。

不出所料，7月8日凌晨2时，日军动手了，突然炮轰卢沟桥。吉星文团长立即下令还击，卢沟桥事变就这样开始了。

李文成排长和他的战友们当时不会想到，他们向日军打响的第一枪，竟有如此重要的意义,会成为全民族抗战的先声。

日军疯狂进攻10多天,终未能侵占卢沟桥。后来,日军指挥官田代为此而自杀。二一九团为守卫卢沟桥也付出了沉重的代价。当他们奉命调离阵地时,李文成在桥下清点人数,全排53人只剩下17人。

李文成,这位1932年长城抗战中的喜峰口战斗中的大刀敢死队队员、保卫卢沟桥的英雄,1945年抗日战争胜利后就离开了队伍,回到河南老家当了一名农民。

1987年,78岁高龄的李文成排长不顾身体虚弱,重返当年杀敌的战场——卢沟桥。

在卢沟桥纪念馆里,李文成排长看到了一个个老上级的英名、遗像。他如当年一样,向他们行了标准的军礼。

李文成排长也看到了自己被记载错了的名字——李文田。

三、"八一三"事变

1937年"七七"事变后,日军在上海不断制造事端,为大规模进攻上海寻找借口。8月6日,日本政府下令撤退上海日侨,并将长江下游的日舰调集上海。8月9日下午,日本海军陆战队中尉大山勇夫和水兵斋藤要藏驾车强行冲入上海虹桥军用机场,窥探中国军队情况,并向守卫机场的中国士兵开枪。中国士兵被迫还击,大山、斋藏二人中弹毙命。日本帝国主义以此为借口,下令大批日军在上海登陆并派飞机在沪杭上空侦察。13日,日军依托上海日本租界和黄浦江中的军舰,炮击闸北。中国军队再次进行还击,这就是日本帝国主义一手制造的"八一三"事变。

日本侵略军进攻上海,严重威胁到英、美帝国主义的在华利益和蒋介石的统治,国民政府被迫实行抗战。

在上海人民的大力支援和鼓舞下,驻守上海的国民政府第九集团军在张治中总司令的率领下奋起抵抗,重创日军。国民党广大爱国官兵士气旺盛,表现出高度的抗战热忱。当中国军队向上海增援时,按规定火车在南翔车站停车,但是士兵们不肯下车,要求开到闸北前线,怕留在南翔不能和日军作战。

中国空军在8月14日的一场空战中,仅乐以琴一人就击落敌机4架。他的战绩见报后,毛泽东曾撰文祝贺。8月21日,他又击落敌机1架,荣膺"抗日飞将军""江南大地之钢盔"的称号。空战中,我方战机中弹坠毁,机上的官兵跳伞着地后，继续用手枪和地面日军作战。

9月5日，驻守宝山的一个营，在营长姚子青的率领下，齐心协力，一次又一次打退日军的进攻，日军以强大的炮火向宝山城轰击，并施放硫磺弹，全城燃起熊熊烈火，日军战车、步兵乘隙而入冲进城内，全营官兵抱定“固定城垣，一息尚存，奋斗到底”的决心与敌巷战肉搏，激战两昼夜，500余官兵全部壮烈殉国。

10月26日，驻守江湾、闸北的我军奉命撤退，谢晋元团长率领800壮士坚守四行仓库，掩护主力撤退。在谢团长的指挥下，将士们与敌鏖战4昼夜，打退了日军多次进攻，毙敌200多人，震动了上海。

“八一三”抗战的另一条战线就是中国共产党领导和影响下的上海人民开展宣传抗日、救济难民、募捐、救护伤兵等抗日救亡运动。

“八一三”事变爆发时，日本侵略者曾夸下海口：十天之内占领上海。由于中国军队的顽强抵抗，迫使日军由开始时的一个旅团的兵力，最后增加到12个师团，陆、海、空军逐渐增至20多万人。中国军队投入总兵力达40多万人。

由于国民政府没有从战争的全局性和长期性着想，在上海以外的地方没有认真布防，给日军以可乘之机。11月5日，日军在正面战上海不能得手的形势下，狡猾的谷寿夫带领他的第六师团悄悄绕到杭州湾的金山卫、漕泾镇、金公亭数处地方登陆，然后袭击我上海抗日军队的后方，并立即向沪杭线的军事要地淞江进攻，抄袭上海。中国军队在侧后遭到敌军严重威胁的情况下，被迫从上海战场全部撤退。11月12日，上海沦入敌手。

淞沪会战中，战斗异常激烈，双方伤亡都极为惨重。三个月中，国民政府军队伤亡达10余万人，中国军民毙伤日军6万余人。

“八一三”事变以后，全中国都进入了反对日本帝国主义侵略的神圣的民族革命战争中。

四、南京保卫战

1937年11月，国民革命军在淞沪会战中失利，上海被日本占领后，日军趁势分3路急向南京进犯。中国方面就此开始准备在上海以西仅300余公里的首都南京的保卫作战。

惨烈的战斗

12月1日，日本大本营下达“攻克敌国首都南京”的作战命令，南京保卫战开始。次日，江阴防线失守——国民党海军主力第一舰队和第二舰队在江阴战斗中被全数击沉，南京国民政府唯一的一道拱卫京城的水上屏障失守。

南京保卫战打响后，蒋介石先后调集了15个师10余万将士参加南京守城战。然而，此时参与南京作战的国民党军各部队，不管是兵员素质，还是士气，已与淞沪会战时不能相提并论，部队战斗力严重下滑。而日军3路进攻势如破竹，南京外围战略要地相继失陷。

12月7日，当日军攻破距南京仅50公里的句容后，蒋介石亲自到南京卫戍司令唐生智的寓所，召开师以上军官会议，要"大家有破釜沉舟的勇气和不成功则成仁的决心"。事实上，蒋介石在配置保卫战部队时，将作战实力最强和装备最为先进的部队都留在了南京。后来又从湖北调来部队参战。这说明蒋介石保卫南京的决心是异常坚决的，对其守城部队也抱有极大的期望。

此时的唐生智司令也多次表示，要把抵抗进行到底。在12月7日的会议上，唐生智曾用悲壮的语气表示要与南京共存亡。会后，他送蒋介石夫妇上汽车时，表示要做到"临危不乱，临难不苟，没有你的命令，我决不会下令撤退"。

为了防止部队私自过江撤退，唐生智采取了背水死战的态度。他下令各部队把控制的船只交给司令部，又将下关至浦口的2艘渡轮撤往武汉，还命令第三十六师封锁从南京城退往下关码头的唯一通道挹江门，这一"破釜沉舟"的命令，给后来的悲剧性撤退埋下了隐患。

12月9日，日军通过飞机投下劝降信，遭到唐生智司令的断然拒绝，唐司令还令所部以猛烈的炮击来答复日军的文告。

在南京守军的英勇抵抗之下，日军推进得十分艰难。日本陆军省情报部编的《大陆战史》记载在南京光华门的战斗时说："敌人实施的是人弹战术和手榴弹战术，我军伤亡极大……对方都寸土不让。城上城下敌我双方都能听见对方的喘息声和说话声，战斗一直呈胶着状态……"

资料显示，在南京保卫战中，在战场上牺牲的国军官兵多达1.9万余人，其中少将以上军官有13人之多，另有7人是事后追赠为少将。仅在12月12日这天，在战场上牺牲的团长以上将领就有11人之多。可见战斗惨烈之程度。这在整个抗战期间都极为少见。

日军在攻击南京的过程中，也付出了伤亡3893人(不包括日第十六师团的伤亡数字)的代价。

五、南京大屠杀

1937年12月13日，日军占领南京城，在华中方面军司令官松井石根和第六师团师团长谷寿夫等法西斯分子的指挥下，日军对手无寸铁的南京民众进行了长达6周惨绝人寰的大屠杀。

惨绝人寰的大屠杀

12月15日，日军将中国军警人员2000余名，解赴汉中门外，用机枪扫射，焚尸灭迹。同日夜，又有市民和士兵9000余人，被日军押往海军鱼雷营，除9人逃出外，其余全部被杀害。

16日傍晚，中国士兵和难民5000余人，被日军押往中山码头江边，先用机枪射死，抛尸江中，只有数人幸免。

17日，日军将从多处搜捕来的军民和南京电厂工人3000余人，在煤炭港至上元门江边用机枪扫射，一部分用木柴烧死。

18日，日军将从南京逃出被拘囚于幕府山下的难民和被俘军人5.7万余人，以铅丝捆绑，驱至下关草鞋峡，先用机枪扫射，复用刺刀乱戳，最后浇以汽油，纵火焚烧，残余骸骨投入了长江中。

杀人比赛

更令人发指的是，日军少尉向井和野田在紫金山下进行的“杀人比赛”。他们分别杀了106名和105名中国人后，“比赛又在进行”。

民族罹难

后来发表的《远东国际法庭判决书》中写道：“日本兵完全像一群被放纵的野蛮人似的来污辱这个城市”，他们“单独的或者二三人为一小集团在全市游荡，实行杀人、强奸、抢劫、放火”，终至在大街小巷都横陈被害者的尸体。“江边流水尽为之赤，城内外所有河渠，沟壑无不填满尸体。”

据1946年2月中国南京军事法庭查证：日军集体大屠杀28案，19万人；零散屠杀858案，15万人。日军在南京进行了长达6个星期的大屠杀，中国军民被枪杀和活埋者达30多万人。

最早揭露南京大屠杀的记者

1937年12月13日，侵华日军攻陷了国民政府的首都南京，中国军民被屠杀30多万人。

五天以后，大洋彼岸的美国《纽约时报》首先向世界披露了这场惨绝人寰的大屠杀。报道这一惊人暴行消息的人，就是该报驻中国特派记者特尔曼·坦丁(又译为蒂尔曼·坦丁)。

坦丁耳闻目睹了日军攻陷南京后的那一幕幕暴行。在城外的长江边，他亲眼看到日军对数百名被俘的中国军人进行屠杀。俘虏们每50人被编为一个小队，用绳子缚住双手。日军用机关枪连续扫射，枪杀完一队之后再押过来一队。日本军官一边枪杀俘虏，一边大声狂笑。一天之内，坦丁竟然三次亲眼目睹了集体屠杀的惨景。

日本侵略军惨无人道的屠杀，竟然不顾国际公约，使坦丁感到无比的震惊和愤慨。他当即奋笔疾书，写出了一篇揭露日军暴行的详细报道。但是，日军进行了极其严格的封锁，不允许向外披露大屠杀的真相。开始，坦丁决定驾车到上海去发电讯，不料在行至20公里时就被日军拦住。他只好改道芜湖后又辗转武汉才把电文发出，电讯飞越重洋，传到美国最大的城市纽约。《纽约时报》于18日在显著位置刊载了这一条电讯。在美国和全世界引起了强烈的震动和反响。

12月22日，坦丁又向国内发去了一份电讯稿，进一步揭露日军在南京的血腥罪行。其后，他继续留在中国从事新闻报道。

后来，坦丁回国后居住在加利福尼亚州一个海滨城市的公寓里，时刻关注着大洋彼岸中国历史的进程。1988年，他偕夫人访问了我国，继续为中美关系的发展作出贡献。

六、血战台儿庄

1937年12月13、27日，日本侵略者相继占领南京、济南，为了将南、北两个战场连为一体，打通南北大通道，就成为他们的重要战略目标。于是，日本侵略者决定，以济南、南京为基地，沿津浦铁路(天津至浦口)南北夹击，攻占军事重镇徐州。在这里，发生了具有深远意义的台儿庄战役。

台儿庄是徐州的门户，日军要夹击徐州，台儿庄是首争之地。经过缜密准备，1938年3月24日，日本侵略军以矶谷第十师团濑谷支队向南攻击台儿庄，与中国第五战区第二集团军第三十一师展开激战。第五战区司令长官李宗仁将军命令第二集团军死守台儿庄阵地，以确保徐州的安全。

台儿庄战役引起了当时全国上下的一致关注。战役打响后，时任国民政府副参谋总长的白崇禧将军亲率总参谋部人员，从武汉奔赴前线，协助李宗仁将军指挥作战，他们采用诱敌深入的“口袋”战术，几乎全歼了日军主力。在这次战役中，国民党高级将领前赴后继英勇抗敌。第五十九军军长张自忠、第二十军军长孙连仲以及池峰城等，指挥部队誓与日本法西斯血战到底，他们身先士卒，与战士们同仇敌忾，表现出了崇高的民族气节和军人风范。

川军猛将王铭章将军，奉命率部参战，军队在急行军数千公里后，来不及休整就直接开赴前线。很多将士连磨破的草鞋都没来得及换下，打赤脚与日军在战场上白刃肉搏。3000 余名川军将士全部为国捐躯。

汤恩伯军团的王仲廉军长，在战况危机的紧要关头，以黄花岗 72 烈士为榜样，挑选出 72 名敢死队员，向日军阵地猛冲，给敌人造成重创，其中 14 名敢死队员壮烈牺牲。

刚刚组建不久的中国空军，在这次战役中也发挥了重要作用。空军第二大队大队长李凌云、吴汝鎏，中队长吴天龙、陆光球、吕天龙等，巧妙地把 8 公斤重的小炸弹挂在当时中国仅有的几架战斗机机翼下方。为防止被日军发现，他们在傍晚时分，从广西机场起飞，升至 4000 米高空秘密飞到日军阵地上空，抓住有利战机，向日军扫射投弹，日军乱作一团。

台儿庄附近滕县的沙印才、黄馥堂、张守谦三位老人，知道前线部队巷战急需大刀和刺刀时，组织起当地十几名铁匠，冒着敌人的炮火为战士们赶制出大刀送往前线。

前线的战况也引起了中国共产党方面的密切关注。除八路军在山西作战吸引日军外，中共北方局党组织在天津的负责人谢甫生，把搜集到的日军情况，交给桂系在天津的秘密电台，及时拍发给李宗仁将军，使中国军队指挥中枢始终对日军的行动了如指掌，以便运筹帷幄。

台儿庄战役是一场惊天地泣鬼神的恶战、血战，中国将士不惧牺牲、浴血奋战，最终取得了胜利。

台儿庄战役，历时半个多月，中国参战军队 4.6 万多人，伤亡 7500 余人；打死日军 7000 多人，打伤日军 1.3 万多人，俘虏日军 700 多人，并缴获了大批辎重物资。沉重打击了日军的嚣张气焰，打破了敌人的狂妄计划，大大振奋了中华民族的抗战斗志，坚定了全国军民抗战胜利的必胜信心。

由于李宗仁将军的指挥果断、全体将士的英勇作战，由于得到中国共产党及其领导的抗日力量的有力配合，周恩来将军（周恩来副主席时任国民政府军委会政治部副部长，中将军衔）提出的“固守要点，各个击破”“要阵地战和运动战相结合，把敌人消灭在台儿庄”的作战方针，得到了李宗仁将军的赞同，并在大战中得以体现，也由于日军在战略上犯了分兵冒进的错误，台儿庄战役我方大捷，取得了抗战以来正面战场的最大的胜利。

捷报传来，全国人民欢欣鼓舞。武汉市10万多人举行示威游行，隆重庆祝台儿庄大捷的伟大胜利。

台儿庄大捷，是继平型关大捷以后中国军民取得的又一次伟大胜利，打破了日军不可战胜的神话。这一胜利，提高了前线士气，振奋了民族抗战的精神，增强了中华民族抗战必胜的信心，从而为抗日战争的胜利奠定了思想基础。

毛泽东主席对于台儿庄大捷的意义给予了肯定的评价。他指出："每个月打得一个较大的胜仗，如像平型关、台儿庄一类的，就能大大地沮丧敌人的精神，振起我军的士气，号召世界的声援。"

20世纪末，电影《血战台儿庄》拍摄放映，实事求是地反映了正面战场的第一次大捷，震惊海内外，收到了良好效果。蒋经国先生也从此批准同意了两岸"三通"。

七、轰炸重庆

1937年7月，"七七事变"后，中国展开对日抗战；11月，国民党军在淞沪抗战中失利，南京陷入危机；11月20日，国民党政府迁往重庆，将其作为战时首都。

伤亡惨重

1938年10月，日军攻陷武汉；10月4日，日军正式轰炸重庆市区。12月2日，日军大本营对华中方面军下令开始向重庆实施"由空中入侵对敌战略中枢加以攻击同时进行空中歼灭战"，命令为日军正式对重庆进行战略轰炸的宣告，目的是希望震撼作为战时首都的重庆，打击中国政府抗战的意志；同年12月底起，由陆军对重庆开始实施战略轰炸。

从1939年1月开始，日机空袭迅速升级，对重庆的轰炸越来越猛烈。

1939年4月底，重庆的浓雾渐渐消散之后，重庆就失去了天然的保护屏障。日本帝国主义趁机制定"五月攻势"作战计划，决定集中力量，对重庆进行猛烈空袭。

1939年5月，改以海军实行轰炸。5月3～4日，日机从武汉起飞，连续轰炸重庆市中心区，并且大量使用燃烧弹。重庆市中心两日大火，商业街道被烧成废墟，3991 人死亡，2323 人受伤，损毁建筑物 4889 栋，约 20 万人无家可归。罗汉寺、长安寺等寺庙也被大火吞噬。

同时，被炸的还有外国教会及英国、法国等各外国驻华使馆，连挂有纳粹党旗的德国大使馆也未能幸免。

沉重灾难

1940 年 5 月，日本大本营发动“101 号作战”，由陆、海军同时对中国后方轰炸。陆军主要以山西运城为基地，海军主要基地为汉口。轰炸重庆的日机超过 2000 架次。8 月 19 日的轰炸尤为惨烈——日本海军投入超过 140 架轰炸机，重庆 2000 多户民居被毁。

到 1940 年底为止，日军对重庆投掷了 4333 吨炸弹。

日本为摧毁抗战陪都重庆，策划并发动多次以重庆为主要目标的战略轰炸行动。“101 作战”是其中规模最大的一次，日军出动的打击力量之多，空袭之残酷、野蛮、猛烈，在历次战略轰炸中居首位。“101 作战”中，日机采取全方位、无差别、连续的“地毯式”的轰炸战术，对重庆市区反复轰炸，造成了极其惨重的损失。

隧道惨案

1941 年初，日军在发动太平洋战争前先向中国集中力量空袭，发动名为“102 号作战”的大规模轰炸。

1941 年 1～8 月，日军空袭重庆超过了 3000 架次，其中包括夜间空袭。

1941 年 6 月 5 日傍晚，在日机对重庆市区长达 5 个多小时的疲劳轰炸中，终于发生了第二次世界大战中，间接死于轰炸人数最多的一次惨案，即校场口大隧道窒息惨案。

6 月 5 日从傍晚起至午夜，日机连续对重庆实施了多小时轰炸。重庆市内的一个主要防空洞——校场口大隧道防空洞，部分通风口被炸塌引致洞内通风不足(据幸存者曾婉清说，当天有汉奸为日军飞机发信号，日军是有目标地轰炸洞口和通风口的)，洞内市民因呼吸困难挤住洞口，造成互相践踏，以至大量难民窒息，估计数以千人死亡。

校场口大隧道防空洞惨案发生后，死者多为青壮年。有的全家丧生，尸体无人认领；有的随身所带仅有一点财物亦不知去向。防空司令部派出的工兵营，仅整理尸体就花了近一昼夜。然后用卡车把尸体拖到朝天门河边，再改用木船装到江北黑石子去草草掩埋。

1941 年下半年，日军为准备在太平洋发动战争(1941 年 12 月 7 日，日本未经宣战空袭了美国太平洋地区的主要海军基地珍珠港，导致太平洋战争爆发。同时，英、荷、澳等20多个国家对日宣战），陆、海军航空队主力从中国抽出。之后对重庆只有零星轰炸。1943年8月，日军再无能力空袭重庆，重庆大轰炸告一段落。

战略反击

重庆大轰炸是二战期间对参战国首都（陪都）大规模轰炸之一重要战例，日方原本希望依靠威慑性轰炸促使中国军民投降。但国民党政府在1940年“八一九”大轰炸后发布《国民政府令》，正式确认重庆为“陪都”，表达了抗战到底的决心。

作为报复行动，1944年之后，从中国成都新津机场起飞的B-29轰炸机轰炸日本本土，空袭中几近毁灭的日本为此战争付出了沉重的代价。

八、武汉会战

武汉会战是抗日战争中中日双方投入兵力最多、持续时间最长的一次战役。日军投入兵力达40余万，中国军队投入达100多万。从1938年6月12日日军溯江西上攻陷安徽安庆，拉开武汉会战序幕，到10月25日武汉失守，会战历经4个多月。此战中，中国军队对日军进行了顽强的抵抗，以巨大的牺牲，打破了日本“速战速决”逼迫国民政府妥协投降的企图，并取得了对日作战的经验，促使抗战战略进入相持阶段。为了此次会战，国民党当局不惜让人民群众遭受巨大灾难（决堤花园口），使武汉会战实际上在消耗敌人的同时，中国军民也付出了极其沉重的代价。

武汉外围战

黄河决口，引起黄河改道，淮河流域一片汪洋。日军沿淮河一线受阻，便将主力摆在长江沿线。日军大本营于6月中旬发布119号大陆命令：大本营以初秋为期攻占汉口（武汉三镇之一，即汉口、汉阳和武昌）。

国民党统帅部为保卫武汉，也于6月中旬制定作战方案：完备华南海岸及华东、华北现阵地，积极发展游击战，妨害长江下游航运，牵制消灭敌人；以有力一部支援马当要塞，在鄱阳湖以东迎击敌人，阻止其溯江向九江集中；在武汉外围布置主力军，特别把重点放在外围，争取行动上的自由。预期可与敌之主力作战4～6个月，予敌以最大之消耗，粉碎其继续攻势之能力。

随着双方战略意图的日趋明朗，双方的部队也调集完毕。日本侵略军由畑俊六任统帅，下辖江北和江南两个方面军。长江南岸日军为第十一军司令官冈村宁次指挥，共 20 余万人，配备 80 艘兵舰和 500 多架飞机，沿长江溯上直逼武昌。江北军以东久迩宫指挥的第三军等，约 16 万人，分别沿大别山两侧向汉口进攻。

国民党统帅部也于 6 月 14 日任命陈诚为第九战区司令长官兼武汉卫戍司令，下辖 26 个军、57 万多人，负责抗击江南日军，并组织武汉保卫战，以李宗仁所属第五战区，辖 21 个军、43 万多人阻击江北日军的进攻。激烈战斗即开始。

战争持久化

武汉会战到底怎么打？蒋介石显然是动了脑筋。他感到淞沪、南京两保卫战以单纯打阵地战对敌，处处被动挨打，使军队损失了几十万。此次会战已动用了几乎是全国的兵力，面对日军的现代化装备，如果再孤注一掷地硬拼，老本打光了，国家也就完了。因此，蒋的此次战略思想是抱定了阵地战兼运动战，“节节抵抗，拖延时间，消耗敌人”。

中国共产党也全力帮助蒋介石作战。武汉会战刚开始，毛泽东和中共中央就致电长江局负责人提出：“保卫武汉重在发动民众，军事则重在袭击敌人之侧后，迟滞敌进，务须避免不利的作战。至事实上不可守时，不惜断然放弃之”，“在抗战过程中，巩固蒋之地位，坚持抗战，坚决打击投降派，应是我们的总方针”。中共中央同时命令八路军集结较大兵力进击太原、榆次、保定、石家庄、新乡、德州、徐州等城市，牵制日军，以减轻武汉正面战场压力。

7 月中旬，中共中央南方局副书记、武汉八路军办事处负责人周恩来，前往武汉蒋介石办公室，建议蒋要打持久战，宜将兵力的各 1/3 分别用于与日军对峙、转到敌后、撤到后方。

在武汉会战打得最激烈时，八路军总司令朱德也专程从华北敌后到武汉会见蒋介石，共商战计。中共的诚恳帮助，增强了蒋介石和日本打一大仗的决心。适逢毛泽东的《论持久战》发表，国民党军委会副总参谋长白崇禧看后极为赞赏，认为这是克敌制胜的最高战略方针。在蒋的支持下，白将《论持久战》的精神归纳为“积小胜为大胜，以空间换时间”，由军委会将此通令全国，作为抗战的战略指导思想。

蒋介石果然改变了会战部署，以 6/10 的兵力与敌周旋作战，把 4/10 的兵力撤到二线以备持久战。

9月中旬，日军猛攻九江至武汉江防要塞富池口、田家镇，中国军队在田家镇消灭日军几千人后果断撤退。日军突围后，迅速向万家岭推进，却又被薛岳部包围，中日双军展开激战达22天，歼敌3万余人，日军逃亡者不足千人。这是抗战以来中国军队消灭日军最大的整建制部队的一次光辉战例。

日江北军刚出合肥便遇到孙连仲第二集团军的阻击。中国军队依山地、丘陵有利地势，顽强阻滞了日军，使其机械化优势无法发挥，每前进一步都要付出很大的代价。敌十六、十三师团始终未能越过大别山。以防守台儿庄出了名的孙连仲部这次又以漂亮的阻击战再次闻名。

中国军队节节抵抗，大规模开展运动战，大量消灭了日军，并打破了日本妄图速战速决、以战逼降的美梦。日军穷凶极恶，竟公然违反国际法，在武汉会战中使用毒气达375次，发射毒气弹4万发以上。日军凭借现代化装备，终于完成了对武汉的三面包围。日军的另3个师团突破华南海岸于10月21日占领广州，又迅即北上。10月22日，蒋介石在武汉召开会战最后一次高级将领会议，以"持久战不在一城之得失"命令各军撤退。10月25日，我军主动放弃武汉。

从6月12日安庆失守开始，到10月25日中国军队主动放弃武汉止，武汉会战历时4个半月。在这100多天中，我很多华中、华南的重要工厂、物资安全迁移到了西南、西北，西部的战略工事、交通建设也初步完成，大批军队向大西南转移，部署完毕。

迎来战略相持阶段

在武汉会战中，中国军队损失了近20万人，日军死伤近10万人。会战正值酷暑季节，暑气灼人，蚊蝇肆虐，爱国军人以极大的牺牲精神谱写了抗战史上的光辉一页。而侵华日军从"七七"事变到武汉会战结束，已占领我大部分沿海省区，并投入大量军队到中国内地区域。日本的侵略战线越拉越长，投入的兵力越来越多。日本共34个陆军师团，此时除在国内、朝鲜各留1个师团外，8个师团在中国东北，其余24个师团全都陷在中国的华北、华中、华南的广大战场上，兵力远远不够分配，军费开支剧增。

但是，活跃在华北、华中的八路军、新四军在农村扩展了区域广阔的根据地，牵制了大批日军，在武汉会战期间也歼灭日军3万多人。日军在我正面战场和敌后战场的两面夹击下，不得不停止战略进攻。武汉会战后，中国人民的抗日战争终于迎来了战略相持的新阶段。

抗战历史的步伐正按照毛泽东同志在《论持久战》中的战略部署前进。

九、豫湘桂战役

1944年初，美军加强了在太平洋上的攻势，日本完全丧失了制海权和制空权，海上交通线难以维持。为了打通从中国东北直到越南的大陆交通线，援救日本侵入南洋的军队，从1944年4月至12月，日本对中国的平汉、粤汉、湘桂铁路沿线发动了大规模的进攻，称为“打通大陆交通作战”，中国则称为“豫湘桂战役”。这次日军投入总兵力51万，中国军队100余万人参战，是中日战争史上双方投入总兵力最多的一次战役。

豫湘桂战役由豫中、长衡、桂柳三次会战组成。

豫中会战：又称河南会战。1944年4月，日军14.8万人从南北两面进攻豫中，企图打通平汉路，占领洛阳和平汉路以西广大地区，国民党驻河南的军队40余万人一触即溃。22日郑州失陷。5月8日，南北对进的日军会师于西平，打通了平汉路。随即三面包围洛阳。25日，洛阳失陷。日军只用了38天即占领了河南全省，豫中会战结束。

长衡会战：1944年5月，日军36.2万人分3路进攻湖南。6月18日，长沙失陷，日军乘胜南下，进逼战略要地衡阳。日军对衡阳发动三次猛烈攻势，中国守军顽强抵抗。从6月22日开始，4万守军坚守衡阳47天，使日军伤亡6万余人，是抗战以来守城的新纪录。但最后寡不敌众，8月7日，衡阳失陷。

桂柳会战：自1944年9月8日起，日军10万人从广东、湖南、越南三个方面进攻广西。11月10日，桂林、柳州同日失陷。日军乘胜追击，12月2日占领贵州省的独山，8日，中国军队夺回独山。

11月24日，日军未经战斗就占领了南宁，日军打通了由东北纵贯大陆至印度支那的通道。

此外，由北海及雷州方面进犯南宁的日军，与越南东犯的日军，于12月16日会于思乐。至此，日军打退大陆交通线的战略行动告终。该战役国民党损失军队60万人，损失空军基地和飞机场43个，日军占领我146座城市，沦陷人口6000万。

国民党军队在豫湘桂战场上的全线崩溃，暴露了国民党统治区的军事、政治的严重危机，这完全是国民党政府实行消极抗日、积极反共政策所造成的。国民党把最精锐的部队用于包围中国共产党领导的陕甘宁地区，对于日军可能的进攻，不作充分准备，加上高级指挥官的腐败与指挥无能，由此战争一来即造成大溃退。在经济上，国民党官僚大发国难财。当时重庆报纸形容国民党统治区的状况为“前方吃紧，后方紧吃”。这正是国民党腐败的真实写照。

日军虽然打通了大陆交通线，但并未达到它的作战目的。战线延长，使其兵力更加分散，到处被动挨打。纵贯大陆南北的铁路，因运输材料缺乏，始终没有全线通车。日军自称“本世纪大规模的一次远征”，不过是孤军奋战的冒险，徒然付出了兵员重大损失的代价，加速了日本军国主义的灭亡。

十、四大名团

在抗日战争初期，中国军队在与日本侵略者进行殊死搏斗的战争中，先后涌现出以英勇顽强作战闻名于世的“四大名团”。他们究竟是哪些部队、有何战绩？为什么他们会被誉为“四大名团”呢？

吉星文团：卢沟桥抗击侵略军

吉星文(1908～1958)，河南扶沟人，受堂叔吉鸿昌影响，吉星文走上了行武生涯。

1933年3月9日，日军铃木师团直逼河北迁西县北部的长城重要隘口喜峰口。当天深夜，吉星文率兵出击，他们身背大刀，冒着风雨，偷袭了正在酣睡的日军。此后，吉星文因功受到嘉奖，升任二一九团团长。

1937年“七七”卢沟桥事变后，吉星文奉命奋起抵抗。战斗中，吉星文头部被炸伤，略作包扎后，他仍坚持指挥战斗。7月8日晚，吉星文精选青年战士组成突击队，出其不意地杀入日军阵地。直至7月30日，吉星文奉命撤出防地。在卢沟桥抗战中，吉星文以一团之力，歼敌3000余人，对日军、武器多有斩获。

罗芳珪团：抢防南口御强敌

罗芳珪(1907～1938)，湖南衡东人，1934年擢升为五二九团团长。

1937年7月31日，日军准备进攻北平昌平区南口镇。8月1日，罗芳珪团赶赴南口。8月8日晨，日军向南口发起猛烈进攻，五二九团一次次打退日军进攻，直至深夜才奉命退守到龙虎台。8月10日，日军发起总攻。为减少伤亡，罗芳珪下令暂时撤退，但等日军刚刚占领龙虎台，罗芳珪便率兵全力反击。

最终在6天的南口战斗中，罗芳珪团重创日军。8月26日，南口战役参战部队奉命突围，罗芳珪团随后转战于晋、冀、豫三省。罗芳珪在徐州会战中壮烈牺牲。

1988年，罗芳珪被追认为革命烈士。

陈锡联团：夜袭阳明堡机场

陈锡联(1915～1999)，湖北红安人。1937年8月，任八路军一二九师三八五旅七六九团团长。解放后，历任中央军委炮兵司令员、沈阳军区司令员。“文革”后期，曾主持军委工作。上将军衔。

1937年10月中旬，七六九团到山西代县南苏郎口村。陈锡联发现不时有日军飞机从村子上空飞过，实地探查后发现对岸阳明堡东南有一个敌军机场。通过询问当地老乡，进一步摸清了情况：24架飞机白天轮番外出轰炸太原、忻口，晚上返航停在机场，而机场仅有小股守卫部队。

陈锡联认为这是歼灭敌机的良机。一天夜里，在老乡的引导下，战士们神不知鬼不觉地爬过铁丝网，进入机场。一队人向机场守卫队发起进攻，一队人直扑停在机坪上的机群。霎那间，整个机场陷入一片火海中。经过激烈而短暂的战斗，守军大部分被歼，20余架飞机被炸毁。当援军赶到时，陈锡联早已撤退得无影无踪。

谢晋元团：誓死坚守四行仓库

谢晋元(1905～1941)，广东蕉岭人。谢团长率800壮士抗击日军名垂青史。

1937年10月26日，谢晋元团长临危受命，率领五二四团一营(营长姚子青)扼守苏州河畔的四行仓库大楼，掩护主力部队撤退。谢晋元率领的一营官兵，号称“八百壮士”，实则452人。10月27日晨，日军向大楼发起进攻，谢晋元一声令下，官兵们用集束手榴弹投向敌群，毙敌80余人。之后日军又企图借火势发起强攻，但均被击退。

10月28日晚，上海童子军战地服务团的少女杨惠敏，潜行到四行仓库，向勇士们敬献了一面国旗。29日凌晨，国旗在大楼楼顶升起时，租界内的群众激动得齐喊：“中华民族万岁！”“抗战必胜！”

10月31日，接到上级命令后，谢晋元团长率部撤离了四行仓库。之后，毛泽东主席高度赞誉了“八百壮士”，说他们堪称“民族革命典型”。

十一、四大金刚

抗战时期，中国空军在面对数量远超己方，飞机也更加先进的日本空军时毫不畏惧，奋勇相抗。其中 4 位最厉害的飞行员，被称为空军的“四大金刚”。

“空军战魂”高志航

1931 年“九一八”事变爆发后，东北当局奉行蒋介石的“不抵抗政策”，东北空军不战而亡。时任东北航空军校教官的高志航愤而南下，几经曲折最终来到南京，加入国民党空军。

1937 年，长达 8 年的全面抗战开始了。8 月 14 日，高志航率领第四大队 3 个飞行中队冒着倾盆大雨，驰援笕桥机场。正当战机降落到一半时，日军突然发动偷袭。

高志航命令正在降落的飞机不许停机，一半起飞迎敌，一半待机出击。随后，高志航迅速驾驶战机腾空而起。一架日机突然出现在他的视线中，高志航当即一个俯冲，击中敌机油箱使其爆炸。这是中国空军空战史上第一次击落敌机。空战仅进行了 10 分钟，就击敌机 6 架，而我方无一人一机受损。为了纪念这个光荣的日子，国民政府后来将 8 月 14 日定为“空军节”。

次日，日军又派出 60 余架飞机企图消灭中国空军主力。此役日机被击落 17 架，而我方仅损失 2 架飞机。中国抗日军民欣喜若狂，连续两次创造辉煌战绩的高志航，顿时成为家喻户晓的空战英雄。

9 月 22 日，日军意图轰炸南京，中国空军出击迎敌。双方最优秀的飞行员在南京紫金山上空展开了激烈的空战。高志航的对手是日本“四大天王”之一的山下七郎，“金刚”对“天王”，两架战斗机在空中上下飞窜，彼此追尾，展开了激烈的格斗，一直从高空打到不足 100 米的低空，经过 30 分钟的较量，高志航终于击败山下七郎并将其俘获。高志航领导中国空军重新找到了信心。喜极而泣的陆军高呼：“高志航，抗战天神！”空军飞行员也称之为“空军军神”。

1937 年 12 月，日军已开始围攻南京，高志航一行停留在河南周家口机场准备直飞南京参战，孰料南京方面连日大雨，无法飞行。22 日，日军轰炸周家口机场，敌机已飞临机场，高志航的飞机却怎么也发动不起来，高志航拒绝离机躲避，最终壮烈殉国。

“空中赵子龙”乐以琴

1931 年，乐以琴从四川大山中走出，投笔从戎，考入中央航空学校，成为第三期学员。成名后被誉为“出川抗战第一人”。

在 1937 年 8 月 14 日的战斗中，乐以琴虽然被数架敌机围攻，但他发挥了娴熟高超的驾驶技术，击坠 4 架敌机。在随后的多次空战中，乐以琴的“2204”号战机，均以高超的战术和猛、准、狠的火力，左右开弓，弹无虚发，给敌机以致命的打击，日本飞行员因此称乐以琴为“空中赵子龙”。以后日机一见“2204”号飞机，皆“触目惊心”，四处逃窜。

就在中国空军大展雄风之际，由于当时中国工业极端落后，飞机及其零部件均来自外国，而西方各国在中日战争中均持所谓“中立”，我空军消耗的损失无法补充，中国空军陷入尴尬境地。进入 9 月后，日军地面部队夺取了相当纵深的滩头阵地，用以修建陆上机场，飞机数量、起飞频率、出击强度等都大大增强。到 12 月南京保卫战时，空军能上天的飞机已不足 20 架，且机种不一。

12 月 3 日，日军在海空优势掩护下，突破防线进逼南京。南京危在旦夕，中国空军仅剩乐以琴、董明德二人升空作战，迎战数十架日机。乐以琴驾驶战机在日机丛中走起了“凌波微步”，致使企图左右夹攻他的 2 架日机互撞而亡。更多的日机围了上来，乐以琴的战机很快中弹起火。乐以琴在跳伞时为防止给日本人当靶子，打开降落伞较迟，结果触地牺牲。

“中国红武士”刘粹刚

1931 年“九一八事变”前，刘粹刚在辽宁省立工业专科学校读书，家乡沦亡后进关，考入黄埔军校第九期，随后转入中央航校第二期学习飞行。他的飞行技术名列前茅，射击命中率总在 90%以上。

1936 年，刘粹刚担任第五大队第二十四中队中队长，被冠以“中国红武士”之称。

1937 年 10 月 12 日，日本海军航空队 18 架飞机飞临南京投弹扫射后，由于未见中国空军迎击，在南京上空穿梭飞行玩起了特技，以炫耀武力，羞辱中国飞行员。刘粹刚怒不可遏，跳进自己带伤的飞机起飞，单机勇闯敌阵。

正在得意洋洋的日本飞行员见刘粹刚单机升空，一齐向刘粹刚的飞机扑来。为了取得必要的高度，刘机先向西爬高，再折回到南京城上空。日机自认为速度快、性能好，想咬住刘机的尾部。刘粹刚反而减速航行，随后猛然一个直“8”字急转弯，日机依旧向前冲去。刘机已从被动地位变成优势，狠命咬住日机尾部，击中日机要害。刘机这招“回马枪”，使日机拖着一条浓烟当场跌落在南京市东郊粉身碎骨。南京城内的老百姓也顾不得防空警报，倾城而出，都来观战助威。

1937 年 10 月 26 日，刘粹刚受领紧急任务：于次日拂晓前赶到山西，支援八路军反攻娘子关的战斗。因降落时天色漆黑，加上航油耗尽，刘粹刚误将城内民宅火光认作着陆信号，不幸撞到高平城的魁星楼上，年仅 24 岁的刘粹刚光荣牺牲，为国捐躯。

“空中晓将”李桂丹

李桂丹于 1932 年考进中央航校。1936 年，他在绥远对日作战期间，屡立战功并受重伤。不久，他因战功升任航校飞行科驱逐机中尉代组长，后任空军第四大队中尉大队长。

1937 年对日空战初期，协助高志航作战的李桂丹击落敌机 8 架，以辉煌战绩升任空军第四大队上尉本级代大队长。高志航殉国后，李桂丹接任第四大队队长职务，他把第四大队改名为“志航大队”，发誓要为死去的同乡、战友、老领导报仇。

1938 年 2 月 18 日，日军对武汉开始了大规模空袭。日军战机速度太快，第四大队刚刚在汉口上空集合，尚未编好队，大批日机已逼近武汉上空。面对不利形势，李桂丹当机立断，指挥战机与日机展开了空中格斗。

这是一场机群对机群的大规模空战，双方几十架飞机混战在武汉上空。从距离 5000 米到几百米，双方战机上下翻飞，追逐缠斗，不时有日机拖着浓烟坠入田野、江中。整个空战历时 12 分钟，第四大队共击落日机 12 架。

然而，这一胜利来之不易，第四大队也付出了血的代价。大队长李桂丹先后击落了 3 架敌机后，在掩护战友攻击目标时，不幸被一架从后面偷偷摸过来的日机击中，当即血染长空，壮烈殉国。“二一八”空战是南京失守后，中国空军取得的首次重大胜利，极大地鼓舞了军心和民心。

十二、轰炸日本

抗日战争期间，日本空军对中国进行狂轰滥炸，而国民政府也实施过对日本的“政治轰炸”。徐焕昇，就是“轰炸”日本本土的第一人。

决定“空袭”

1937 年 12 月，南京失陷。日本侵略者气焰嚣张，到处狂轰滥炸。国民政府最高当局决定对日本“政治空袭”，以此来警告日本当局。

中国空军制定了《空军对敌国内地袭击计划》，空袭时间定在 1938 年 5 月下旬，目标是九州、长崎、福冈等城市。这次空袭不投炸弹，只投“纸弹”。

1938 年 3 月，由军委政治部第三厅厅长郭沫若拟就《告日本国民书》，文告主要内容为：“中日两国有同文同种、唇齿相依的亲密关系，应该互助合作，维持亚洲和全世界的自由和平，日本军阀发动的侵略战争，最后会使中日两国两败俱伤，希望日本国民唤醒军阀放弃进一步侵华的迷梦，迅速撤回日本本土。”

同时郭沫若编写了《告日本工商者书》等多种传单，由日本友人、反战作家鹿地亘翻译成日文。日本反战同盟也撰写了《反战同盟告日本士兵书》。传单总印数达 200 多万份。时任航空委员会秘书长的宋美龄，把这次远征称为“人道远征”。

临危受命

蒋介石的外籍顾问端纳建议，派外籍飞行员李尔德上尉担当“人道远征”的驾机任务，李尔德答应了，却称执行这项任务风险太大，要求以 10 万美金为酬劳，结果未获同意。

随后航空委员会主任钱大钧把这个任务交给了航空教官徐焕昇。徐焕昇在中央航空学校第一期受训，后派往德国航空学校、意大利空军专科学校深造 6 年，还曾任蒋介石专机驾驶员，徐焕昇毫不犹豫地承担下了这个任务。

接着，由徐焕昇遴选优秀飞行员，组成新编空中第十四队，又称“神鹰部队”，徐焕昇、佟彦博分别担任正、副队长。

“我死则国生”

出发前，徐焕昇和队员们抱定“我死则国生”的牺牲精神，各留下遗嘱，誓以最大努力完成非常使命。

经过近两个月的紧张准备，终于可以整装待发了。本应选择风小的月夜飞行，可 5 月间正值梅雨季节，气候一直不适合越洋航行。5 月 19 日是执行东征日本计划的最后期限，尽管天气仍不理想，徐焕昇毅然下令出发，率领 2 架马丁 B-10 轰炸机，于 19 日下午 4 时飞离武汉，经宁波机场加油，在当晚 11 时 48 分起飞，东征日本。

队长徐焕昇上尉驾驶1403号长机，副队长佟彦博上尉驾驶1404号僚机，分队长苏光辉中尉、蒋绍禹中尉，队员刘荣元少尉、吴积冲中尉、雷天春少尉、陈光斗少尉则分别担任二机的副驾驶、领航员和无线电员。

在残云淡月下，2架马丁轰炸机沿舟山南端直飞日本。飞行了一个多小时后，飞入了日本近海。

直达长崎

凌晨2时20分，我机飞抵日本九州西部海岸，飞机紧贴海面飞行，以躲避雷达的追踪，直达长崎港。凌晨3时，长崎市处在无戒备状态，飞机盘旋一周后，借助城市灯光，投下第一批传单。一时间，传单像雪片一样散落在长崎市区。飞机按原定计划向北作半圆形航行，飞经佐世保、佐贺、久留来、福冈、九州、熊本等整个九州岛。

不料飞机进入福冈后，被日方发现，立即发出防空警报。机组人员一面投下照明弹，一面投下传单。由于油料有限，两架马丁轰炸机在日本上空盘旋了半个多小时，把带去的200多万份传单全部投完后返航。

返回汉口

5月20日拂晓，两架马丁轰炸机飞抵我国东海岸。这时，队员们发现有日机试图拦截，并遭遇日舰高射炮的袭击。远征勇士们利用云雾作掩护，以高超的飞行技术沉着应对。徐焕昇意识到，日机一定还在跟踪，并有可能去轰炸宁波机场，他临时决定直飞南昌。

上午8时48分，1403、1404号轰炸机分别降落于南昌和玉山机场，加油后继续西飞。中午11时30分，安全降落在汉口机场。

事后证实，徐焕昇的判断是正确的。20日上午，日机果然轰炸了宁波机场。

在汉口机场，国民政府行政院长孔祥熙、军政部长何应钦、航空委员会主任钱大钧在机场举行盛大欢迎仪式。汉口市民夹道欢迎凯旋而归的空军勇士。

5月22日，中国共产党、八路军驻武汉办事处代表周恩来、王明、吴玉章、罗炳辉赴航空委员会，分别代表中国共产党和八路军，慰问徐焕昇等空军勇士并赠送锦旗。周恩来还发表讲话，赞扬空军勇士们的英勇行为，并与徐焕昇和佟彦博合影留念。

抗战中期，徐焕昇任空军轰炸总队教练、空军第八大队队长。后赴苏联，与苏联空军志愿队联合作战，后任驻苏联大使馆副武官。回国后任空军第四路军副司令、中美混合团副司令，亲率中、美机队出击，屡建战功。

徐焕昇后在台湾军中任职，又曾出任中华航空公司董事长。1984 年 3 月 4 日在台北病逝，终年 77 岁。

十三、海军战日

抗日战争爆发后，日军沿长江西上，妄图水陆并进，速战速决。面对强敌，弱小的中国海军与强大的日本海军在江苏江阴展开了殊死搏斗。敲山震虎，出其不意突袭日舰，海空对战以弱胜强，展现了伟大高尚的民族气节。

突袭日军旗舰“出云”号

1937 年 8 月 13 日，淞沪战役爆发后，日本海军陆战队分别向闸北、虹口、江湾等地进攻。中国海军由练习舰队司令王寿廷指挥驻沪海军部队参战。

面对强大的海军，中国海军决定以鱼雷快艇突袭停泊在上海外滩的日本侵华海军舰队旗舰“出云”号，以达到敲山震虎的目的。江阴电雷学校鱼雷快艇大队副大队长安其邦率 2 艘鱼雷快艇执行这一任务。

“出云”号是日本海军侵华作战的司令部，日本海军第三舰队司令长官长谷川清中将和一些日本的高级官员住在舰上，安全防护非常严密。

因此突袭“出云”号的难度极大，危险性也很高。安其邦领受任务后，立即挑选了官兵素质较高、作战性能相对较好的“史 102”号(艇长胡敬瑞)和“史 171”号(艇长刘功棣)2 艘鱼雷快艇。8 月 14 日晚，安其邦率 2 艘快艇隐蔽出航上海。

16 日晚，夜幕笼罩江面。在安其邦、胡敬瑞的带领下，“史 102”号艇高速冲过停泊在黄浦江上的日本海军驱逐舰和英、法、意等国的军舰，在距“出云”号 300 米左右的江面，连续发射 2 枚鱼雷后，迅速转舵回航。

由于“出云”号周围防护严密，鱼雷未能直接命中目标，但雷体爆炸使其受到一定创伤。“出云”号和其他日舰一时慌了手脚，以各种舰炮向“史 102”艇猛轰，“史 102”艇多处中弹搁浅。

8 月 20 日，日军进行报复。中国海军驻沪各机关和所属单位先后被日机炸毁。正在江南造船所修理的“永健”号炮舰被炸沉。这是抗战中国海军损失的第一艘军舰。

中国海军没有屈服。9 月 28 日，中国海军获悉日本海、陆军和外交首脑在"出云"号上召开军事会议，海军司令官松井石根大将和一批军政高官住在"出云"号上，决定再次袭击"出云"号。

此次袭击决定改用水雷攻击。布雷兵王宜升、陈兰藩泅水靠近"出云"号，准备破除破雷网时，惊动了日军，他们引爆水雷后，迅速撤离。水雷炸伤了"出云"号的尾部及周围4艘铁驳船和1艘小火轮。此后，中国海军又2次用水雷袭击"出云"号，但都未能成功。

战前，日方分析认为中国海军根本不可能对日本海军构成威胁。而"史102"号鱼雷快艇敢于对"出云"号发动鱼雷攻击，中国海军士兵敢于泅水用水雷对日舰进攻，让日本海军大为震惊。

中日海军最惨烈的海空对战

为了防止日本船队溯江西上进攻南京，中国海军在江苏江阴以大量沉船、石料在长江上构筑了一条牢固的阻塞线，日本舰艇无法越雷池半步，只好派飞机对江阴要塞和中国海军舰艇进行轰炸。中国海军第一船队司令陈季良将军率"平海""宁海""逸仙""建康"等主力舰艇，与地面防空炮火配合，与日本海军飞机展开了中国海军史上的第一次海空对战，也是迄今为止最为惨烈的海空对战。

1937年8月16日，日本海军飞机开始分批向中国海军各舰进行空袭，我4艘军舰列阵用高射炮、高射机枪与江阴要塞的地面防空炮火构成火力网对空射击。22日，日本海军出动12架次飞机再次袭扰江阴，从不同方向肆意对中国海军舰艇投弹、扫射攻击。

中国海军舰艇和地面炮火猛烈还击。"宁海"舰枪炮官陈嘉、枪炮员刘崇瑞紧紧盯住一架俯冲的日机，突然同时开火，日机栽进长江里。这是中国海军在抗战中打下的第一架日本飞机，也是中国海军史上以舰艇炮火打下的第一架飞机。

恼羞成怒的日本海军连忙抽调100余架飞机，对中国海军舰艇进行残酷的报复性打击。9月22日，日本2个航空队出动飞机34架次，对中国海军舰艇进行长达6个小时的密集轰炸。攻击的主要目标是中国海军第一舰队旗舰"平海"号和击落日机的主力战舰"宁海"号。是役，"平海"号舰发射高射炮弹265发，高射机枪子弹4000余发，与兄弟舰艇击落击伤日机5架。但"平海""宁海"两舰也受重创。

9月23日，日军气急败坏地出动飞机90架次，对"平海""宁海"两舰进行轰炸。中国海军官兵以血肉之躯向日军发起了最顽强的抗击。高射炮弹打完了，就用练习弹打，练习弹打完了，就用高射机枪、冲锋枪打……"平海"

舰中弹倾斜，中国海军官兵全无畏惧，继续向日机射击，直到把炮弹打光为止。军舰倾斜20多度时，官兵才把舰上炮械和重要部件拆下来后再撤离。

这次战斗中，中国海军击落日机4架，击伤多架，而“平海”“宁海”两舰相继沉没。

一位观战的外国顾问看了这场血战之后说：第一次世界大战4年中，在欧洲战场上，也没有见过如此激烈的恶战。

9月25日，“逸仙”舰在江阴执行防守任务。突然16架日机猛扑过来，对“逸仙”舰轮番轰炸，官兵们用仅存的几枚炮弹击落了2架日机后，中弹倾覆。

“建康”号奉命前往救援，遭到十几架日机围攻，“建康”舰用数挺高射机枪猛烈抵抗，但舰体8处中弹，迅速沉没。之后，“楚有”“应瑞”及“青天”“湖鹏”“湖鹗”“江宁”等舰艇在与日机激战后，相继被炸沉没。

不久，中国海军主力舰艇损失殆尽，但中国海军并没有屈服。他们把被击沉、击伤舰艇上的舰炮拆置到岸上，组成炮队继续对日作战。

在唯一的舰对舰海战中获胜

虽然中国海军根本无法与强大的日本海军相抗衡，但装备陈旧、武器落后的中国海军，却利用天时、地利、人和等优势，在广东沿海与强于自己数倍的日本舰队打了一场漂亮的海战，并且取得了胜利。

日本发动全面侵华战争后，派遣部分舰艇和飞机侵入华南，企图对中国实施封锁。当时，国外援华物资80%都是从香港、广东沿海进入国内的，广东沿海成为抗战期间中国最重要的物资补给线。

1937年8月，中国海军在广东主要港口实施阻塞工程，共沉船158艘，雇佣民船布设水雷，并派出舰艇在各港口担任警戒。当时，中国海军在广东只有“肇和”“海周”“海虎”“江大”“舞凤”“海维”等少数舰艇。

为了切断援华补给线，日本海军从1937年9月开始向广东发起进攻。14日拂晓，一支日本海军舰队向虎门方向袭来。当日本海军舰队接近虎门时，“肇和”“海周”等舰展开作战队形，迎着日本舰队冲了过去。

日本舰队司令官松井不屑一顾地说：“中国烧煤的舰艇出来了，他们怎么还敢与强大的大日本帝国海军对抗?”日本舰队的大口径火炮向中国舰队开火，但中国海军官兵毫不畏惧地开炮还击。日本舰队对突如其来的岸炮打击不知所措，一时慌了手脚。

突然，隐蔽在一侧的中国海军鱼雷快艇、炮艇高速冲向日本舰队，近距离向日舰发动鱼雷、火炮攻击。很快，一艘日本驱逐舰中弹起火，冒起了浓浓的黑烟，其他三艘日本军舰也不同程度受伤。见大势已去的日本舰队，只好护着起火的驱逐舰仓皇逃走了。

这是抗日战争期间中国海军与日本海军唯一的一次真正意义的海战，中国海军舰艇击退了日舰的进攻，取得了海战的胜利。

十四、蒙女中将

国民党在大陆执政的20余年间，被授予中将军衔的女性只有两位：一位是曾任中国航空委员会秘书长、被誉为“中国空军之母”的宋美龄；另一位便是蒙古族抗日女英雄奇俊峰。

任旗长之位

奇俊峰(1915～1947)，出生于内蒙古贵族家庭，父亲德毅忱，曾被袁世凯授予辅国公爵位，但他反对封建王公制度，参加了内蒙古人民革命党，于1927年4月发动武装起义，成立了新政权——阿拉善旗委员会，后因孤立无援而失败。德毅忱最终殉难于流放途中，为民族解放献出了生命。

奇俊峰，蒙古名色福勒马。5岁起随寡居的姑母生活，姑母以姑父的汉姓为她取名奇俊峰。1934年，19岁的奇俊峰由姑母作主嫁给旗长石拉布多尔吉(时人称“石王”)为福晋。1936年，石王在长期征战中积劳成疾，不治而逝。丈夫去世时，奇俊峰已怀有身孕，后生下一子。1937年农历八月，经过斗争，后经傅作义将军批准，奇俊峰继位，任旗长，行使对全旗的管辖权。

投入抗日阵营

1937年“七七”事变后，部分旗人投入日军怀抱，成为可耻的蒙奸。面对如此严峻的形势，奇俊峰召集本旗军政官员，明确宣布如下施政纲领：(一)坚决接受绥远省政府的领导；(二)团结一致，提防亲日派挑拨离间；(三)减轻百姓负担，不允许向牧民乱行摊派；(四)军队要严守纪律，严禁抢夺民财和侮辱妇女。四条施政纲领一经公布，立即受到全旗百姓和各界爱国人士的一致拥护和支持。

1937年10月，归绥、包头相继沦陷。额宝斋一伙追随德王积极筹建“蒙古联盟自治政府”，并迫不及待地返回西公旗建立亲日的伪政权。为摆脱德王蒙奸政权的控制，奇俊峰与驻守五原县的国民党骑七师师长门炳岳取得联系，表示愿率部赴五原参加抗日，门炳岳当即回复欢迎她加入抗日队伍。

1938年农历二月初二，奇俊峰一行10余人经过一整夜的急行军，安全抵达五原县城。门炳岳闻讯立即前来相晤，热情慰勉，同时发电向国民党中央报告了详情。蒋介石在复电中对奇俊峰慰勉有加，行政院、军政部也来电慰问。《中央日报》以醒目的标题作了报道，称奇俊峰是“第一个从日伪占领区投向抗日阵营的蒙旗王公”。

1938年4月中旬，军政部任命奇俊峰为乌拉特前旗保安司令。5月，国民党中央军事委员会又任命她为乌拉特前旗防守司令部司令，并授予少将军衔。在乌拉特前旗防守司令部成立大会上，奇俊峰全副武装，佩戴少将军衔标志，发表了《赤心爱国，坚持抗日到底》的讲话。该部设2个团的编制。

1938年7月10日拂晓，日军千余人分乘45辆军车，集中火力进攻后套的咽喉要塞西山嘴。乌拉特前旗防守司令部2个团的官兵发挥自己对地形熟悉的优势，与骑七师密切配合，很快将来犯日军击溃，日军损失惨重。奇俊峰出师即赢得开门红，各方面纷纷来电来函祝贺，使她更加坚定了抗日到底的决心和信心。

1939年9月，国民政府蒙藏委员会任命奇俊峰为乌拉特前旗护理札萨克兼绥境蒙政会建设委员会主任，并恢复乌拉特前旗旗政府。

蒋介石夫妇召见

1939年秋，门炳岳奉调回重庆担任骑兵总监后，向蒋介石汇报了绥西抗战的情况，并建议蒋召见奇俊峰。他说，奇俊峰不仅在大后方妇女同胞中很有影响，而且通过报纸宣传在全国也声望颇高，如委员长能召见她，对大后方的少数民族各界人士将是莫大的鼓舞。经过考虑，蒋介石决定召见奇俊峰到重庆述职。

1940年3月下旬，由奇俊峰、奇法武、黄楚三、李隽卿等20余人组成的述职团由陕坝镇出发，途经榆林、延安、西安，抵达重庆。行政院长孔祥熙、军政部长何应钦、蒙藏委员会委员长白云梯等高级军政官员举行盛大招待会，欢迎奇俊峰一行，并高度评价奇俊峰抗战爱国的事迹。《中央日报》也在显要位置发表了“行政院、军政部、蒙藏委员会举行宴会，热烈欢迎抗战女司令奇俊峰”的报道。

6月初的一天，蒋介石夫妇召见奇俊峰一行。奇俊峰等述职团成员由门炳岳陪同，分乘2辆轿车驶进蒋介石官邸。孔祥熙、何应钦、白云梯陪同会见。奇俊峰向蒋介石、宋美龄行了军礼，敬献了哈达和锦旗，奇法武按蒙古礼节行了跪拜礼。随后，奇俊峰详细汇报了自己投奔抗日阵营前后的情况和蒙奸德王、额宝斋一伙倒行逆施、祸害百姓的累累罪行，并郑重地向蒋介石提出了四项请求：(一)对绥远境内抗战和附逆的蒙旗主要人士将来一定要功过赏罚严明；(二)蒙藏委员会要派出要员做好大后方的蒙汉团结工作；(三)健全绥境蒙政会管辖下的各蒙旗行政机构；(四)加强民族教育，培养民族人才。述职完毕后，蒋介石表彰了奇俊峰，赞誉她是有胆有识的蒙古族的女英雄。蒋介石与何应钦商量后，当场宣布：晋升奇俊峰为乌拉特前旗防守司令部中将司令，责成军政部拨给奇俊峰 200 支轻型武器和足量的弹药，另拨军装 500 套，赠送大小汽车各一辆。

这次召见打破了以往的惯例，竟持续了 3 个多小时。晚间蒋介石夫妇还在官邸与奇俊峰一行共进了晚餐。宋美龄指示重庆妇女界举行专场报告会，请奇俊峰作抗日演说。宋美龄还亲自陪同奇俊峰到重庆小龙桥中正中学作激励抗日士气的演讲。《中央日报》详尽报道了蒋介石夫妇召见奇俊峰的盛况和奇俊峰一行在重庆参加的各项活动。

十五、双枪女将

抗战期间，“双枪黄八妹”曾令敌震惊，名噪一时。后来，海外有的报刊甚至还称她为“国军抗战中的‘双枪老太婆’”。

双枪“女将”匪气足

黄八妹闺名翠云，1906 年出生于江苏金山(今属上海)。她有点矮胖，但身体健壮，因在家里的 10 余个兄妹中排行第八，故名。

1937 年 8 月 13 日，日军在沪发动“八一三”事变，中国驻军奋起抗击，奉贤南桥镇也在开战范围内，形势危急。

眼见南桥镇频遭日本飞机的轰炸，11 月 5 日，黄八妹和十几个姐妹准备先到北乡躲几天。她们撑船而行，没想到居然遇到了鬼子。船当即调头，搁在浅滩上，黄八妹招呼姐妹们拼命往苇丛里走。可是，女人们终究逃不过鬼子的追赶。接着，躲在暗处的黄八妹听到了撕心裂肺的哭号声、惨叫声。等日军远去，黄八妹才敢出来，但她看到的是惨绝人寰的景象，姐妹们一个个血肉模糊，身躯支离破碎。

悲愤至极的黄八妹发誓要为姐妹们报仇。她旋即用自己的积蓄买了枪，并把多年结交的金兰姐妹聚集起来，商量打“矮东洋”。半个月下来，她们就杀了好几个鬼子。鬼子杀得多了，镇上都传说乡里有支神出鬼没的队伍，头头就是黄八妹。但八妹心里明白，这还是小打小闹，要扩大队伍，关键是要弄些枪支弹药来。

于是，在“八一三”淞沪抗战即将结束，日军登陆上海时，黄八妹扮成难民来到上海，直闯上海大亨杜月笙的公馆。那时，杜月笙身为上海各界抗敌后援会主席团成员兼筹募委员会主任，见到这个江湖上小有名气的女将来找他，正中下怀。杜月笙说：“我晓得，侬想做大事。关于枪支弹药嘛，我能够替侬凑一部分，不过，侬单独搞力道不足，勿如就编进淞沪别动总队吧！”

黄八妹一听，真是求之不得，她马上就答应下来，通过此行，黄八妹既有了“番号”，又得到了一批武器。随后，她立即在乡间干出了动静，多次突袭骚扰百姓的小股日军。

拉起队伍打“东洋”

1938 年夏，国民党军第六十二师的钟录到金山、平湖收编地方武装。黄八妹同意接受收编，正准备与平湖谢友胜的队伍联合，却有消息传来：黄八妹的母亲被日本人抓走了。这位普通妇女不愿拖累女儿，竟撞死于牢房。国仇家恨让黄八妹心中悲痛万分，她随即带队伍冲出日军包围，与谢友胜一起组成江南挺进队，黄八妹被推为司令。

之后，黄八妹与谢友胜成为夫妇，两人为了增强实力，大收门徒，使队伍扩充至千余人。他们有时化整为零，有时集中优势，利用复杂地形、黑夜对巡逻的日军突袭。黄八妹还想到一些特殊战术，比如看到日军的电话线杆，便会拔枪打烂上面的线路固定栓头，中断敌伪的联络，然后伏击前来修复的通讯兵。

与此同时，黄八妹的枪法被人们愈传愈神。有的乡民受到鬼子抢劫，会暗暗咒骂：“夜里出门碰着双枪黄八妹，叫你们不得好死！”

然而，1939 年清明前几天，黄八妹却经历了抗战以来最惊险的一次战斗。

当时，黄八妹的部队被调到武康、临安京杭国道南面的前线。黄八妹因作战心切，竟将行军赶得又饿又累的军队组织起来，冲击柏大庙，在日军毫无准备的情况下，放了一阵乱枪。日军先吃了个亏，打了一阵便逃进山里。这样双方的位置便调了个：黄八妹在明，日寇在暗。这自然是要挨打的，但八妹却是顾不得这许多了，命手下进山追击。在战斗中，她身受重伤，幸亏躲进棺材中，才得以逃命。

侥幸生还的黄八妹一时间被大大吹捧。在杭嘉铁路沿线打游击时，她的官衔也越来越多，什么“平湖县自卫大队长”“杭州湾护航纵队司令……”

十六、国军游击

研究抗日战争史，一提到“敌后抗日游击队”，我们脑海中都会涌现出共产党领导下的游击队。但鲜为人知的是，在国民党的队伍中，也曾有过这样的游击队。

1937年冬，国民党在武汉召开军事会议，军委副参谋总长白崇禧建议，在战术上“应采游击战与正规战配合，加强敌后游击战……”此后，一些战区组织游击战开展游击战争。

抗日战争进入相持阶段后，由于战线延长，兵力有限，日军对大片的占领区鞭长莫及。国民党军事委员会根据形势的变化，开始调整其抗战战略。

1938年11月，国民党在南岳召开军事会议，蒋介石在会上提出：“政治重于军事，游击战重于正规战，变敌后方为其前方，用1/3力量于敌后。”这次会议标志着国民党从战略高度上加深了对敌后游击战的认识。

南岳会议召开时，国民政府滞留在敌后的兵力已有近30个师。南岳会议后，国民政府又先后向敌后战场陆续增派了30个师。

国民党军委会还在共产党的帮助下，于1939年2月在南岳举办了游击干部训练班，中共派叶剑英等人讲授游击战争理论，培养游击战争骨干。其后，军委会又先后颁布了《游击队整顿办法》《游击队整顿训练大纲》等指导文件。

依赖上述种种措施，国民党于抗战中前期在敌后战场上建立了大量的敌后抗日根据地，包括豫东游击区、豫北游击区、山西游击区、豫鄂皖游击区、浙西游击区、海南游击区等等。有学者统计，最高峰时，国民党敌后抗日武装总计近100万人。

1940～1942年，国民党山西游击区、大别山游击区、冀察鲁苏游击区等敌后根据地共吸引日军10个师团以上。

在国民党敌后抗日战场上，许多将士英勇杀敌为国捐躯。如山东省府委员第六区（聊城）行政督察专员范筑先将军、陆军第三军军长唐淮源等高级将领，都先后战死沙场。

国民党敌后抗日根据地到1943年左右基本丧失。相反，共产党的敌后武装力量却从数万人发展到近百万。二者结局何以如此大相径庭？

归结起来，主要在于国民党采取了错误的战术。众多的敌后国民党军名义上执行的是游击战任务，实际上还依旧是在用正规战的打法，损失惨重;另外,不断挑起同中共的摩擦,也是国民党敌后根据地难以为继的重要原因。

十七、川军抗战

我国现代史上,有一句话说是“无川不成军”。的确,在抗日战争中,川军是立了大功劳的。而且在抗战中,四川是牺牲军人最多的省份。

1912～1934 年,历经 22 年大小 400 余战,四川军阀的混战终于有了大体的眉目,“面带三分憨相”的刘湘当上了四川省主席。

川军打内战的恶名举国闻名,其人员素质、装备等,却堪称中国最差劲的杂牌军!然而,抗战初期,川军将士却纷纷请缨参战。

当时,刘湘正在患病,执意抱病亲率首批 10 万川军出川抗日,说是要以血战一赎川军 20 年内战的罪过,洗刷川军“打内战”的恶名。然而,刘湘一出川即暴病而死。于是,川内军阀一时群龙无首,已经出川的川军将士更是成了“孤儿”。

1937 年 9 月从川中出来时,10 万人都是单衣草鞋,一路向东,到寒冬之时却没有什么补给,也无人理睬。徒步行军千里,冻饿而死者不计其数。以川军组成的二十二集团军逆着国民党的溃败军队,义无反顾地来到第二战区的山西前线,却饱受阎锡山晋绥军的欺压和白眼,连口粮都要自行解决,于是只好四处骚扰。

阎锡山趁机向蒋介石告状,说川军是“土匪”,让蒋介石把川军赶回四川,蒋介石也想趁机撤并这些川军部队,幸亏李宗仁收留,向蒋介石的军委会求情,暂缓撤并川军编制,还为川军补充给养,把他们安置下来。

1938 年 3 月,台儿庄战役打响,滕县一役,川军一二二师师长王铭章,以身殉国。

徐州会战,川军二十一军防守南线,其中一四五师守广德,在优势敌人的围攻下,阵地失守,师长饶国华毅然率剩余仅一营部队冲入敌阵,以图恢复阵地,终因寡不敌众,身陷重围,弹尽粮绝。将军不愿做俘虏,举枪自戕殉国。一四四师师长郭勋琪也在战斗中负重伤。

川军二十六师,参加淞沪会战,是战绩最好的五个师之一,全师 4000 余官兵,到撤退战场时仅存 600 多人,伤亡 85%以上。

川军李家钰部第四十七军,长期在晋东南作战,后编为三十六集团军,驻守河南,在豫鄂湘桂战役中,由于国民党上层指挥不力,豫西各部在混乱中转移。三十六集团军因是杂牌军，故奉命担任掩护。

1944 年 5 月，在河南陕县秦家坡，在转移途中的司令部直属队不幸与日军穿插分队遭遇，总司令李家钰当场中弹身亡，成为抗战中殉国的川军最高级别将领。

川军在抗战中以打硬仗、血战闻名，前后出川 300 多万兵员，共 64 万余人伤亡，除了英勇顽强外，蒋介石消除异己也是一个重要原因。

抗战中的川军严格来说不能算是中国军队的正规部队，而是一支地方军阀武装，部队的装备、军事素质、部队待遇，无法与国民党中央军相提并论。但在抗日战争中，这支部队却用自己大无畏的牺牲精神换来了“川军能战”“无川不成军”的威名，且存史千古。

十八、孤军奋战

1938 年，面对装备精良的日军疯狂的进攻，仅有 2 个团兵力的中国守军浴血奋战上百次，固守庐山长达 9 个月。英勇的中国军人书写了中国八年抗战历史上的传奇篇章。

孤军：与庐山共存亡

1938 年 7 月，日军已经将庐山周围地区全部占领。庐山，已经是一座孤山。

坐镇指挥的是庐山守军总指挥杨遇春，江西保安第三团团长邓子超和十一团团长胡家位。1938 年 7 月，两团为掩护主力部队转移，奉命阻击日军，从九江战场撤上庐山，近 3000 官兵迅速登山。当时庐山上还有国军第六十六军。

日军随即将庐山团团包围，守军陷入了前所未有的困境。3 位将官商讨了详细守山方案，面对装备精良、人数众多的日军，3 人最后决定：死守庐山，誓与庐山共存亡。

7 月 30 日，土坝岭，日军第一次向庐山发起疯狂进攻。庐山守卫还没来得及部署到位，日军第一师团太久保联队的 10 多门野战炮就向土坝岭猛烈开火。

炮击过后，200 多名日军沿着陡峭的山路向上进攻。保安三团的 1000 多名战士匆忙进入阵地。待日军离阵地只有 100 米左右时，所有枪支一起猛烈开火。子弹、手榴弹像雨点一样居高临下扑向日军，阵地前留下成排的日军尸体。

亲历者回忆:“敌人一退下去,炮火又攻了上来,守军想把受伤的士兵赶快抬上来,但是来不及了。当时有一个受伤的士兵对战友说,你们赶快退回去,我就地隐藏。因此他就地藏在一个很隐蔽的山洞里,当日军的炮火一停,敌人又往上冲,路过他身边的时候,他拉响了一颗手雷和经过他身边的七八个日军同归于尽。”

夜袭:敢死队出奇兵

庐山自古地势险绝,攀援不易。自愿留下的几千山民组织起来,协助守军抗击日寇,有的站岗放哨,有的救护伤员,有的运送弹药粮食。山上的200多名外国侨民也积极协助孤军守山,他们捐献出家中的衣服棉被。3000官兵在各个要道构筑工事,誓与日寇决一死战。

当年在庐山百姓的协助下,守军修筑的碉堡位置极佳,在两个月的时间里,日军始终无法攻下庐山。

日军进攻庐山几天之后的一个夜里,庐山脚下高垅的一个小村子周围,突然出现了一群壮汉的身影,这些人个个光着上身,手持尖刀,在夜色中埋伏着,原来这些是下山偷袭日军的中国守军敢死队。

多日进攻都没有攻下庐山,使日军渐渐懈怠,然而就在此时,三团团长邓子超却决心下一步反客为主的险棋,派敢死队下山主动进攻。

敢死队员们摸黑潜入日军住处,摸着穿上衣的人就刀砍枪刺,不给他们任何还击的机会。这次突袭,共杀死日兵300余人,杀死1名大佐,2名中佐,让日军措手不及。

在《庐山续志稿》里记载了1938年8月后一段时间以来守军的游击战成果:1938年8月17日,守军400余人下山袭击敌营,击毙敌军200余人;9月4日,日军200余人偷袭,被守军打退,日军少将司令饭冢国五郎被击毙;1939年1月1日,趁日军过元旦之时,守军下山偷袭日军,击毙日军100余名。

庐山守卫战进行近两个月后,“武汉会战”中著名的“万家岭战役”打响了,出于对整个战局的考虑,原来驻扎在山上的国军第六十六军也奉命下山参加战斗,庐山上这时只剩下第十一团和第三团两个地方保安团。

就在孤军守山3个月后,武汉保卫战结束了。此时,国军军队已经撤往西南地区,庐山上的守军,已没法和主力部队取得任何联系,已经成为真正意义上的“孤军”了。

从1937年2月初开始,日军明显加大攻势,从9条登山小道一轮接一轮地向上强攻。孤军死死守住阵地,守军组成敢死队,关键时刻,他们身绑手榴弹、炸药包，和冲上去的日军一起在巨响中同归于尽。就这样，一直坚持到了 1939 年 3 月底。

不屈：书写中国军魂

孤军顽强抵抗近 9 个月后，日军向庐山发起了强攻。庐山保卫战终于迎来了最后的时刻。3 个支队和 1 个师团的日军又开始了强攻庐山，强攻几天，只占领了半山腰的一些阵地，还是无法登上山顶。

日军花重金买通了山脚下的一个猎户，一天凌晨，一支日军小分队跟随这个猎户从一条隐蔽的山沟悄悄攀上小天池附近潜伏。

守军正在和正面攻击的日军展开激战，突然遭到这支日军小分队从背后的猛烈袭击，守军猝不及防，损失大半，小天池防线失守。黄昏时分，剩余的官兵一边战斗一边撤退突围。

在历时 9 个月的庐山血战中，中国军队付出了极大的牺牲。1938 年 7 月 20 日初登庐山时，第三团实有官兵 1653 名，至 1939 年 4 月 19 日突围时，仅存官兵 840 名。

庐山保卫战终于结束了。人们后来在一位曾经参与攻山的日本士兵的日记中看到这样一句话："中国军队在庐山的英勇顽强让帝国军人见到了真正的中国军魂！"

国民政府的地方武装，在大敌当前，英勇作战，不怕牺牲，充分表现了强烈的爱国主义精神！中国军队万岁！

十九、歼日猛士

1939 年，在中日首次长沙大会战中，中国军人曹锡，这位勇敢机智的机枪手，一人击毙日军 500 余人，成为抗战中歼敌最多的猛士……

机智双全，坚守阵地

1939 年，抗战进入相持阶段，湖南成为中日双方争夺的焦点。9 月 14 日，日军调集 10 万精锐部队，在陆军航空兵团的掩护下进攻长沙，企图歼灭第九战区主力，挫败中国军队的抵抗意志。

9 月 18 日拂晓，集结在湘北的日军第六军团、上村支队、奈良支队共 5000 余人，以日军长江舰队和上百架飞机沿粤汉铁路方向向新墙河进攻，企图从这里快速撕开一条口子直取长沙。早已沿新墙河构筑好防御阵地的国民党第五十二军立即展开顽强抵抗。

激战 4 天，双方均死伤惨重。国军史思华营在敌机的狂轰滥炸下，除 7 名重伤员被抬下阵地外，其余全部战死，无一人退缩。阵地前日军的尸体如割麦子般，倒下一片又一片，不断增加的兵力又踩着同伴的尸体向前进攻。

在第二师八团一营机枪连担任机枪手的曹锡，同战友一起负责守卫长沙新墙河之南、新墙镇之西的王街坊。

21 日夜里，曹锡把 10 颗手榴弹连接在一起，放在新墙河的南岸河堤之上，对着河面警戒。22 日凌晨 4 点钟开始，日军用 50 门大炮对王街坊发射了 8000 余发炮弹后开始登陆，每批数十人，持枪向河堤而来。来了一批，曹锡便搬动机枪，消灭一批。剩余的日本兵爬上河堤，曹锡从容地猛抽拉线，炸死剩下的日军。

然后，他故技重演，重新部署一番后接着消灭再来的日军。

扬威杀敌，从容撤退

手榴弹用光后，曹锡把机关枪定向单发，子弹一发一发地打，5 发子弹就打死了该死的 5 个日本兵。

但很快，曹锡发现他手中的机关枪已经不能使用，似乎里面的机件卡住了，扳机扣不动。他在身旁仔细寻找，发现离自己 200 米处一具尸体旁有一架重机关枪，这时，恰好有 100 多名日军蜂拥而来，以为这位机枪手已死，却不料曹锡忽然搬动了重机关枪扳机，一下子打倒了 30 多个，剩下的 60 多人掉头狂叫而逃。

早晨 8 点钟左右，营部派了一个传令兵来告诉曹锡，日军大队人马已经在王街坊之西的 1000 米左右渡过了新墙河，也就是到了他的侧后面。营长命令他"放弃阵地"，回营部去休息。

曹锡喜欢这挺重机枪，舍不得丢下，便提着它和几袋子弹，跟随传令兵朝着营部的方向走去。中途，他们与敌兵遭遇，日军的枪弹从四面八方打来。曹锡的这挺重机关枪又派上了用场。传令兵在这场混战中阵亡。曹锡命大，摇摇摆摆，凯旋到了营部。

见曹锡活着回来了，营长大喜，对他大加赞赏，并告诉他，他前后打死的日本兵共有 500 名以上。兄弟们把曹锡围在中间，问长问短。问他何以那么大胆？曹锡笑着说："没什么，没什么，看到了敌人，也不能不打啊！"

营长把曹锡带到师部，师长赵公武和他握手，立刻升他为中士班长，又赏钱 30 元（当时湖南的物价甚低，猪肉 2.5 角一斤）。

英雄匿迹，事迹永传

500 个日本兵是什么概念？几乎相当于一个日军大队，当年日军一个大队在制定计划时是要与中国一个师抗衡的。

曹锡杀敌的事迹很快传到了长沙、衡阳、桂林等地，各报社派记者前来采访。剧作家田汉也率领文艺工作者赶来慰问，返回长沙后特为五十二军编写了一部新历史剧，剧名叫《新战长沙》，公演时非常轰动。

五十二军经此一战，声名大噪，于是水涨船高，按照五十二军的老规矩，有功的曹锡连升三级。团长陈林达升任少将副师长，旅长调升师长（调往他部），不久师长赵公武也升任军长，刘玉章也升了少将指挥官兼长沙警备司令，张耀明仍任军长。

据曾在国民党五十二军服过役的汉中籍台湾学者崔永德先生介绍，曹锡是 1938 年被选拔到五十二军的。根据当时被派往汉中接兵的谢凤麟连长说，由于部队知道这批新兵来自汉中地区，为了妥善照顾这批乡亲，特地挑选他为接兵军官之一，因为谢连长的老家也在汉中。谢连长之所以会对曹锡有些印象，是因为曹锡说他曾干过地方保安。当曹锡知道谢也是汉中老乡时，二人相谈甚欢，曹锡向谢连长坦白自己入伍是“替弟出征”，因为入伍时他已 28 岁。

但是，令人遗憾的是，长沙会战结束时，曹锡却失踪了。据说他早已阵亡。尽管如此，曾经的战友多年来始终未曾放弃寻找曹锡。在他们心目中，像曹锡这样举世罕见的勇士是不会死的。

2010 年，香港某影视公司斥资 1 亿港币，拍摄电影《曹锡》，将这一英勇壮举重现世间。不仅是为了纪念曹锡，回忆抗战历史，也是对后来人进行爱国主义教育的好素材。

二十、抗日名将

在腥风血雨的抗日战争中，国民政府开辟了正面战场，著名的爱国将领与日寇厮杀，成为一代抗日名将。他们的英雄业绩，值得国人钦佩和敬仰。

捍卫边疆的傅作义

傅作义（1895～1974），字宜生，山西荣河人。1931 年任晋绥军第三十五军军长、绥远省政府主席等职。

日军发动"九一八"事变、"一·二八"事变后，进一步入侵平津地区。1932年3月，热河全境沦陷，日军进抵长城一线。傅作义统帅的第五十九军守独石口、镇岭口、怀柔一线，以掩护长城一线中国军队北翼，后又在怀柔阻击日军。华北事变以后，侵夺绥远是日本实施大陆政策的重要一步。

1936年11月初，日本关东军指使伪蒙汉奸总司令王英及德王从商都西犯，向红格尔图进攻。驻守绥远的傅作义部英勇抵抗，击退了伪军的多次进攻，毙敌1000余人。

傅作义将军乘红格尔图之战获胜之际，决心先发制人，立即发起百灵庙战役。傅作义集结部队，布置作战事宜，力图在增援之敌到来之前，袭取成功，各个灭敌。战役开始后，绥军拼力进攻，守敌顽强死守。经过反复搏杀，绥军终于突破敌阵，冲入庙内，与敌展开巷战，最终收复了百灵庙，歼灭伪蒙军7800余人，俘获300余人。

百灵庙大捷后，傅作义集中绥军主力，追击敌伪残余。整个绥远抗战，历时数月，前后共歼灭和瓦解伪军1个步兵师、2个步兵旅和2个骑步旅，收复了百灵庙、锡拉木楞庙等战略要点多处，肃清了绥远境内的伪军，挫败了日军西侵绥远，妄图建立"蒙古帝国"的阴谋，大大鼓舞了全国人民的爱国抗日热情。

绥远抗战胜利后，中共领袖毛泽东给傅作义写了亲笔信，称赞其在"日寇西侵，国难日亟"之际，统帅部队"捍卫边疆……跃然民族英雄之抱负，四万万人闻之，神为之王，气为之壮"。

抗日战争期间，傅作义还历任第七集团军总司令，第八、第十二战区副司令长官、司令长官兼绥远省、察哈尔省政府主席，曾先后率部参加忻口会战、包头战役、绥西战役、五原战役。

1949年1月底天津解放后，接受中共提出的和平解放北平条件，率部起义。同年9月出席中国人民政治协商会议第一次全体会议，当选为第一届全国政协委员、中央人民政府委员。新中国成立后，历任政协第二、三届全国委员会常务委员，政协第四届全国委员会副主席，第一、二、三届全国人大代表、国防委员会副主席，水利部部长、水电部部长等职。

抗日名将宋哲元

宋哲元(1885～1940)，字明轩，山东乐陵人。从军之后原属冯玉祥的西北军。由于他治军严谨，作战勇敢，被誉为西北军的"五虎将"之一。1931年6月，西北军接受国民政府军事委员会改编，宋哲元被任命为陆军第二十九军军长。

1.宁为战死鬼,不作亡国奴

1931年,发生了日本侵占我国东北的"九一八"事变,宋将军在事变的第二天便代表全军向全国发出通电,历数日寇的种种暴行,呼吁全国军民团结御侮,一致对外,并向国民政府慷慨陈辞,请缨抗日。

宋哲元率张自忠等将领激愤地表示:"哲元等分属军人,责在保国。谨率所部枕戈待命,宁为战死鬼,不作亡国奴,奋斗牺牲,誓雪国耻!"与此同时,他全力整训军队,加紧战备,并以"宁为战死鬼,不作亡国奴"为口号,激励将士的抗日爱国热情。于是全军将士同仇敌忾,意气风发,时刻准备效命疆场。

2.喜峰口大捷震中外

1933年初,侵略成性的日寇又出兵侵占我山海关,随即在空军配合下长驱直入我长城一线,因热河告急,平津震动。国难当头,在群情激愤的抗日怒潮推动下,国民党政府才调集北方各军和部分中央军进行抵抗。

宋哲元将军得令后立刻率部将张自忠、冯治安、刘汝明和赵登禹奔赴前线,奋勇投入到抗击日寇的长城战役中去。由于敌人武器精良,又有空军和战车配合,在敌强我弱的情况下,宋将军审时度势,组织官兵手执大刀,卧地滚爬,避开敌人的火力,迅速接近敌阵,猛然跃起与敌进行夜战、近战、白刃战,机动灵活地袭击敌人。

从3月9日到4月13日,在喜峰口和罗文峪阵地40多天的争夺战中,二十九军将士抱着"誓不作亡国奴"的决心,挥舞大刀与敌拼杀,直杀得日寇闻风丧胆,抱头鼠窜。

据统计,二十九军在喜峰口战役中歼敌3000人以上,在罗文峪战役中毙敌3000有余。于是一场时称"喜峰口血战大捷"的战绩轰动了全国,震惊了世界,鼓舞了人心,赢得了举国上下的赞誉!全国各大城市都燃放鞭炮欢呼庆贺,各界人士、抗日团体、工厂商家纷纷捐钱捐物送往前线,派出代表团慰问抗日将士。有位爱国华侨有感于中国军队的装备落后,特意购买了万顶钢盔送到了二十九军的阵地上。

3.忍辱负重,待机报国

喜峰口战役的胜利,大长了中国人民的志气,坚定了抗日救国的决心,也是在日本侵略者的头上狠击了一棒!日本当局在他们的报纸上哀叹:"明治大帝造军以来之皇军声誉,尽丧于喜峰口外。而遭受六十年来未有之侮辱。日支(中国)、日俄、日德历次战役,战胜攻取之声威,均为宋哲元剥夺殆尽。"

然而日本军阀们并没有就此罢休,其侵略行为反而变本加厉。驻扎在华北的日军飞扬跋扈,横行霸道,四处挑衅,常以我军驻地为目标进行军事演习;两军路遇,日军则横眉竖眼阻拦,故意不让路。如此种种,华北战争大有一触即发之虞。我国军民气愤至极,忍无可忍。

1935年夏秋之交,宋哲元派副军长秦德纯去庐山向蒋介石报告华北局势,并请示机宜,蒋介石却说:"务须忍辱负重,委曲求全,以便中央迅速完成国防。宋将军在北方维持的时间越久,即对国家之贡献愈大。此事仅可密告宋军长,勿向任何人道及为要。"

随后,蒋介石便策划成立了"冀察政务委员会"来应付侵华日军无理要求与挑衅。大概鉴于宋哲元率军在喜峰口杀敌的声威,便硬派他担任该委员会委员长。该委员会的成立,分明是蒋介石"攘外必先安内"政策在当时形势下的产物,也是南京政府对日本要求"华北特殊化"的妥协,同时又是日本军阀估量了当时的形势作出的妥协。因此该委员会的主要职责,只能是对日军提出的种种无理要求,以及他们挑起的诸多事端,以"和平谈判"的方式解决,以求得"中日亲善"。

于是一时间舆论大哗,许多不明真相的人指责该委员会的负责人有投降变节行为,使宋哲元及二十九军陷入了极为难堪的境地。

全军将士面对敌人的横行霸道,野蛮挑衅忍无可忍,但又受到蒋介石的压制不能反击,如同生活在夹缝之中,日子很不好过。

在这危难之际,宋哲元将军于1936年8月收到了毛泽东的来信。信中说:"日寇入关,先生奋力边陲,慨然御侮,义声所播,中外同钦。况今日寇得寸进尺,军事、政治、经济同时进攻。先后独立支撑,不为强攻与汉奸逼迫而丧所乎。"

宋哲元从这封信中得到安慰,受到了鼓舞,看清了方向,增强了力量!他在一次所部将领和幕僚参加的座谈会上告诫大家:"我们要好好训练队伍,充实力量,加强装备,等时机一到,我们就可以用一支兵力由察省向热河出击,拊敌侧背,以主力从东面打出山海关,收复失地!"自此,全军各师、旅、团的将领积极训练队伍,开展抗日救国教育,每遇国耻纪念日,官兵们吃的馒头上都印有"不忘国耻"的字样,以激励全军杀敌报国、誓死抗战的决心。

4.烽火起卢沟,八年抗战始

日本军阀吞并中国的野心早已有之,因而其侵略行为必然得寸进尺。1937年7月6日,驻北平西南丰台的日军要通过卢沟桥东端的宛平城,到长辛店一带去军事演习。这显然是有意挑衅,遂遭到了我驻该城的二十九军吉星文团官兵的严辞拒绝。7日夜,日军又在卢沟桥附近演习,夜11时竟向我卢沟桥阵地和宛平城开枪射击，谎称“演习中有一名日兵失踪”，妄想不费一兵一卒抢占我宛平城。这一严重事态经旅长何基沣报告了师长冯治安和二十九军司令部后，双方正在交涉间，日寇便迫不及待地向卢沟桥和宛平城发动了进攻。

守城的我军立即奋起抵抗，全城民众纷纷走出家门，冒着敌人的炮火抢救伤兵、运送弹药，没有人惊慌，更无人逃难。

这时二十九军司令部打破蒋介石“不准抵抗”的禁令。下令：“前线官兵坚决抵抗，与卢沟桥共存亡，不得后退！”从此，忠贞爱国的二十九军将士们英勇奋战，揭开了我国全民族八年抗战的序幕，打响了全面反击日寇的可贵的第一枪。

从7月8日开始，日寇向二十九军东起天津、廊坊张自忠师的防地，西至卢沟桥冯治安师的防地全面进攻。二十九军全军将士白天浴血战斗，夜晚则施展他们的杀敌绝技，组织大刀队摸进敌营砍杀，杀得日寇鬼哭狼嚎，纷纷跪地求饶。

卢沟桥抗战的枪声打响之后，宋哲元将军便命令师长以上的将领亲临前线指挥、督战。战斗之激烈，士气之高涨，实属空前。我军曾多次击退敌人的进攻，收复失掉的阵地。激战中副军长佟麟阁、师长赵登禹以身殉国。

5.将星陨落，举国悲恸

二十九军的将士们，在20多天的浴血奋战中付出了巨大牺牲。日寇在继续增兵，二十九军却孤立无援，出于无奈，他们只好挥泪告别卢沟桥，向保定方向转移。正当日寇步步向我腹地进攻之时，1938年3月，宋哲元却被调任第一战区副司令长官，同时撤销了宋部编制。

宋将军失去了直接指挥军队的权力，对时局深感忧虑，感到自己忠贞报国之志难酬，终日郁郁不乐。于1938年9月突患肝病，虽经多方治疗，终因当时缺医少药，病情日渐恶化，于1940年3月回到其夫人常淑青的故乡四川绵阳疗养。

将军在弥留之际，严肃而痛心地叮嘱侍立床侧的原二十九军副军长秦德纯：“但愿还我河山之时，有人酹酒相告，则哲元虽死之日，犹生之年。”并勉励他的老部属张自忠、冯治安等将领“努力奋斗，收复失地”。4月5日，宋将军终因医治无效溘然长逝，终年54岁。

噩耗传来，举国悲恸，全国各地各界人士唁电、唁函、挽联、挽帐纷纷汇集绵阳，痛切悼念将军英年早逝。

宋哲元将军逝世后，灵柩安葬在绵阳市城东的富乐山上，陵园的墓碑上，冯玉祥将军亲笔题写“宋上将明轩之墓”。茔墓的右前方有一正方形的神道碑。碑石有一座庄严的"八德亭",由 8 根正方形石柱支撑,亭内刻有"孝、悌、忠、信、礼、义、廉、耻"8 个字。8 根石柱上刻有周恩来、朱德、彭德怀、蒋介石、林森、何应钦、李宗仁、白崇禧、张治中等国共领导人所赠的挽联。

朱德、彭德怀的挽联为:"一战一和当年变生瞬间能大白于天下,再接再厉后起大有人在可无忧乎九泉。"

抗日民族英雄吉鸿昌

吉鸿昌将军 1895 年出生于河南省扶沟县吕潭镇一个贫苦农民家庭,1913 年投奔冯玉祥部队当兵。1926 年参加北伐战争,是西北军中著名的爱国将领。曾任西北军师长、国民党二十一军军长和宁夏省主席。

吉鸿昌在任察绥民众抗日同盟军第二军军长时,曾把"做官即不许发财"这 7 个字烧制在饭碗上,分发给团以上的军官,要大家"每饭不忘"。

1. 回国抗日

1931 年 8 月,蒋介石命令吉鸿昌进攻鄂豫皖苏区,因他拒绝命令,被迫离开了军队,强行让他到国外"考察"。

恰在此时,发生了"九一八"事变。吉将军心急如焚,肝胆欲裂。他说:"国难当头,凡有良心的军人,都应该誓死报国!"他立即给蒋介石发电,要求率一支劲旅,北上抗日,粉身碎骨,以纾国难。但得到的答复是迅速出国。

吉鸿昌先到了美洲,又到了欧洲,后又到了拉丁美洲。他每到一处,都积极宣传抗日主张。某日,在记者招待会上,有人问:"日本人有飞机、大炮,中国凭借什么抗日?"吉鸿昌愤然道:"我们有热血,有四万万中国人的热血!"

古巴哈瓦那的侨胞听了吉将军慷慨激昂的演讲,许多人流下了眼泪。一位侨胞高喊:"吉将军,你快回国把军队整顿起来! 我们一定做你的后盾!"

1932 年"一·二八"事变后,蔡廷锴、蒋光鼐率第十九路军在上海英勇抗战的消息传到国外,侨胞高喊:"吉将军,你快回国把军队整顿起来! 我们一定做你的后盾!"吉鸿昌再也呆不下去了。他摆脱了国民党特务的监视,毅然回到国内。无数事实的教育,吉鸿昌得出了一个结论:"只有跟着中国共产党走,中国才能得救。"他回国不久,就参加了中国共产党。

2. 收复多伦

1933 年 1 月,吉鸿昌奉党组织之命,联络冯玉祥、方振武等将军组织抗日同盟军。吉鸿昌毁家纾难,变卖家产 6 万元购买军火。5 月 26 日,在张家口成立“察哈尔民众抗日同盟军”,冯玉祥任总司令,吉鸿昌任前敌总指挥兼第二军军长,奋起抗日。6月22日,吉将军率部收复康保城。7月1日,又冒雨攻占了宝昌城,后又乘胜收复沽源县。7月5日,吉将军又决定分3路猛攻塞北军事重镇多伦。

吉鸿昌在行军路上,即兴赋诗,抒发抗击日寇的决心:“有贼无我,有我无贼。非我杀贼,即贼杀我。半壁河山,业经改色。是好男儿,舍身报国。”

7月7日,同盟军发起攻击。日伪军在多伦城布防严密,碉堡林立,易守难攻。吉将军亲自率领敢死队持大刀袒臂匍匐前进,三次攻城,都被敌人机枪压了下来。12日,是总攻的日子。这天凌晨,吉鸿昌扯掉上衣,一手举刀,一手端枪,跃出战壕,率部扑向敌阵。敌军凭借城高及碉堡密集的火力,负隅顽抗。吉鸿昌见情势危急,大声喊道:“拿棉被来!”敢死队员将用水浸湿的棉被,裹在身上,绕到碉堡前,堵住枪眼,大批战士乘势攻上城墙,经过7昼夜鏖战,终于收复了多伦城。

同盟军攻取多伦的战斗,是“九一八”以来日本侵略者遭到的第一次沉重打击。这次胜利,使日寇闻之丧胆,国人勇气大振。

可是,抱不抵抗政策的蒋介石,心中不悦,反而派重兵进攻张家口,“聚歼”同盟军。在内外夹攻下,同盟军伤亡惨重,终被蒋介石改编,吉鸿昌再次被迫离开部队辗转到了天津。

3.恨不抗日死

吉将军在天津依旧坚定地进行抗日斗争。他和一些地下党员创办抗日刊物,还担任了“中国人民反法西斯大同盟”主任,他的住宅成了中共地下联络站,被誉为“红楼”。

国民党反动派看无法阻击吉鸿昌的抗日爱国行动,就采取卑鄙的暗杀手段。

1934年11月9日,吉鸿昌终于在天津法租界被国民党特务刺伤被捕,后被押解到北平。在“军法会审”中,吉鸿昌把法庭当战场,愤怒揭露国民党反动派卖国投降的罪行,宣传中国共产党团结抗日的主张。

11月24日,吉鸿昌面对“立时处决”的判决书,镇定自若,披上斗篷,从容走向刑场。到了刑场,他以树枝作笔,以大地为纸,写下了正气浩然的就义诗:“恨不抗日死,留作今日羞;国破尚如此,我何惜此头。”

年仅39岁的吉鸿昌将军,为了神圣的中华民族解放事业献出了宝贵的生命。

新中国成立后,张家口市人民政府为了纪念民族英雄吉鸿昌将军和抗日同盟军,在市东山坡建立了察哈尔抗日烈士陵园,以供后人瞻仰。

将军浴血殉南苑

1937年7月7日，日本帝国主义发动了蓄谋已久的侵华战争，英勇的二十九军爱国将士不畏强暴，同仇敌忾奋起抵抗，在全国人民的支持下，揭开了中华民族全面抗战的序幕。

佟麟阁将军(1892～1937)，字捷三，河北高阳人，时任第二十九军副军长，“七七”事变爆发前，他率部驻节在北平南苑。当时，寇患日深，将军尝言：“中央如下令抵抗，麟阁若不身先士卒者，君等可执往天安门前，挖我两眼，割我两耳。”声情激越，闻者肃然。

“七七”事变爆发时，二十九军三十七师奋起抵抗。宋哲元军长在山东，佟麟阁副军长负有军事指挥之责，他立即在南苑召开军事会议，力主抗战。他说：“中日战争是不可避免的，吾辈首当其冲，战死者荣，偷生者辱，荣辱系于一人者轻，而系于国家、民族者重。国家有难，军人应当马革裹尸，以死报国。”

佟麟阁副军长遂以军部名义向全体官兵发布命令：“凡有日军进犯，坚决抵抗，誓与卢沟桥共存亡，不得后退一步。”同时向宋哲元军长报告，请他返平坐镇。

当时，佟副军长的父亲佟焕文老先生住在北平城内，病重，念子甚切。家人转告将军，请他进城看望。将军乃挥泪传语夫人袁静智女士说：“战事紧急，不能片刻离军，此移孝作忠之时，不能亲奉汤药，请代供子职。”事为部属所闻，皆感泣，表示誓死效命疆场。

7月19日，宋哲元军长返回北平，积极备战。7月25日，日军进犯廊坊。26日，日军进入广安门，宋军长下令刘汝珍团阻击，敌受损失，顾问樱井受伤。日酋香月以“广安门事件”向宋哲元提出最后通牒，要求在27日正午以前把三十七师撤至永定河以西，如不实行，则将采取独自行动。

宋军长拒绝了日方的无理要求，决心为国家、民族生存而战。同时命令南苑军部迁入北平，并命令赵登禹为南苑地区指挥官。佟麟阁副军长在这紧急关头，认为赵登禹的任务艰巨，不愿随军部离开，决心与赵一同死守南苑，而由副参谋长张克侠率领军部人员撤入城内。

7月28日，日军铃木旅团及酒井机械化旅团，配有飞机30架，分别向北平周围的南苑、西苑、北苑全面进犯，而以南苑的交战最为激烈，我守军顽强抵抗。

同日下午6时许，军械官王慎之进城领取军械弹药，请示佟副军长有无吩咐。佟说：“见了荣的娘(即长子荣萱的母亲)，把项链交给她，就说我很好。军人是打仗的，过去打的不叫仗，那叫内乱，现在才叫真正打仗呢！因为现在打的是外国人。若见到老太爷和老太太，就请他二老放心，千万别惦记，等把鬼子打跑后我就回家啦，此外没啥事。”不料这竟是佟麟阁将军最后留给家人的遗言。

29日凌晨，日寇集中3个步兵联队，1个炮兵联队，10余架飞机，猛攻南苑。佟副军长与赵登禹将军指挥守军一部在外围与敌交战，一部固守南苑，誓与阵地共存亡。日军包围南苑，以飞机轰炸，大炮轰击。我军奋勇迎战，在佟、赵两位将军分头指挥下，我军虽枪械较敌低劣，但士气旺盛。自拂晓战至过午，双方伤亡俱重。

此时，宋哲元军长命令佟、赵二将率部回北平。佟将军部遂边战边退，进至大红门北，利用高地继续与敌苦战，掩护部队撤退。

就在佟麟阁将军指挥右翼部队向敌突击时，被敌人机枪射中腿部，血流如注，部下劝他稍退裹伤。他执意不肯说：“情况紧急，抗敌事大，个人安危事小。”官兵感泣，誓与之共存亡，拼命冲杀，战斗惨烈，死亡枕藉。

佟麟阁将军在继续指挥战斗中，不幸头部又受重伤，壮烈殉国，享年45岁。

宋哲元军长闻噩耗后悲痛地说：“断我右臂也！”

佟麟阁副军长是中国八年抗日战争为国捐躯的第一位高级将领。

誓死救国的赵登禹

赵登禹将军(1898～1937)，山东菏泽人。16岁时就加入了冯玉祥将军的部队。由于受冯先生爱国思想影响，他始终坚持执行冯玉祥将军“不扰民，真爱民，誓死救国”的主张。他勤学苦练，上进心强，在执行任务中，英勇机智，屡立奇功。

1930年，原西北军团整编为二十九军，赵登禹所率部队缩编为第三十七师一〇九旅，任旅长，开赴晋东整训。一〇九旅是二十九军的精锐部队，官兵都是久经沙场的健儿。

1932年1月28日，日寇侵我上海，十九路军奋起抵抗。赵旅长派何基沣副旅长到上海实地观看学习。何回部队后，对官兵讲述日寇暴行和十九路军英勇杀敌的事迹，更激发了官兵们的爱国热情，个个义愤填膺，恨不得立即奔赴战场痛杀日寇。

1933年初，日军侵占榆关后，长驱直入热河省。赵登禹奉宋哲元军长之命，率一〇九旅驻北平以东三河县、蓟县待命。

3月9日，日军铃木师团尾随东北军某部抵达喜峰口，国民党政府急令二十九军速赴长城一线御敌。赵旅长接令后,速派王团长率二一七团增援,他们顶风冒雨抵达喜峰口。随即抢占关口两侧高地和长城一线,与日寇第六、第八师团展开了激烈的长城抗战。日寇以炮、空联合火力发起进攻,占据了喜峰口东北高地。

二一七团王团长马上组织三营强攻,经数小时冲锋肉搏,砍死日寇百余人,又夺回高地。敌寇在飞机大炮掩护下,猛烈反攻,又将高地夺去。在此紧要关头,赵登禹被任命为前敌总指挥,率主力部队一〇九旅在黑夜中占据了喜峰口高地。

3 月 10 日拂晓,日军倾巢出动,向喜峰口高地实施强攻。霎时间,山崩石飞,硝烟弥漫。赵旅长命士兵离开战壕,伏卧在各峰峦幽僻之处,以避其锋。日军轰炸长达 2 小时之久,我军未还一枪一弹。日军以为我军均已丧生,于是令步兵蜂拥而上。此时天色已昏沉,黄沙扑面,乘敌炮火暂停之时,我军屏息悄然返回战壕,待敌寇进至百米以内,我军一声高呼,从烟火中一跃而出,万刀齐挥,与日军血肉相搏,几经进退,日军寸土未得,反被歼灭 700 余人。

3 月 11 日上午 10 时,日军又调集 3000 余人。在飞机、炮火支援下,发动进攻。高地多次失而复得。当天傍晚,赵登禹将军分析了两日战况,和其他军官研究制定了“夜袭敌营”的方案。赵旅长说:“抗日救国,军人天职,养兵千日,报国时至。今夜我们绕至敌后,要与日军拼个你死我活……”

是日深夜,北风怒吼,大雪纷飞,赵将军不顾身已负伤,仍率部队潜行,带领二一七团、二二六团、二二四团的敢死队,悄悄绕至敌后,犹如天兵降临,突然出现在敌炮兵阵地和敌宿营地。他一声令下,杀声震天,手榴弹四处开花,大刀闪处,敌头落地,日炮兵大佐做了刀下鬼。激战至翌日凌晨,敌野炮营及黑山嘴、狼山洞等地之敌,被大刀砍杀殆尽,缴获敌大炮 18 门、大批枪支弹药。在敌大佐身上获得敌重要作战机密文件、地图。12 日,赵登禹将军又率部袭击了日军的机关枪阵地。喜峰口战役的胜利,大长了中国人民的志气,大灭了日军的威风。连日军自己也承认是“明治以来未有之大耻”。自此,二十九军声名大振,赵登禹将军的名字也广为传颂。

因赵登禹旅长战功显赫,国民政府特颁发勋章,一〇九旅扩编为一三二师,将军升任师长。

1937 年“七七”事变爆发后,二十九军坚决抗日,中共中央又及时通电全国,号召全民抗日,支持二十九军。

7 月 27 日,赵登禹将军临危受命为北平南苑作战前敌总指挥。一三二师先头部队到达后,在积极进行战斗部署的时刻,日寇大批军队发动大规模进攻。赵将军身先士卒，浴血奋战，打退日寇多次进攻。在此次激战中赵登禹将军壮烈殉国。

吉星文与卢沟桥

今天的年轻一代，对于吉星文其人，恐怕知之者甚少。他是位英雄人物，但也是位悲剧人物。

说他是英雄人物，是因为1937年7月7日爆发的卢沟桥事变中，他作为坚守宛平的驻军团长，曾奋起抗日。为了保卫卢沟桥，保卫中华民族的尊严，身先士卒，浴血奋战，在抗战史上写下了光辉的一页。

常言道：将门出虎子。吉星文是抗日名将吉鸿昌的侄子。1934年11月24日，吉鸿昌在北平英勇就义，不能不使吉星文感到悲愤交加。

吉鸿昌何罪？罪在坚持抗日，成了奉行“攘外必先安内”误国政策的蒋介石的眼中钉，必欲除之而后快。吉鸿昌的爱国、牺牲精神，深深感染了吉星文。卢沟桥保卫战表明，他不愧是吉鸿昌的后代。

1937年，吉星文是宋哲元任军长的二十九军所属第一一〇旅（旅长是名将何基沣）第二一九团团长，驻守宛平。7月8日下午，吉星文严正拒绝了日军限令于当晚7时前投降的通牒，奋起反击，下令官兵：“坚守阵地，坚决回击，坚持抗战到底。”

在吉星文的指挥下，守卫卢沟桥铁桥上的一连战士，与日军争夺铁桥，英勇惨烈。一位青年战士，用大刀砍死砍伤日军13人，自己壮烈殉国。守卫大桥北面的一连战士，奋不顾身，殊死战斗，最后全连仅剩下4人，其余都为国捐躯了。

从11日起，日军以大炮猛烈轰击宛平县城及附近一带，吉星文亦负伤，但他仍然继续指挥战斗，并指挥城内居民向城外安全地带转移。当日军的迫击炮弹落在领取赈粮的人群周围时，吉星文大喊：“赶快散开！隐蔽！”与百姓生死与共。惟其如此，日军对吉星文恨之入骨。他们提出所谓停战会商的条件之一，就是撤换卢沟桥的守军，并指名道姓，要“接替吉星文团防务”。这当然被我方拒绝。

7月30日晚，吉星文团官兵挥泪告别宛平父老，撤退到长辛店，卢沟桥旋即沦陷。

但是，保卫卢沟桥的壮举，揭开了中华民族全面抗战的序幕。吉星文也从此英名远播，作为抗日英雄，受到人们的赞颂。

戏剧大师田汉曾专门写了话剧《保卫卢沟桥》，在各地上演。其中的吉星文团长，是用真名真姓出现在舞台上的。当人们看到北平学生跪在吉星文面前，痛哭失声地要他保卫卢沟桥，他被感动得热泪盈眶，当即表示要誓死抵抗日军，下令战士开枪回击时，无不为之动容。吉星文也就更加名震华夏。庄严的历史是有情的。

当年吉星文所以能血战卢沟桥，彪炳史册，很重要的原因，是受了华北抗日救亡运动的影响。

7月8日，战斗打响的第二天，北平各界组织起“北平各界抗敌后援会”，并派人直接与吉星文取得联系，增强其奋勇杀敌、至死不退的决心。慰劳品、救援物资更是源源而至。

可以说，这是国共两党携手、全民抗战、团结御侮的先声。吉星文顺应了这一历史潮流，才在卢沟桥演出了可歌可泣的一幕。

国共合作，曾经赢得抗日战争的伟大胜利，造就了包括吉星文在内的无数抗日英雄儿女。

二十一、腾冲光复

1944年9月14日，腾冲光复。腾冲，是抗日战争以来，我国收复的第一个被日军侵占并驻军的县城，为中华民族抗日战争吹响了反攻的号角，具有重要的历史意义。

1942～1944年的腾冲战役是抗日战争滇（云南）西缅（甸）北战役中的重要战役之一。

1942年5月10日，云南省腾冲县被日军占领。日军侵占腾冲2年4个月零4天，杀害老百姓21467人。其间山河浴火，万民罹难，10万将士鏖战腾冲，艰苦惨死的状况难以想象。

因为腾冲是中国进出缅甸的通道要塞，控制腾冲等于控制了两条运输大动脉。如果滇缅公路被日军控制，切断了通往昆明到内地抗日物资的运输线，对我国抗战必定造成严重危害。所以，夺回腾冲势所必然。

1944年，国民政府经过多番考虑，制定了一系列反夺腾冲的战略计划，决定以中国入缅远征军第二十集团军、第十一集团军所属的部队担负作战任务。由第五十四军一九八师、三十六师、第六军三十九师、第七十一军八十八师、第二军三十三师、第七十六军各部从惠仁桥、打黑渡、三江口强渡怒江，相互策应。强渡怒江的胜利，为夺取腾冲迈出了第一步。

渡过怒江之后，海拔3000多米的高黎贡山是横在腾冲北面的天然屏障，山高路险，处处陡峭，气候恶劣。远征军四个集团军约15万人，众志成城，欲拿下腾冲。

但在实施反攻前夕，国民政府的飞机因大雾迫降腾冲，送往前线的密码本和人员被日军俘获。故远征军来往电报全部被破译，日军知道远征军即将反攻，预先将主力部队调往高黎贡山，在险峻的隘口设下重重关卡，据险阻击。远征军变得处处被动挨打，在刀削斧砍的高山之下，大军只能依靠步兵和轻武器艰难地仰攻作战，进展缓慢。仅通往北斋公房的冷水沟隘口，战斗就整整持续了一个月，尸体填满了山沟，一个团的兵力往往剩下不足一个营。

从 5 月 12 日到 6 月 21 日，历时 40 天，中国远征军伤亡近万人，才以高昂的代价取得了高黎贡山战斗的胜利。

腾冲县城攻坚战，历时 43 天，远征军全歼日军 3000 余人，其中俘获 53 人，以全胜战绩光复腾冲。腾冲城驻军日军第五十六师团所属一四八联队全军覆没。远征军将士伤亡 18000 余人，其中阵亡 8691 人，重伤 1234 人。对中国远征军来说也是一次代价惨烈的胜利。

腾冲战役的胜利，打通了滇缅公路，为抗战胜利提供了物资保障，这次成功的攻坚战，在抗战史上写下了光辉的一页。

二十二、抗战花絮

抗日战争时期，在著名的台儿庄战役中，曾涌现了某些战场奇趣，也为后人留下了诸多真实的战地史料。

秘密通讯

1937 年，抗战烽火燃遍大江南北。10 月，李宗仁到达徐州，就任第五战区司令长官。白崇禧时在武汉任军委会副总参谋长，每夜李均与白通话，一涉及秘密之事，便用广东话或桂林家乡话交谈。凡谈及重要人物及组织，即用约定的代名词交谈。如“赵小姐”即蒋介石，“钱先生”指中共，“孙先生”为黄埔系太保们的代名，“李娘”指汪精卫。交谈时，刘维周在白身旁记录，然后交谢和庚整理；谢将通话内容报告李克农，李克农再转报周恩来。

周恩来根据情报建议李宗仁采用运动战与阵地战相结合，围点打援，将敌人歼灭于台儿庄。大战开始后，李宗仁任用白族青年做前线话务员，通话均用白族语言，借以迷惑盗听的日军。

功成马到

台儿庄大捷震惊中外，蒋介石偕程潜到台儿庄视察并慰勉将士，莅临指挥部，李宗仁与白崇禧等高级将领出室迎接。李宗仁夫人郭德洁女士（1965年随李宗仁回大陆定居，周恩来总理到机场迎接，毛泽东主席设宴款待）随其后，郭女士忽然大声嚷道："古人说'功成马到'了。"

众闻语大惊，深感郭女士失言，对蒋公大不敬。后此事成为桂系高级将领茶余饭后的笑料。

朱德送马

还是在1915～1916年的"护国战争"时，朱德和邓锡侯均率部参加了反袁护国战争，他们互相支援，共同战斗，结下了难忘的友情。

1935年朱德率红军北上抗日，邓奉命侧击，朱德给邓一封密信曰："党中央、毛主席号召，国难当头，应停止一切内战，一致抗日，红军北上抗日，如兄部愿来，我们欢迎，如有困难暂不来，希望互不干扰……"邓读信后，即令追击部队与红军保持一天行程的距离。

后朱德又给刘湘、邓锡侯等川军将领发出公开信，呼吁川军与红军联合起来，共同抗击日本法西斯。"七七"事变后，川军在抗日民族统一战线政策的感召下，请缨杀敌。邓锡侯率部北上太原前线与朱德会晤，还请朱德给川军军官讲形势，授游击战术。

当邓锡侯将军奉调鲁南守滕县，台儿庄战役开始前，朱德总司令送邓将军一匹战马，示永不下马，抗战到底。后川军死守滕县县城三天三夜，全师殉难，壮哉！伟哉！

狗咬电线

孙连仲部在台儿庄布防，右翼黄樵松师，左翼张金照师，军用电线多就地而设，以便随时移动。移动时常有线断话阻现象。话务员查遍各路，见有小黑狗专于夜间流动咬线，捕捉视之乃东洋小狗，系日军专门训练之物。后孙连仲命话务员架设电话，东洋狗摇尾寻线而无物可咬了。

不带红花

滇军自云南赴鲁抗战，昆明青年5000余人示威游行请求随军服务。卢汉将军挑选60名妇女成立云南妇女战地服务团随军到武汉，邓颖超、郭沫若均亲切接见勉励。

当台儿庄战役打响后，彭明绪、刘先德等12人大呼：我们是战地服务团，不到战地，在这干什么！12名妇女不经批准扒火车来到了禹王山阵地，卢汉分配她们搞宣传、战地救护。她们深入战壕与战士并肩战斗，分发信件，代写家信，给战士戴大红花。战士们不愿意佩戴红花，花者，挂花者也。女服务团员惊悟。

雪中送蒜

在第五战区，战地服务团及文化工作委员会受到李宗仁、白崇禧的欢迎。一次，李问副官处处长傅少伟，文化人来战地生活是否习惯，傅答："他们对战地生活都能适应，对饮食也无何要求。只听说臧克家是山东人，最喜欢吃大葱、大蒜，但伙房缺蒜供应。"李听后莞尔一笑，说："叫勤务兵买些送臧克家。"谢和庚便让勤务兵去集市买了一些，送与臧君。臧收到大蒜回信给谢："收到你的礼物，真可以说是'雪中送蒜'了，请代向李、白两公致谢。"

上海救亡话剧团二队王莹等不习惯吃大蒜，臧君劝曰："大蒜有营养，并可杀菌，请试尝。"王莹等人初尝蒜辣，但口中有味，克家告诉，抓茶叶口中嚼，便可解味，试之果然。以后，第五战区文化人都跟着学吃大蒜。从此，"雪中送蒜"一词不胫而走。

战地报道

1938 年 4 月 4 日，我国著名记者范长江等人前往徐州第五战区司令部。次日，谒见李宗仁将军。李宗仁拉着范长江的手说："你是著名记者，你的报道文章给我们鼓舞士气，增加决心，我代表抗战前线的将士们感谢你们。"

台儿庄战役取得大捷，极大地鼓舞了全国军民的抗敌斗志和胜利信心。据不完全统计，台儿庄大战期间，范长江在《大公报》上发表的有关台儿庄大战的新闻专电 6 条、战地通讯 3 篇，分别是《台儿庄血战》《慰问台儿庄》《台儿庄血战的故事》。

范长江的新闻报道和采访业绩不仅起到了报告事实、鼓舞民心的作用，而且他的有关论述经过一定的特殊渠道，直达高层，一定程度上推动了国民党军政状况的改进，为全民抗战做出了自己的贡献。范长江的新闻报道再次实现了它社会预警和干预生活的功能。

周恩来约请范长江等到汉口八路军办事处，专门谈话，听取汇报。范长江说：台儿庄胜利的意义在于"建立一种新的胜利的信念，即我们只要采取主动的、机动的、攻击的、协同的作战方针，在运动战为主，而以阵地战和游击战为辅的战术原则下，我们一定可以保证今后战争的胜利"。

周恩来高度评价他们深入战地采写的新闻通讯："你们深入前线，看到许多新情况和新问题，这是记者应尽的职责，这样很好。有的问题应该向有关方面据实反映。你们单单讲给我听还不够，我将为你们安排同政治部部长陈诚、副部长黄琪翔谈谈，让他们也知道前线情况。”

战场“花木兰”

在台儿庄战役中，还出现了一位女扮男装、使用红缨枪参战的“花木兰”。

红缨枪就是长枪，是中国传统的冷兵器，也是所谓十八般兵器的一种。红缨枪为什么要加一个红缨呢？一是为了防止滑手；二是为了让敌人视觉上产生比较严重的混乱，更有了相当程度的威吓作用，能有效地挫伤敌人的士气。

抗战中，中国军队使用红缨枪的并不多，除了八路军，还有一些特殊部队，比如台儿庄战役中配属给西北军孙连仲的一一〇师的武术大队就是特例。

一一〇师是正规军，没有受过任何红缨枪的训练。该师战前在河南驻扎扩军，在当地群众的强烈要求下，收编了河南民间相当常见的红枪会组织。

红枪会，由当年著名的义和团演变而来。开始以村镇为单位，后来逐步发展到乡甚至县，成为河南农民自发的武装。平时防匪防盗，战时保境安民，甚至于敢和正规军作战，成为一支不可忽视的武装力量。一一〇师吸收了他们的精干力量，编组了一支500人的武术大队。

当时一一〇师副师长还遇到一件令人吃惊的奇事，在武术大队中居然发现了一名女扮男装的士兵，拿着红缨枪和男人一起冲锋！

女孩被发现后，一再恳求不要将她的情况揭穿，她还要杀敌报国。

随后，她参加了台儿庄战役的肉搏战，真是名副其实的现代花木兰。

【参考文献】

[1]云南省政协文史资料研究委员会编：《云南文史资料选辑》第27辑，云南人民出版社1986年版，第64～88页。

[2]王桧林、郭大钧、鲁振祥主编：《中国通史》第12卷，上海人民出版社2013年版，第110～139页。

[3]刘育钢：《黄埔骁将》，团结出版社2013年版，第141～176页。

[4]龚晓红：《湘西大会战》，贵州人民出版社2011年版，第209～238页。

第七章　敌后战场

一、平型关大捷

平型关战役是1937年9月，抗日战争初期，我八路军一一五师，在林彪和聂荣臻、罗荣桓的率领下，为阻击日军西进的一次伏击战。八路军首战平型关，取得了抗战以来的第一个大胜仗。该役歼灭日军1000多人，击毁汽车100多辆、大车200辆，缴获长短枪1000余支、机枪10余挺、火炮2门、掷弹筒20多个、战马100多匹以及大量军用品。它粉碎了日军不可战胜的神话，鼓舞了中国人民抗战必胜的信心。

八路军一一五师为什么会取得平型关大捷呢？

中共制定正确的抗战路线与方针

1937年8月22～25日，中共中央在陕北洛川召开政治局扩大会议，通过了《抗日救国十大纲领》，该纲领代表了共产党全面的抗战路线，指明了争取抗战最后胜利的具体道路。洛川会议向全党和全国人民指出了争取抗战胜利的根本途径，为抗战胜利奠定了理论基础。

洛川会议是一次具有重大历史意义的会议，它在历史的转折关头，正确地估计了新的形势，及时明确了党的任务，并制定了完成此任务的一系列方针政策。

红军改编后于1937年9月初，八路军一一五师和一二〇师先后开赴晋东北和晋西北抗日前线，一二九师主力于9月底、10月初开赴晋东南抗日。八路军开赴山西抗日前线后，党中央、毛主席要求八路军认真严格执行会议提出的“独立自主的山地游击战”的战略方针，以分散兵力，发动群众，创造根据地为主，还强调指出：“整个华北工作，应以游击战为唯一方向。”八路军接受了这些正确指示，从而实现了从十年内战后期的国内正规战争向抗日游击战争的战略转变。

平型关战役就是八路军各部按照毛泽东“独立自主的山地游击战”的方针，避免与日军正面硬碰，以游击战打击敌人的一个典型范例。

得益于有利的地形

平型关是晋西北的交通要道，为长城的隘口之一，处于恒山、五台山的交界处，两山峡谷中蜿蜒着一条蔚代公路，公路从灵丘城沿河谷向西伸出，经过东河南镇，在蔡家峪村脱开河谷，转向西南平型关山区。沟道深邃狭窄，特别是小寨村至老爷庙地势最为险要，沟长约 5000 米，沟深 10～30 米，沟宽 10～20 米，很难攀登上沟沿。八路军正是利用这种有利地形从一开始就占据优势，而日军在狭窄的山谷中忽然遭到伏击，它的强大装备优势一点儿也发挥不了。作战一开始，日军就陷入了混乱状态。

八路军总部制定了周详的作战计划

1937 年 9 月 23 日，八路军总部得知日军第五师团第二十一旅团一部由灵丘向平型关进犯的消息以后，八路军总部指示一一五师向平型关、灵丘间出动侧击进犯之敌。当天，林彪与聂荣臻就如何作战进行了深入商讨。

在作战方案确定之后，全师召开连以上干部大会，进行战前动员。会后师部率主力于当夜进至冉庄、东长城村一带，师独立旅、骑兵营则向灵丘、涞源方向积极活动，扰乱敌后，牵制和打击增援之敌。

9 月 24 日夜，天公不作美，忽然下起了瓢泼大雨。为了不错过歼敌良机，一一五师广大官兵在没有雨具的情况下，冒雨急行军，于拂晓时分按计划进入伏击阵地。在平型关前，从关沟至东河南镇的峡谷中，八路军精心布置了一个长达数千米的巨型“口袋”，只等日军来钻。八路军选择有利地形，居高临下，两面夹击，给敌人以突然袭击，使之猝不及防。

八路军广大官兵英勇无畏的战斗精神

战斗打响后，面对经过武士道训练的敌人，八路军毫不畏惧，无不以一当十，前仆后继，奋勇拼杀，以更猛烈的攻势对付顽固到底的敌人。控制老爷庙及附近高地的六八六团二营官兵，一次次地以勇敢、果断的抗击和反击打垮了敌人的蜂拥冲击，不少干部、战士负伤数次仍然坚持战斗；第五连二排的官兵，直至全部牺牲，也没有让日军踏上阵地一步，表现出与日本侵略者血战到底的英雄气概。日军虽然疯狂地向我军阵地轮番冲击，却只能在阵地前丢下越来越多的尸体，始终不能前进半步。

9 月 25 日，被围敌人在 6 架飞机的掩护下，再次向老爷庙及其附近高地发起了猛攻，企图冲出一条活路。但是在短兵相接、肉搏格斗的情况下，飞机的作用始终发挥不出来。六八六团则抓住有利战机，在两翼友邻的配合下，一举将被围的日军歼灭。八路军以英勇无畏的战斗意志，将作困兽之斗的日军包围在平型关以东 5000 米内的地区，日军已经完全陷入绝境。

日军的骄傲轻敌

1937 年“七七”事变后，由日本国内派出坂垣征四郎的第五师团，经朝鲜入关，会同日本海军围天津、塘沽，一路上势如破竹，骄傲跋扈到了极点。

1937 年 9 月 25 日拂晓，日军第五师团第二十一旅团一部及大批辎重车辆，沿灵丘至平型关公路西进，100 多辆汽车满载着日军和军用物资率先开道；200 多辆骡马大车拉着大炮、炮弹及给养物资紧随其后，最后是骑着高头大马的骑兵，走在公路上如入无人之境。其行军纵队前后衔接，毫无戒备地朝平型关进发。他们错误地认为中国军队都像他们先前遇到的国民党军队一样，一触即溃。

平型关战役取得胜利的一个直接原因之一，就是八路军抓住了日军骄横狂妄、麻痹大意的弱点，选择了敌之侧后方，攻其不备，出奇制胜。

平型关作战，充分发挥了八路军善于近战和山地战的特点，保持了战斗的奇袭性。应该说，由于八路军广大将士坚决贯彻中共制定的抗日政治路线方针，全体将士士气高昂，准备充足，战斗中勇猛顽强，不怕牺牲，加之指挥得当，日军骄傲轻敌等因素，使八路军一战名扬天下。

平型关一战，其影响是深远而具有现实意义的，既有力地驳斥了抗战必亡、抗战必败的荒谬论调，打破了“皇军不可战胜”的神话，也对过分强调唯武器论和害“恐日病”者当头一击，挫伤了日本侵略军的锐气，大长了中国军民的士气。同时表明中国共产党领导下的军队和中国人民具有英勇无畏的民族精神，是任何敌人都无法战胜的，使全国人民从抗战的恐怖气氛中看到了新的希望，大大鼓舞了全国上下的抗战斗志，增强了中国人民战胜日本法西斯的信心。

二、决策内情

平型关战役是 1937 年全国抗战爆发以来在国民党阎锡山作战方案框架下进行的，由共产党八路军独立完成的第一个大胜仗。八路军以简陋的装备主动攻击日军主力师团并首战大捷，因而大大提高了中国共产党和八路军的威信。

八路军决策相机出击

1937年9月7日，中共中央军委副主席周恩来、朱德等与国民党阎锡山协商联合作战抗日。阎提出平型关一线作战计划，要求八路军配合。9月23日，朱德和彭德怀指示"一一五师在平型关外侧选择地形，进入伏击状态，相机出击"。

在此之前，一一五师师长林彪多次查看平型关的地形，准备集中兵力打个伏击战。9月24日，林彪侦悉到日军第二天有大举进攻平型关的迹象。根据时任一一五师宣传部部长的萧向荣将军《平型关战斗前后的日记》记载，9月24日"黄昏后，第六集团军总司令部，专员送了一封信，信封里面装着一份'二十五日平型关出击计划'的图，图上画着红蓝二色铅笔所画的粗线标记，并注明二十五日拂晓后开始实行。还看见在明天五路出击的计划中，希望我军担任河南镇及蔡家峪的两路。师长和副师长(引者注：指林彪和聂荣臻)在洋蜡光下研究着，桌上铺着五万分之一的军用地图，图上的每一根线差不多都被看过了。最后定下了决心，立即在电话中下达了命令：'于本晚二十四时出发，向白崖台开进。'"

也就是说，八路军一一五师25日的出击是应国民革命军第六集团军总司令杨爱源的请求。林彪是在24日黄昏后才接到这份"请求"的，根本没时间向总部请示，只能机断专行。

毛泽东的战略方针

在八路军第一一五师到达晋东北抗日前线、第一二〇师转向晋西北前线时，毛泽东于9月21日致电彭德怀，指出："今日红军在决战问题上不起任何决定作用，而有一种自己的拿手好戏，在这种拿手戏中一定能起决定作用，这就是真正独立自主的山地游击战(不是运动战)，要实行这样的方针，就要战略上有有力部队处于敌之翼侧，就要以创造根据地发动群众为主，就要分散兵力，而不是以集中打仗为主。集中打仗则不能做群众工作，做群众工作则不能集中打仗，二者不能并举。然而，只有分散做群众工作，才是决定地制胜敌人、援助友军的惟一无二的办法，集中打仗在目前是毫无结果之可言的。"

毛泽东在同一电报中还指出："从远处、大处着想，对于个别同志不妥的观点给予深刻的解释，使战略方针归于一致。"

这里的“个别同志”就有林彪。因为林彪当时向毛泽东表示想集中部队相机给敌打击，暂时不分散。毛泽东认为：“这种一个旅的暂时集中，当然是可以的，但如许久还无机可乘时，仍以适时把中心转向群众工作为宜。”

毛泽东的指示精神是不宜打平型关战役这样的运动战，更别说阵地战了。他的战略设想是充分发动群众，不断壮大中共领导的力量尤其是武装力量，不主张以现有的力量与日本硬打硬拼，而是避开敌正面进攻，向敌后进军，去开展游击战，建立根据地。

林彪力主大打一仗

林彪在到达平型关地区后，根据对地形的勘察和对敌情的分析，结合毛泽东 21 日的电报，以个人名义（聂荣臻副师长 23 日才同先行的林彪会合）向八路军总部和中共中央军委、毛泽东提出了集中兵力打一仗的建议，并阐述五条主要理由，力主大打一仗。

很显然，对于毛泽东“集中打仗在目前是毫无结果之可言的”，林彪的看法不同。

林彪于 9 月 23 日一大早在一一五师师部主持召开了三四三旅（旅长陈光）连以上干部参加的战斗动员会，亲自分析战局，下达作战任务。

9 月 25 日清晨，经过一夜风雨侵袭的一一五师指战员，忍受着饥饿和寒冷，趴在冰凉的阵地上，等待着敌军进入伏击圈……

平型关战斗，一一五师歼日军坂垣师团第二十一旅团 1000 余人，毁汽车 100 余辆、大车 200 多辆，缴获武器辎重甚多，包括“九二”式步兵炮 1 门，炮弹 2000 多发，机枪 20 余挺，步枪千余支，战马 50 余匹，还缴获日军作战用的一批地图和文书。

全国各界人士给共产党、八路军发来大量贺电、贺信，甚至连蒋介石也来电表示祝贺。

26 日一大早，朱德还亲自赶到一一五师师部检阅胜利成果，总结胜利经验。

毛泽东盛赞平型关大捷

平型关大捷的喜讯传到延安后，毛泽东十分高兴，立即致电前方，盛赞一一五师为中国人民打了一个争气仗。毛泽东根据平型关战斗的经验，在 1937 年 9 月 29 日重新提出八路军的作战方针：“根本方针是争取群众，组织群众的游击队。在这个总方针下，实行有条件的集中作战。”

三、《论持久战》

1937年7月7日卢沟桥事变的爆发，使国共两党再次携起手来共同御侮，中国进入了全民族的抗日战争。面对着经济实力雄厚、武器装备精良的日本军国主义侵略势力，尤其是“八一三”沪淞抗战之后，日本侵略军在华北长驱直入，在上海、南京一带步步进逼，国内“亡国论”一度甚嚣尘上。

可是不到半年，八路军一一五师在平型关伏击日本精锐坂垣师团，歼敌千余人。徐州会战，李宗仁率部击毙敌人1万多人。捷报传来，以蒋介石为代表的一些人被胜利冲昏了头脑，一反过去的悲观情绪，唱起“速胜论”的高调来。在我们党内，也有人受机会主义的影响，说什么顶多4年就能打败日本侵略者。抗战不会有相持阶段，有极少数人甚至怀疑中央政治局“洛川会议”决议的正确性。

为了彻底批驳“亡国论”和“速胜论”，摆脱错误抗战路线的干扰，把全国军民思想统一到“持久抗战、夺取抗战最后胜利”的轨道上来，并为持久抗战提供科学的理论根据，毛泽东决定写一部论持久抗战的理论专著。

为了写好这部专著，毛泽东查阅了大量资料，拟定了详细的写作提纲，然后集中精力写作，从1938年5月上旬开始，仅仅用不到9天的时间，5万多字的军事理论著作《论持久战》就一气呵成了。

《论持久战》是一部具有超前意识的创造性著作，它不仅在国内成为指导抗日战争的科学的军事理论，而且在世界军事学术史上也有极高的学术价值。

毛泽东在《论持久战》中分析了中日双方相互矛盾着的四个基本特点(即“敌强我弱，敌小我大，敌退步我进步，敌寡助我多助”)作出了中国不会灭亡，也不能速胜，只要经过艰苦、持久的抗战，最后的胜利一定是属于中国的正确结论。

《论持久战》的公开发表，在全国上下引起了强烈的反响，在共产党领导的抗日根据地广大军民率先掀起了学习的高潮，全党全军很快就统一到“抗战是艰苦的持久战”的认识上来。延安的中央党校、“抗大”等学校把《论持久战》作为教科书，要求每个学员细读、精读。根据《论持久战》的精神，八路军总部决定：“在敌人后方大胆放手发动群众，独立自主地进行山地游击战，使游击战争担负起配合正面战场，开辟敌后战场，创造敌后抗日根据地。”

根据全国抗战形势的需要，中共中央采取了一定的措施，把《论持久战》

迅速发到我党在全国各地的办事处，各办事处的代表利用各种形式向大后方的各界群众宣讲。

时任国民党军委会政治部副部长的周恩来在得到《论持久战》文稿之后，立即进行认真的研读，并撰写社论和文章，送到我党在武汉公开出版的《新华日报》上发表，向大后方的军民系统地阐释毛泽东《论持久战》的思想。并在武汉各界作了多场报告，每场报告听者如注。毛泽东的老师徐特立，当时任八路军驻长沙办事处主任，在接到《论持久战》后，即在长沙大戏院向湖南各界群众作演讲，尽管天气酷热，大戏院还是被挤得水泄不通。

《论持久战》不仅在国统区反响强烈，就是在国民党高层领导人中也引起了很大的震动。首先认为《论持久战》是一部上乘巨著的是国民党军队中号称“小诸葛”的白崇禧和任中国战区美军司令官的史迪威将军。

白崇禧系国民党最高统帅部的副总参谋长。他从周恩来手里接过《论持久战》后就一气读完。他赞同毛泽东的观点，佩服毛泽东的分析，他认为《论持久战》是一部军事巨著，是克敌制胜的最高战略方针。因而积极向国民党最高统帅蒋介石推荐。在蒋介石的认可下，白崇禧把《论持久战》的精神归纳成两句话：“积小胜为大胜，以空间换时间。”同时在征得周恩来的同意后，以国民党军委会的名义通令全国，把《论持久战》作为全国抗战的指导思想。国民党还破例将该书出版，每个士兵人手一册。在国民党军队中，奇迹般地出现了学习毛泽东《论持久战》的高潮。

史迪威将军只看了一遍《论持久战》，就认定这是一部“绝妙的教科书”，他更清楚地认识到八路军、新四军与日军浴血奋战、在敌后建立抗日根据地的地位和作用，认定抗战的最后胜利一定属于中国。他建议美国政府“加快对华援助”，向中共提供有限数量的武器装备，一定会加快胜利的到来。

值得一提的是，国民党军委会政治部部长陈诚，他是黄埔军校出身，恃才自傲。周恩来向他介绍了《论持久战》的基本思想，并送给他一本《论持久战》单行本。他一开始认为这是毛泽东故意炒作的，因而不屑一顾。1938 年 10 月下旬，武汉失守，继而长沙沦陷，抗战形势的发展确如毛泽东所预见的那样，陈诚才意识到抗战的艰巨性、复杂性和持久性，于是重新捧起《论持久战》仔细研读。他被毛泽东的精辟分析和科学预见所折服，并结合战例在该书的书眉上写了许多批注，并特地请周恩来到湖南衡山给他的军官训练班学员讲授毛泽东的《论持久战》和《抗日游击战争的战略问题》。据说这本有陈诚批注的《论持久战》至今仍存放在台北陈诚私人图书馆里。

时任共产国际总书记兼管中国事务的是季米特洛夫，他在共产国际刊物上发表文章，高度赞扬：“《论持久战》是有史以来，还没有人把军事问题、战争问题说得这样透彻过，这是一本划时代的著作。”

1945年8月15日，日本侵略者宣告无条件投降，中华民族抗战胜利了。历史事实也完全证明了《论持久战》所揭示的中国抗战规律和英明预见：中华民族的抗日战争既没有亡国，也没有速胜，而是经过8年艰苦、持久的抗战，终于取得了最后的胜利。历史同时宣告：毛泽东的光辉论著《论持久战》将永远载入真理的史册、胜利的史册。

关于毛泽东9天写出《论持久战》，美国著名作家特里尔在其《毛泽东传》中这样写道：

> 他的一名警卫员着迷地目睹了毛写《论持久战》时的情景。毛泽东坐在窑洞里的书桌边，微弱的烛光照着他苍白的脸。他两天没有睡觉，只吃了一点点东西，笔记本旁边放着一块石头，毛泽东手臂酸疼时就紧握几下石头使手指得到松弛。五天以后，写满了显示毛泽东桀骜不驯特点的草体字的稿纸已有一大摞，而毛泽东的体重减轻了，眼睛布满了血丝。当他去吃已不止一次给他热过的晚饭时，工作人员把这视为一个重大胜利——如此着迷于写作的政治家真是举世少有。第七天，毛突然痛得跳了起来，他右脚上穿的鞋被火盆中的火烧了一个洞，而他还在沉思。他喝了一杯烧酒，想一鼓作气继续把《论持久战》的最后一部分写完。可是，到了第八天，他突然感到头痛得厉害，一阵晕厥。医生来给他诊断后，他仍然继续写作。到了第九天，终于完成了这篇长达五万多字的论文。

四、百团大战

1940年，抗日战争进入第4个年头，八路军的迅猛发展，敌后抗日根据地的巩固和扩大，抗日游击战争的积极开展，沉重地打击了侵华日军。于是，日军从1940年上半年开始，在华北地区加强推行“肃正建设计划”和以“铁路为柱，公路为链，碉堡为锁”的“囚笼政策”，企图摧毁华北各抗日根据地。

八路军总部为粉碎日军“囚笼政策”，决定对华北敌占交通线和据点发动一次大规模破袭战。7月22日，八路军总司令朱德、副总司令彭德怀、副参谋长左权，向晋察冀军区、第一二〇师、第一二九师下达了关于以破击正太铁路为中心的《战役预备命令》，并上报中央军委，8月8日，朱彭总副司令、左副参谋长又签发了《战役行动命令》，规定晋察冀军区破击正太铁路东段石家庄至阳泉(不含)段;第一二九师破击正太铁路西段阳泉至榆次段;第一二〇师破击忻县以北的同蒲铁路和汾(阳)离(石)公路,并以重兵置于阳曲南北地区,阻敌向正太铁路增援。《命令》要求各部队在破击交通线的同时,相机攻占日军据点。

各部在接到上述命令后,立即投入了战前的准备工作,对敌情、地形、敌人工事构筑等情况进行了详细的侦察和调查。各参战部队还进行了短期的攻坚和破路训练,完成了道路的选择,爆炸器材的准备、补足了粮食弹药。地方政府则积极发动群众,支援八路军作战。

8 月 20 日晚 8 时,正太路破袭战准时打响了,一颗颗红色信号弹腾空而起,划破了夜空;一路路突击队像猛虎下山,扑向日军占领的车站和据点;一阵阵爆炸声惊天动地,响彻正太路全线。

晋察冀军区在司令员聂荣臻指挥下,以 8 个步兵团、1 个骑兵团、2 个骑兵营、3 个炮兵连、1 个工兵连和 5 个游击支队组成左、中、右三个纵队,分别向正太路东段的日军独立混成第八旅团大部和独立混成第四旅团一部展开攻击。

担负攻占晋冀交界的要隘娘子关任务的右纵队第五团的指战员们,首先潜入娘子关村,解决了村里的伪军,然后依托村庄向据险顽抗的日军进行强攻。经 3 小时的反复冲击,终于夺取敌人的堡垒。天近黎明的时候,八路军的旗帜插上了娘子关头。

担负进攻井陉煤矿任务的中央纵队第三团的指战员们,在矿区工人的密切配合下,首先切断矿区的电源,然后趁着黑暗发起冲击,激战至 21 日黎明,将守敌全歼,彻底破坏了主要矿井,使其停产达半年之久。

第一二九师在师长刘伯承、政治委员邓小平指挥下,以 8 个步兵团、8 个独立营组成左翼破击队、右翼破击队和总预备队,对正太路西段的日军独立混成第四旅团和独立混成第九旅团一部展开攻击;另以 2 个团对平定、辽县、榆辽公路进行破袭,牵制各线守敌,保证主力侧后的安全。

战役发起后,各路破击队乘夜幕掩护,绕过日军的外围据点,以突然、迅速、勇猛的动作对铁路线的守备之敌展开了攻击,使敌措手不及,仓促应战。经一夜激战,先后攻克了芦家庄、和尚足、马首、桑掌等车站据点,随后又攻克上湖、燕子沟、坡头、狼峪、张净等车站及据点。

驻阳泉的日军独立混成第四旅团长片山省太郎中将,为营救其分散的守备部队,纠集了一切可以使用的力量,从 21 日开始,向被我总预备队之第三八五旅占领的狮垴山高地发起猛烈的反扑。23 日,日军又调动 20 余架飞机及大批火炮,对狮垴山阵地狂轰滥炸,并大肆施放毒气。三八五旅勇士们发扬了英勇顽强的战斗作风，凭险固守，激战6昼夜，打退日军一次又一次的反扑，歼敌400余人，保障了破击战的顺利进行。

担负同蒲路北段破击任务的第一二〇师，在师长贺龙、政治委员关向应的指挥下，以20个团的兵力于8月20日晚对该段铁路及铁路两侧之主要公路展开了破击战，先后攻克康家会、阳方口等据点多处，切断了同蒲路北段和忻县至静乐、汾阳至离石等公路。

在正太、同蒲铁路破袭战开展的同时，八路军在地方游击队和民兵的配合下，对平汉、平绥、北宁、白晋、津浦等铁路和一些主要公路，以及日军占领的许多据点，也进行了广泛的破击和袭击。华北日军陷入了人民战争这个汪洋大海的包围之中。

随着战役规模的不断扩大，八路军参战兵力迅速增加到100多个团。所以，也就把这次破袭战称为“百团大战”。

八路军在百团大战中的节节胜利，给华北日军以沉重打击，使其交通断绝、联络中断，处于被动挨打、惊慌混乱之中。当日军察明情况后，便紧急调集第三十六、第三十七、第四十一师团各一部，配合独立混成第四、第八、第九旅团向八路军进行疯狂反扑。八路军各参战部队先后又在高平、卷峪沟、双峰、张建、会里、上社、下社等地予敌以痛击。

为休整部队，准备再战，八路军总部命令各部队于9月10日结束第一阶段作战。

早在第一阶段作战结束前，彭德怀副总司令于8月31日就提出了乘胜扩大战果的设想，并上报中共中央军委下发各部队负责同志。9月16日，朱彭总副司令、左副参谋长发出第二阶段作战命令。

各部队根据总部首长的指示，于9月22日先后开始了第二阶段作战。

晋察冀军区以主力一部组成左翼队、右翼队，于9月22日22时发起涞灵战役。他们首先以右翼队向驻涞源地区的日军独立混成第二旅团发起进攻，于23日夜攻克三甲村据点。与此同时，右翼队第三团进攻东团堡日军据点。该据点的守敌是由日军士官生所组成的井田部队，抵抗十分顽强，并不断施放毒气。第三团的勇士们，冒毒反复冲杀肉搏，经3昼夜激战，终于把守敌全歼。这次战斗对日军震动很大。日军为此作了所谓《大日本皇军驻东团堡井田部队长恨歌》刻于石上。可见东田堡之战，对侵华日军打击之深。左翼队则先后攻克南坡头、青磁窑等日军据点。

第一二九师于9月23日发起榆辽战役，先后攻克沿华、王景、小岭底、铺上、石匣、室王等据点。在王景村战斗中，40多名日军在绝望中自杀。

第一二〇师首先以第三五八旅和独立第一旅在同浦路西侧三打头马

营，袭击了奇村、杨板寨、忻口等据点，扫除了向同浦路开进的障碍，至27日，第一二〇师再度切断同蒲路北段的交通，有力地配合了兄弟部队在涞灵和榆辽地区的作战。

10月初，八路军总部根据战局的变化，指令各部队结束了第二阶段作战。

日军遭到连续两个阶段的打击后，深感八路军对其威胁的严重性，惊呼"损失巨大"，"对华北应有再认识"。为稳定局势，巩固占领区，日军遂调集重兵对华北各抗日根据地进行疯狂的报复"扫荡"。根据地人民的生命财产遭到空前浩劫。华北军民同仇敌忾，奋起反击日军的报复"扫荡"。

10月29日，第一二九师主力在彭德怀、刘伯承、邓小平亲自指挥下，于武乡县关家垴地区，围歼日军一个大队的大部，并给武乡、辽县增援之敌以重大杀伤，粉碎了日军对太行区的"扫荡"。其他各路日军，在我抗日根据地军民打击下，也纷纷狼狈逃窜。

历时3个半月的百团大战，八路军在地方武装和人民群众的紧密配合下，共作战1800余次，毙伤日军2万余人，伪军5000余人，俘日军281人，伪军1.8万余人，拔除据点2900多个，破坏铁路470余公里、公路1500余公里，缴获各种炮50余门、各种枪5800余支(挺)。此次战役，严重破坏了日军在华北的主要交通，打破了日军的"囚笼政策"，给日本侵略军以沉重打击，有力地配合了正面战场的作战。

百团大战的胜利，全国各行各业的人民群众无不眉飞色舞，祝贺信、慰问电雪片似地飞向延安，飞向华北各敌后战场。全国掀起了支援八路军打胜仗的热潮。百团大战也引起了世界的关注。各国驻华记者冲破敌人严密的新闻封锁，向国际上连续报道了百团大战的消息。

五、辣椒炸弹

1940年9月下旬，百团大战进入第二阶段。八路军一二九师从23日开始发起了榆(社)辽(县)战役。当时三八六旅负责攻打榆社县城，三八五旅负责攻打辽县县城。战役打响后，三八五旅首先攻打的是位于辽县附近的管头、石匣两个日军据点。

管头是日军设在榆辽公路上的一个重要据点，约有100人担任守备，配有1门"九二"式步兵炮。石匣在辽县西北，距县城七八公里，有80余人驻守，除装备有轻重机枪外，还配有1门山炮。

9月23日深夜，三八五旅攻击部队迅速包围了日军的管头据点。该旅第十三团以4个连的兵力并八路军总部炮兵团的山炮1门、迫击炮4门，从24日零时起与敌展开激战。但由于攻击部队受地形的限制，进展缓慢。至24日天亮，该团只攻占了日军的哨所阵地。在接下来的战斗中，由于日军施放毒气，直到26日管头据点仍未能攻克。

刘伯承、邓小平根据所部连日来的作战情况，对榆辽公路线及其周围的敌情作了冷静分析，于9月26日发出《一二九师榆辽战役补充指示》，规定“战役进展方针”是：乘胜收复辽县并歼灭可能援辽之敌；对困守管头之敌施行封锁并做好将其歼灭的准备。

根据这一指示，三八五旅首长决定除留第十三团部分兵力围困管头外，集中主力部队先攻取石匣等据点，然后再回兵攻打管头。三八五旅的七六九团三营经过一天激战，于27日午夜拿下了石匣据点。困守管头的日军被三八五旅第十三团连攻带围，已是弹尽粮绝，就连洗澡用水也被喝光了。无奈之下，据点里的日军只能通过无线电向上司呼救。驻武乡的日军独立混成第四旅团第十二大队600余人，马上出动，经王村、榆社东犯，企图救援管头被困之敌。八路军总部和一二九师师部获悉这一情况后，决定仍以第十三团攻打管头，集中其他几个团设伏打援。

29日晚，第十三团第一营在管头东面做好了攻击准备。八路军总部炮兵团迫击炮主任赵章成，指挥该团迫击炮连转移到据点东面的高地。这里居高临下，便于观察日军据点内的防御和兵力部署情况。为了把日军从据点里赶出来，赵章成想出了一个绝妙的办法。他和通讯员纪万明把炮弹内的炸药倒出一部分，然后填满辣椒面，再装上引信。就这样，他俩共配制了20发内装辣椒面的炮弹。为了提高射击效果，赵章成率领炮兵连把发射阵地推进到距敌150米处，标尺打到50度，实施抵近射击。随后，赵章成亲自进行瞄准试射，并规定了各炮的射击地段。

攻击开始后，赵章成和纪万明共同操作1门迫击炮，全连4门迫击炮同时射击，攻击部队的各种武器也一齐开火。炮弹在日军碉堡及其周围爆炸，一股浓烈的辛辣气味涌进敌堡，熏得日军难以忍受。日军以为八路军打了毒气弹，纷纷弃堡出逃。

六、拆招打鬼

1937年10月底，一二九师师长刘伯承率部开赴抗日前线，在七亘村、神头岭、长乐村，打了几次伏击战，让日军防不胜防。

为了对付刘伯承的伏击战，日军东京参谋本部专门组织了一个由300名军事专家组成的班子，专门研究“破解”之法。

最后，他们“成功”地研究出了一个“破解”方法，就是一发现八路军马上就追，特别是受袭后更是穷追不舍。但是，日军参谋本部规定这个方法只限于在平原，并且部队一定要在带了小钢炮、机枪和汽车的条件下才能开战，否则就可能不灵。

1939年12月，日军集中了11个师团的兵力到华北，准备运用东京参谋本部的“破刘之策”对付平原上的晋冀鲁豫根据地。陈赓和新任的副旅长许世友到一二九师部参加研究反“扫荡”行动，听到日军的这个“破解之策”，陈赓忍不住笑起来，说：“这个方法只限于光秃秃的平原上，还不是等于白说！”

刘伯承说：“日军大本营不是要他们奋勇出击，穷追而消灭我们吗？这次我们是不是再给他们一点厉害尝尝呢？”

“那当然要啊！”许世友是巴不得去打仗，问道：“师长，这次我们用什么方法呢？”

“我们还是用老办法，伏击他一下，给他个冷不防。”刘伯承说。

陈赓打伏击战打厌了，说：“师长，你怎么总是用一个老办法呀？不换换新的吗？”

刘伯承哈哈大笑，说：“对付小日本呀，不用多想，这一个办法就足够了。”

回到驻地，陈赓和许世友决定在威县以南的香城固给敌人一个伏击。香城固确是设伏的好地形。一条干涸的河道从香城固穿过，河道两边是茂盛的巨大的灌木草丛，公路就修在河道之中。而香城固西侧更有一道高10米、长近1公里的沙岗。整个地形为两边高、中间低，日军一旦进入这死亡之地，就很难逃脱。很快，陈赓率部进驻了香城固。

这次战斗，由接任陈再道的副旅长许世友负责指挥。十几年的浴血奋战，许世友从战士到班长，再到排长、连长，以后还担任过红军的师长、军长，现在已是八路军中一位有名的虎将。许世友对指战员们说：“我们还是用老办法，先诱敌深入到伏击地，然后再进行歼灭。”

接连两日，六八八团对威县进行突袭，可是，他们并不深入城内，城内的日本鬼子不出城却又“咬”不到八路军，而八路军打了就跑，他们被激得暴跳如雷，恨得牙痒痒，最后，终于忍不住出城“追击”，一个加强中队在大队长率领下分乘8辆汽车出城追击，跑着跑着，三八六旅的攻城步兵眼看就要追上了，可是，我军骑兵连又出来接应了，几下厮杀，步兵全跑没了，只剩下骑兵，没打几下，他们也跑了起来，日军开着汽车追赶，于是，日军的汽车与三八六旅的军马展开了角力赛，当汽车就要追上军马，日兵叫嚣“活捉八路军”时，骑兵连主力突然从路旁杀出，用手榴弹、机枪猛烈袭击，日军大队长被击伤，翻译官被击毙。但是，他们记得“破解”八路军的办法是“受袭后更是穷追不舍”，于是，日军中队长安田接替大队长继续指挥，带着车辆猛追骑兵连。八路军骑兵连且战且退 。

下午2点，安田一行终于被骑兵连引进了七七一团和七七二团埋伏的香城固伏击圈。

许世友一声令下，战斗打响了。伏击圈内的安田见四周无任何遮掩地形，忙让车队调转车头向外突围。但是，这时，八路军已经冲上公路来了，他的火炮、机枪都没有了用武之地，只得硬着头皮与八路军肉搏 。

几个小时的疲劳作战，日军只有招架之功而无还手之力，八路军先是一对一拼刺刀，再是二对一、三对一，日军“拼”得鬼哭狼嚎，最后，200多人除了只有8人被俘外，其余全部被击毙 。

刘伯承欣闻香城固战斗胜利，说：“这次战斗敌我伤亡比例为4比1，我们做了个赚钱的买卖，许世友打了个模范的诱伏战呀。”

日军200多人马在香城固被三八六旅全歼，激怒了华北日军总部，第二天，日军纠集70辆汽车，载着2000余人，还出动5架飞机，配合坦克、重炮，向三八六旅猛扑，进行报复；他们的先头装甲车上贴着“专打三八六旅，专打陈赓”的标语 。

在沿途，日本兵遇到小股阻击，就探询：“是不是三八六旅旅部？”打听不是，汽车就一溜烟开走，纵然当地另有“八路”部队也全然不顾，发誓要搜寻到三八六旅复仇 。

这时候陈赓已经把部队拉了出来，转移到了百里之外的冠县（属山东省聊城地区）。

陈赓听到日军“专打三八六旅，专打陈赓”时，情不自禁地击掌大笑三声：“来吧。我们只用刘师长一个办法可也！”

七、三八六旅

在抗日战争中，三八六旅是日军眼中的劲敌，必欲除之而后快。日军的坦克上甚至写上了“专打三八六旅，专打陈赓”的标语。陈赓旅长指挥的三八六旅，为何日军如此憎恨呢？

日军的坦克标语“专打三八六旅”

1937 年 8 月 22 日，国共达成协议，红军主力改编为国民革命军第八路军。下辖 3 个师，一二九师师长是刘伯承，副师长是徐向前，政委是邓小平。

八路军一二九师的初期工作是落实毛泽东的指示：“应照每师扩大三个团的方针，自筹枪支、军饷。实行减租减息，废除苛捐杂税，团结左翼力量，而以大部兵力尽量分散于各要地，发动群众，武装群众。”

一二九师在山西打了三战大捷，不仅沉重地打击了日军在河北、山西的嚣张气焰，牵制了日军的行动，而且锻炼和壮大了抗日队伍，改善了武器装备。

为了进一步打击日军，扩大根据地范围，1938 年 8 月，王新亭率三八六旅新一团、青年纵队、六八九团、六八八团向漳河以南挺进打击日军。从 8 月至 11 月，王新亭率部在临漳、安阳、内黄连续攻克回隆、楚旺等重镇，消灭日军 4000 多人。

1938 年 12 月，王新亭与陈赓再次汇合，率三八六旅全部兵力，第二次挺进冀南平原，给日军予以沉重打击。由此，引发了日军在坦克上打出标语：“专打三八六旅，专打陈赓。”

诱敌就范，三八六旅痛歼日军

1939 年 1 月 17 日，王新亭率新一团在安儿寨消灭日军 150 多人，击毁日军 4 辆军车。之后，王新亭和陈赓立即研究在香城固打一次诱伏战。

根据冀南平原反“扫荡”的经验，每一次袭击日军之后，日军就派出部队实施追击，对八路军实施报复，王新亭提出，在香城固打一次诱伏战，诱敌就范。陈赓同意了此建议。

经过一番周密的组织，2 月 7～9 日连续三天，王新亭和陈赓派出小部队夜袭威县的日军第十师团第四十联队，引诱其出笼。

2 月 10 日，日军四十联队一个加强中队果真出动。当天下午 4 时许，日军的坦克和汽车陆续进入伏击圈，坦克上的标语在三八六旅指战员们眼前清晰可辨。三八六旅一营营长下令开火，当即击毁了头一辆汽车，击毙了日军的翻译官，击伤了中队长安田。

日军遭到当头一棒，顿时乱了阵脚。受了伤的安田中队长知道中埋伏上当了，立即命令后撤。然而，为时已晚，经过 8 小时激烈战斗，日军一个中队的兵力全部被歼灭。

香城固战斗的胜利，给日军再次造成沉重打击，振奋了根据地人民的斗志，这对巩固冀南平原抗日根据地，坚持平原游击战起到了重要作用。

1939 年 3 月，三八六旅总结了香城固诱伏战后，陈赓率三八六旅主力回太行山区作战，王新亭和许世友率由三八六旅新一团和补充团各一个连的兵力，继续留在冀南平原作战。直至 1939 年底，王新亭奉命返回太行山。

1940 年 4 月，三八六旅和山西的决死一纵在岳北庶纪会师，史称“岳北会师”。会师后，部队进行了整编，成立了太岳军区，军区下辖三八六旅和决死一纵。陈赓任军区司令员兼三八六旅旅长，王新亭任军区政委兼三八六旅政委，

从此，王新亭和陈赓一起率部，在晋西北、同蒲铁路前沿打击日军，直至 1945 年 8 月，日本无条件投降为止。

八、左权殉国

2015 年，时值抗日战争胜利 70 周年之际，台湾“国防部”发布了名为“勇士国魂”的纪念日历。翻开日历附页，在“抗战殉国”的“国军少将”一栏中，八路军副总参谋长左权的名字赫然在目。

黄埔名生

左权（1905～1942），湖南醴陵人，19 岁时进入湘军宿将程潜在广州开办的“军政部讲武学校”。该校招收的学生颇富有造反精神，先有陈赓、宋希濂等人未等开学便转考黄埔军校，后有陈明仁等人里应外合闹学潮，要求并入黄埔军校，最终如愿以偿。

在闹事的学生中没有左权的身影，可能和他是讲武学校教育长李明灏的表弟有关。但并入黄埔军校第一期后，他很快被共产党所注意，于 1925 年 1 月由同学陈赓、周逸群介绍入党。

伏龙芝军事学院的专才

从黄埔毕业后，左权被派到苏联莫斯科深造，先进中山大学，后转入伏龙芝军事学院，先后与邓小平、刘伯承同学。刘邓回忆左权是“始终是一个最进步、最诚朴、最本色的同学”，非常注重军事学习，“凡教员指定的参考诸书，必一一阅读。故其在军事政治试题中，常能旁征博引阐其旨趣”。

1930 年夏，左权回国，被任命为闽西红军学校第一分校教育长，负责培养下级指挥员。年底任红军新十二军军长。后历任红一方面军总部参谋

长、红十五军军长兼政委。长征时，任红一军团长林彪的参谋长，后曾代理军团长。1936年西安事变后，杨虎城将军邀请红军派军事专家到西安共商城防事宜，由左权负责。

1937年抗日战争爆发后，左权出任八路军副总参谋长。因参谋长叶剑英长期留守后方，左权成为八路军前方参谋部的实际首脑，参与平型关战斗到百团大战历次主要作战的谋划指挥和战况经验总结以及检讨。

时人回忆左权，多用沉默寡言、勤劳周密形容，常是“一手拿着电话机说话，另一只手拿着笔在写”的形象。他为人和善、真诚，连一贯被认为淡薄的林彪也感念不已。

身为参谋人员，左权在作战指挥中的建议和判断，已经汇入林彪、彭德怀等指挥员的作战指挥决策当中，难以逐一辨明，但仅存的片羽吉光，也能反映其人特点。

1940年10月，八路军集结重兵围攻据守关家垴的日军冈崎支队，左权到特务团坐镇督战，提出“指挥所的同志全部向前推进，犹豫就等于死亡”。十字岭战斗中，他曾对担任外围阻击任务的部队嘱咐：“要记住，不要死打硬拼，打得赢立即回头接应彭总。留得青山在，不怕没柴烧。”

作为接受过苏联军事教育的指挥员，左权对正规化建设极其重视。在指挥作战之余笔耕不辍，撰写《新战士的军事教育》《埋伏战术》《战术问题》《建设问题》等专题文章，指导部队作战和训练。

1938年冬，左权召集八路军参谋长会议，着手起草司令部工作条例。1939年起，又与第一二九师师长刘伯承一道，陆续翻译了苏联新的步兵战斗条令，作为八路军战术教育的基本教材。

解放后，彭德怀主持了多年的国防部工作，力主推进解放军的正规化建设，这与当年的左权之影响不无关系。

日军伪装

1942年5月下旬，山西辽县东南山区出现了一支100多人的部队，他们身穿灰色土布军装，头戴缀着纽扣的军帽，打着绑腿，买东西照价付款，歇脚时不忘帮忙打扫房屋。在当地农民看来，这就是一支八路军，只是不爱说话。

实际上，这支部队是日军第三十六师团派出的“特别挺进斩人队”，由益子重雄中尉率领，他们化装潜入到八路军控制区，目标是位于此地的八路军前方总部。

1940年百团大战，八路军副总司令彭德怀、副总参谋长左权和野战政治部主任罗瑞卿率领前方总部进驻辽县东南麻田地区，在此指挥华北八路军作战。这道山沟还驻有中共中央北方局、新华日报社等机关，一时有“太行小延安”之美誉。

日军注意到了八路军的活跃，多次发动驱逐扫荡，均未奏效。1942 年 5 月下旬，日军第一军司令官岩松义雄中将启动“晋冀豫边区肃正作战计划”，打击活动于太行、太岳山区的彭德怀、刘伯承所部八路军。益子重雄的“特别挺进斩人队”正是负责“捕捉敌首脑、扰乱敌指挥中枢、报告敌主力退却方向”的撒手锏。

突围阵亡

当时，左权副总参谋长还兼任总部情报处长，直接处理各方送来的日军动态。5 月 22 日，他获悉日军有从西、南两个方向合围麻田地区的企图，经请示彭德怀，决定率领各机关向东突围。但他不知道，益子挺进队已经潜入附近，正在寻找他们的行踪。

八路军总部和北方局机关多属非战斗人员，行动比较迟缓。5 月 24 日，东进到辽县与河北涉县交界的十字岭下时，与后勤部队、掩护部队拥挤到了一起。左权认为后勤部骡马多，一旦遭到日军飞机轰炸扫射，后果不堪设想，便要他们单独向东北方向行动，其他人员待查明情况后再决定行动。

谁料，次日天亮后，出现的不仅有日军飞机，还有地面部队——益子挺进队追击到了十字岭以西。而负责掩护的八路军总部特务团、第七六九团主力都在外围准备阻击日军大部队。这就造成了我核心首脑机关的兵力较少。短暂商议后，几位负责人决定分路行动。彭德怀、左权率领八路军总部和北方局机关翻过十字岭，向西北突围，罗瑞卿率领野战政治部向东突围。

此时，益子挺进队已经开始攻击据守十字岭西麓的掩护部队，并以火力封锁突围道路。彭德怀率先策马冲上十字岭，闯过火线，冲出山口向北奔去，后面的人跟着拥上山岭。左权在半山坡指挥，鼓舞人群：“冲呀！冲出山口就是胜利！”

左权在奔向山口途中，一发炮弹在他身边爆炸，左权被击中头部，当场阵亡，时年仅 37 岁。

此次突围，各机关遭受很大损失：北方局秘书长张友清被俘，政策研究室 11 人全部阵亡，新华日报社自社长何云以下阵亡失踪 40 余人……罗瑞卿一路也遭到日军阻击，后拼死突击才打开生路。

左权的遗体被匆匆掩埋。数日后，八路军总部特务团一部返回十字岭，在一条沟里找到了左权的遗体，“上面盖着青草，当时不知是谁匆忙盖上的”。他们将遗体清洗干净，换上新军装，盖上红旗，安葬在岭顶。

可恨的是，敌人截获到我方“左权失踪”的电报后，就在十字岭处挖、找，最后挖出了左权的棺木，打开后给遗体照了相，登在了敌伪报纸上。

痛悼英灵

左权将军阵亡后，中共领导人纷纷发表文章纪念。八路军总司令朱德称他“在军事理论、战略战术、军事建设、参谋工作、后勤工作等方面，有着极其丰富与辉煌的建树，是中国军事界不可多得的人才”。周恩来副主席称之为“有理论修养同时有实践经验的军事家”。

就连一贯被认为淡薄的林彪也感念不已，在左权阵亡殉国后罕见地写长诗缅怀。这在林彪的一生中是极为罕见的。

后来，晋冀鲁豫边区政府决定，将左权将军牺牲的辽县改名为“左权县”，以示纪念；左权将军牺牲的十字岭也改称为“左权岭”。

1942 年 10 月，左权将军的遗体移葬到河北省涉县石门村。

中华人民共和国成立后，1950 年，左权将军的遗体迁至河北邯郸的“晋冀鲁豫烈士陵园”，以供后人瞻仰和进行爱国主义教育。

左权将军被誉为中国人民解放军著名的军事家之一。

九、陈毅斗敌

1939 年夏，新四军第一支队司令陈毅进驻江西茅山。号称“能文能武”的日军神鹰旅旅长黑田佐夫四处扬言，要亲自与陈毅较量一番，让陈毅领教一下日本皇军的文武之道。

黑田佐夫心生一计，拟了一份“请柬”，邀请陈毅赴宴、下棋，“同享共荣之乐”。

陈毅见过请柬，不假思索，提笔在空白处写道：“黑田先生，我中华子孙与你帝国豺狼，决无‘共荣’可言……至于弈棋之举，不敢谢绝，但等我风云际会之时，再弈不迟。——江南陈毅”

黑田一计不成，又生一计。他拿出自己的一幅得意新作《山川跃马图》，让女秘书芳岛美子给陈毅送去，以卖弄文雅，假装斯文。陈毅接过一看，二话没说，就在画的空白处题了一首改字七绝：

秦时明月汉时关，万里长征人未还。
但有中华儿女在，不教倭寇度茅山。

题完，将画一卷，交还芳岛，并对她说："回去告诉黑田，就讲是我陈毅说的，派两个小喽罗进山来不算本领。有本领，请自己来一趟，我在山门外等他。茅山虽小，有他一块葬身之地！"

芳岛赶忙回报黑田，黑田读了题诗，听了回话，又一次气得说不出话来。

黑田二次斗陈毅，都遭失败，决定铤而走险，夜袭茅山。他依据芳岛美子两次进山偷拍的照片绘成地图，据此制定出作战计划，带兵向茅山扑来。陈毅早有准备，他命令新四军让开 15 公里，引黑田进山。黑田的神鹰队长驱直入，见无人阻挡，还以为新四军吓跑了。当他们逼近新四军一支队指挥部山神庙时，随即进行包围，黑田等人率先冲了进去。只见小庙内空无一人，庙中桌上摆着一盘围棋，棋盒下面压着一张字条。黑田抓起一看，只见上面写着一首小诗："虚虚实实幻觉来，兵家自当细揣摩。让开小道三十里，待君来此做俘虏。"

黑田看罢大惊失色，连说："中计！"话音未落，枪声四起，新四军杀了回来。在这次战斗中，不可一世的黑田佐夫做了新四军的俘虏。

赣南游击词

早在 1934 年，主力红军长征后，留在南方八省的红军和游击队，在陈毅同志的领导下，继续革命斗争，直到 1937 年全面抗战开始，坚持了三年最艰苦、最困难的游击战。从陈毅将军的《赣南游击词》中可见一斑。其词曰：

天将晓，队员醒来早。露侵衣被夏犹寒，树间唧唧啼知了。满身沾野草。
天将午，饥肠响如鼓。粮食封锁已三月，囊中存米清可数。野菜和水煮。
日落西，集会议兵机。交通晨出无消息，屈指归来已误期。立即就迁居。
夜难行，淫雨苦兼旬。野营已自无篷帐，大树遮身待晓明。几番梦不成。
天放晴，对月设野营。清风徐来催睡意，万松森森若云屯。梦中念敌情。
莫玩笑，耳语请放低。林外难免无敌探，前面咳嗽泄军机。纠偏要心虚。
叹缺粮，三月肉不尝。夏吃杨梅冬剥笋，猎取野猪遍山忙。捉蛇二更长。
满山抄，草木变枯焦。敌人屠杀空前古，人民反抗气更高。再请把兵交。
讲战术，稳坐钓鱼台。敌人找我偏不打，他不防备我偏来。乖乖听安排。
靠人民，支援永不忘。他是重生亲父母，我是斗争好儿郎。革命强中强。
勤学习，落伍实堪悲。此日准备好身手，他年战场获锦归。前进心不灰。
莫怨嗟，稳脚度年华。强寇北国问周鼎，大军西去渡金沙。抗日要开花。

（此词作于 1936 年夏）

十、贺龙轶事

贺龙元帅，开国元勋之一。有诗曰："能文能武数陈毅，英勇善战数贺龙。"这里所述的是贺帅在抗日战争中的两个小故事。

讲党课

1940年抗日战争进入相持阶段后，我党为克服敌后抗日根据地面临的严重困难，开始全面加强党的建设，重视对党员干部的思想教育。在此情况下，时任晋绥军区司令员的贺龙，给党员干部上了一堂关于密切党群关系的党课。

贺龙上课没有讲稿，只在讲桌上放了三样东西：一碗小米、一双布鞋和一个盛着一条小鱼的水碗。正当听课人感到不解的时候，他笑着指一指那碗小米说："俗话说，'人是铁，饭是钢'。我们军队要打胜仗，不吃饭不行！这粮食都是老百姓种的，打胜仗就要依靠群众啊！"接着，他又拿起鞋子说："这鞋底有16层布，是老百姓一针一线纳出来的。"然后，他又端起盛有鱼和水的碗，问一位听课的同志："你能说说这是什么意思吗？"那位同志回答说："这象征着党和人民群众鱼水情深。"

贺龙点了点头，接着那位同志的话，阐明了我们党要想在敌后扎下根，打败日本鬼子，就必须像鱼儿离不开水那样，一刻也不能脱离群众的道理。

这堂生动活泼的党课，使大家受到了一次党的群众路线的深刻教育。

不居功

1941年"八一"晚会上，一个少年诗人在朗诵着自己的作品。

"我要讲一个英雄的故事，这个故事就是南昌起义；这个英雄，就是您啊——我们的贺老总！"

这时，台下突然有人喊道："小鬼，你这句话不对头，南昌起义怎么只有一个英雄呢？"

喊者正是贺龙司令员。他纠正道："南昌起义的主要领导人是周恩来副主席，还有朱德、叶挺、刘伯承、聂荣臻等许多同志，怎么能说只有一个英雄呢？再说，我那时还不是共产党员呢，能算个什么英雄！"

十一、徐帅用兵

徐向前元帅，开国元勋之一。这里所说的是徐帅用兵歼日寇的故事。

徐帅用兵响堂铺，将士勇猛歼顽敌

1938年2月中旬，一二九师主力出击正太铁路时，日军一〇八师团由邯郸经东阳关沿邯（邯郸）长（长治）路西犯，并于2月20日进占长治，企图夺取临汾，配合沿同蒲路南下的日军第二十师团消灭退至晋南的国民党军。

为钳制和打击该敌，第一二九师遵照中央军委和八路军总部关于迅速南移的电令，于3月上旬进至襄垣东南的地区，伺机破袭邯长路，打击西犯之敌。

日军为了完成9路围攻晋东南计划，经常从山西黎城，穿过东阳关，在河南涉县（今属河北）的山路上，用载重汽车运输大批军用品到前线。一二九师徐向前副师长根据掌握的敌情，决心以主力于涉县西南的响堂铺，伏击日军往返的运输车队，断绝日军的前方补给。

从山西黎城，穿过东阳关，一条大道弯弯曲曲地伸向河南涉县，大道两旁，石壁高高耸起，太行山脉构成周围连绵不断的山岳地带。这带地形有利于八路军打伏击战。部队遵照徐向前的命令进行了紧急部署：一二九师以三八六旅七七一团全部和七六九团主力，预伏于响堂铺公路以北之后宽漳至杨家山东西长5000米的一线阵地，以一部伏于公路以南之山脚下，阻止敌军抢占南面高山；以七七二团全部及七六九团一部，阻击由黎城和涉县可能来援之敌，并掩护伏击部队侧后的安全。

响堂铺原是靠近大道的一个相当繁华的市镇，住有180多户人家，日军的铁蹄几度踏过这里之后，房屋被毁了一大半，男女被杀戮奸淫100多人。

3月30日的深夜，人们都睡觉了，响堂铺死一般的沉静。一二九师的健儿们向两旁的峰峦上开进了。

翌日，东方欲晓，潜伏在山上的八路军战士们双眼凝视着前方。战前的气氛是紧张的，战士们的呼吸，他们的血液运行，都比平时加快了。时间一分一秒地过去，大道上开始有稀疏的行人赶着牲口来来往往。

上午9时许，只见大道的尽头，尘土飞扬。日军的车队到了，先是两辆吉普车，上面坐着几个日军，到了神头河，停下来神色慌张地用望远镜观察了一下，看见山岗、草木、大道都和往日一样，便泰然地往前驶去了。跟着，后面又有110多辆汽车，紧接着，后面又有70多辆，在狭窄的山沟里排列起来，足足有5里多长！

我七七一团放过前110余辆汽车，让日军车队进入七六九团伏击圈。等到日军全部进入了我军伏击线后，徐向前副师长一声令下，2个团以步枪、轻重机枪、迫击炮，同时向敌实施猛烈袭击，从昏睡中惊醒过来的日军慌忙地跳下车去，凭着岩石、车厢，作毫无希望的抵抗。

雄壮的冲锋号响起来了，八路军战士们上了刺刀向山沟冲去。特务连五班班长袁开忠率领全班，敏捷地跳下山岗，掷出手榴弹。他早年参加红军，经过了著名的二万五千里长征，惯打伏击战。然而，像今天这样，日军这么多的汽车陷入罗网，还是头一次。他发现一个日军军官，正掩蔽在几步远的一块岩石后面，用手枪向他瞄准。他握着枪向敌人扑去，日军官的手中紧握着指挥刀。

几个回合的搏击，袁开忠终于击落了敌人的指挥刀，而他自己的步枪也跌落了。他们便抱在一起打。日军官身高体壮，有着宽而有力的肩头；身材矮小的袁开忠被压倒地上，他挣扎着要翻过身来，然而，他的四肢已没有力气了。望着敌人狰狞的面孔，民族仇恨像烈火一样燃烧起来，他把全身的力量集中在牙齿上猛然咬住敌人的脸颊。这一来压在他身上的军官疼得大叫起来。袁开忠敏捷地翻过身把手榴弹掏出来，对准日军的头颅狠砸下去……

山沟的那边，冒着漫天的大火，战友们开始焚烧敌人的汽车了。袁开忠带着他的战利品——从敌人死尸上解下的手枪和日本指挥刀，气喘吁吁地跑回来，战士们奇怪地望着他鲜血染红了的脸，袁开忠才觉得一阵疼痛，他在咬日军的脸颊时掉了三颗牙齿。

经过2小时的激战，日寇除30余人逃窜外，我军共歼灭日军森木少佐以下400余人，捣毁汽车180辆，缴获长短枪130余支，迫击炮4门，以及其他大批军用物资。

响堂铺战役的胜利，有力地打击和钳制了日军，支援了晋西、晋南的友军。

徐帅创造的18个第一

由于中国现代革命战争从南方开始的原因，开国将帅大部分是南方人。十大元帅，九南一北，作为唯一的北方元帅，徐帅的奋斗历程，确实艰苦卓绝。徐帅在革命生涯中，创造了18个第一。

一、红军时期，在国共两军的黄埔学生中，徐向前是第一个当上方面军军事主官的。

二、徐向前是红军时期方面军指挥员中最年轻的，年仅30岁就成为方面军总指挥。

三、红军第一次歼灭国民党一个整师，就是徐向前指挥的双桥镇战役。

四、徐向前指挥的苏家埠大捷是红军时期最成功的围点打援的第一光辉范例。

五、反六路围攻是红军战史上歼敌数量最多的一次战役。

六、在所有红军将领中，徐向前指挥过的部队数量是最多的，指挥红四方面军8万雄师。

七、徐向前是第一个指挥过飞机的解放军高级将领。

八、徐向前在反六路围攻中用的“收紧阵地”战法，在中国战争史上是徐向前第一次发明并成功实践。

九、抗战中，徐向前指挥的响堂铺战斗是当时八路军一次战斗击毁日军汽车最多的。

十、担任八路军第一纵队司令员时期，徐向前是八路军中指挥的部队人数最多、地位最高的相当于方面军一级的军事主官。

十一、临汾战役是解放战争中规模最大的一次使用坑道爆破战术攻克城市的范例。

十二、晋中战役，徐向前用6万人一个月歼敌10万，是整个解放战争中最成功地运用灵活机动的运动战术以少胜多的光辉范例之一。

十三、太原战役是解放战争中攻克的敌人设防最严密、阵地最坚固、难度最大的城市攻坚战。同时，也是解放战争中第一次也是唯一一次我军兵力少于国民党军，而且火力也远远不如敌军，却敢于主动攻城且能够实现长期围城的大型战役。

十四、徐向前用一年半的时间，用6万地方部队做本钱起家，全歼山西敌军近30万。这种投入产出比、“资本收益率”，在解放战争中应该算是最高的。

十五、徐向前在解放军历史上恐怕是唯一一个把总参谋长、国防部长(兼国务院副总理)、军委第一副主席这三个最高军职全部当遍了的军人。

十六、徐向前在军中培养的门生弟子数量最多。他手下还出过一个国家主席(李先念)、一个总书记(胡耀邦)。

十七、临汾旅是全军唯一一个被军委授予荣誉称号的师级单位。

十八、徐向前是解放军历史上经历最为丰富的指挥员，历经张国焘、毛泽东、华国锋、邓小平、江泽民等几个时代。

十二、聂帅胸怀

聂荣臻元帅，开国元勋之一。这里所叙述的是抗日战争中晋察冀军区聂荣臻司令员收养日本遗孤的故事。

1940 年 8 月，名震中外的百团大战打响了。战役前期的主要任务就是交通总破袭，破坏敌人的交通线，重点摧毁正太铁路。8 月 20 日夜，在八路军前方指挥部的统一指挥下，各参战部队按计划对华北各线敌伪军据点同时发起进攻。

在激烈的战火中，八路军战士救出了两个日本小女孩——4 岁的美德子和她不到 1 岁的妹妹瑠美子。据指挥这次战役的杨成武将军回忆："我一看，稍大的那个约莫五六岁，小的那个，最多只有 1 岁，右肩胛受了轻伤。此时，她合着睫毛长长的眼睛，已经在战士怀里睡着了。"

面对两个日本小姑娘，八路军战士也不知道该如何处理，于是向军区司令部打电话请示。八路军晋察冀司令员聂荣臻听了汇报后，马上指示说孩子是无辜的，要好好保护她们的安全，并立即将其从前线送到司令部。

多年后，聂帅对这段往事仍然历历在目："半天工夫，部队就派人把两个孩子送到了我的指挥所。我先抱起那个受伤的婴儿，看到伤口包扎得很好，孩子安详地睡着，我嘱咐医生和警卫员，好好护理这个孩子，看看附近村里有没有正在哺乳的妇女，赶快给孩子喂喂奶。那个稍大些的孩子，很讨人喜欢，我牵着她的手，拿来梨子给她吃。"

聂司令员后来考虑到将两个孤苦伶仃的孩子留在异国他乡，将来可能会给她们的精神造成难以弥补的痛苦，于是便安排了一个可靠的老乡，将其交给日军。为了防止翻山越岭途中颠簸，还专门准备了一副挑子，挑着孩子。

聂帅和指挥所的几个同志担心孩子在路上哭，还往筐里堆了许多梨子。成年后的美穗子对当年的许多细节已记不清楚，但对吃梨和坐挑筐的事情却记忆犹新。

美穗子姐妹身上还带着聂荣臻司令员致日军的一封信，信中这样写道："此次我军进击正太线，收复东王舍，带来日本弱女二人。经我收容抚育后，兹特着人送还，请转交其亲属抚养。我八路军本着国际主义之精神，至仁至义，有始有终。深望君等幡然觉醒，与中国士兵、人民齐心合力，共谋解放，则日本幸甚，中国亦幸甚。"

据说日军指挥官在接到孩子和聂司令的信后，还专门复信向聂荣臻将军致谢。

美穗子姐妹转交日军后，被送到石家庄的医院治疗。后来妹妹瑠美子因伤势严重不幸死去。美穗子本人于1940年10月被伯父带回日本，与祖母相依为命。

1980年，在两国热心人士的积极努力下，终于找到了当年的小姑娘美穗子。1980年7月，已是中年的美穗子应聂荣臻元帅的邀请，从日本来到北京，见到了日思夜想的救命恩人。

此后，美穗子一直积极从事中日友好活动，并多次来华访问。

十三、击毙阿部

1939年，晋察冀根据地已进入巩固发展时期。各军分区捷报频传，聂荣臻司令员非常高兴。

5月，一分区部队进行了著名的大龙华战斗，歼灭日军400余人，缴获了50多册极为重要的机密文件。其中就有日军华北方面军司令部颁发的《关于剿匪与警备的指针》《关于使用特种器材（毒气）之参考》和一一师团司令部颁发的《对山区方面匪团封锁计划》等机密要件。

这批文件，印证了聂荣臻对日军作战指导思想是正确的，更坚定了他抗战必胜的信心。

10月中旬，聂荣臻从各方面汇集的情报中，得知日军要进行一次大的“扫荡”，出动2万兵力，企图在神堂堡、阜平城到王快镇一线建立据点，打通曲阳到阜平的交通线，将北岳根据地拦腰截开，然后再向根据地核心地带扩大面的占领。据此，聂司令要各军分区做好反“扫荡”准备。

10月下旬，聂荣臻到阜平青山村参加北方分局召开的组织工作会议。

10月30日晚上，杨成武把刚接到的一份情报向聂荣臻作了报告：张家口的日军独立混成第二旅团旅团长阿部规秀中将，派辻村宪吉大佐率日军第一大队和伪军共1000多人进驻涞源城后，将在近日分三路向一分区进行“扫荡”。其中东路的敌人全是日军，共600多人，计划经白石口、鼻子岭向银坊镇袭击。其他两路策应配合。

“聂司令员，让我们打个伏击战吧！”杨成武激动地说。

聂荣臻：“情报可靠吗？”杨成武说，情报是涞源伪维持会和敌宪兵队里的内线，通过分区涞源情报站送出来的，与有关情报核实过，应该说是比较准确的。从涞源到银坊的路上，是一路连绵险峻的大山，出涞源城，进入白石口，再往南到雁宿崖和银坊，这中间只有一条山路可走，两面都是光秃陡峭的山石，是个打伏击的好地方。涞源敌人如果孤军深入，我们就可以集中力量歼灭它。

聂荣臻表示同意打这一仗。他立即把在青山村参加组织工作会议的彭真、贺龙、关向应请来，征求他们的意见，几位领导人一致同意打个歼灭战。

聂荣臻下达了作战命令：命杨成武在敌人毫无察觉的情况下，指挥各部趁夜色展开完成对敌人的包围。

夜色昏暗，细雨霏霏。这增加了日军的行动困难，又很好地掩护了我军的行动。

11 月 7 日军区司令部的《阵中日记》上记载："黄土岭上庄子之敌今日拂晓向东进攻，被我一团击退。现二、三、特务团已都进到指定位置向敌攻击，各团间在火线上均取得联络。敌被我紧密包围在上庄子及以西地区，敌冲锋数次均未得逞。"战斗一打响，首先就把敌人的电台打掉了，使他们失去了与外界的联系。

7 日，依然阴雨绵绵。日军受到突然的打击，不顾死活地抢占了几个山头企图冲出包围圈。八路军在取得雁宿崖歼灭战的胜利之后，愈战愈勇。易县、涞源等地的基干自卫队，纷纷赶来助战，战地附近群众给部队送饭送水。敌我双方的战斗进行得十分惨烈。日军数度组织突围，但都被打了回去，死伤狼藉，虽有飞机助战，但双方距离太近，时有雨雾，辨不清目标，起不了作用。聂荣臻要求杨成武调整战斗部署，缩小包围圈，无论哪个方向，都不能让敌人冲出去，力争尽快歼敌。

杨成武立即把分区炮兵营的迫击炮连调了上去，配属给一团。炮兵连上去后，恰好一团团长陈正湘、政委王道邦在望远镜里发现黄土岭东一座独立家屋门外，站着一群穿黄呢子大衣的日军军官，便把目标指示给炮兵连连长杨九秤。迫击炮连向那里打了几炮，浓烟过后，倒下了好几具尸体。

当时，聂荣臻与各参战部队还不知道阿部规秀中将也陷入了重围，更不知道阿部被击毙的消息。

日本陆军省后来发表的关于阿部战死的"详报"写道："这个地形是华北很少见的山地，差不多是没有道路的。中将以下的将士们完全徒步，辛勤跋涉……七日向易县上庄子前进的时候，敌利用优势的地形，继续顽强的抵抗，中将果敢地到一线，观察地形敌情，飞来了敌人迫击炮弹，在距中将数步的地方爆炸，碎片打中中将的左腹及两腿等数处，中了致命的伤，遂与世长辞了。"

当晚，惊恐万状的残敌组织了十几次冲锋突围，都被我们包围部队打退。

阿部毙命，损兵折将，日军震动。8日上午，敌机空投了新的指挥官。从唐县、完县出动的日军及从涞源增援的日军各1000多人，8日也都逼近了黄土岭。

聂荣臻从各个方面送来的情报得知，四面八方的敌人都赶来解围，正在对八路军形成一个巨大的包围圈，便当机立断地通知杨成武：我军已经歼灭日军900多名，取得了重大胜利，虽说残敌尚未消灭，但为避免陷入增援敌人的重围，此时不可恋战，应立即离开战场，跳到外线去。

关于阿部规秀中将被击毙在黄土岭的确实消息，聂荣臻是从敌人的电台广播中得知的，他不禁心中大喜。很快，毛泽东也从延安发来电报查证此事，并要"总部向各方公布，广为宣传"。

击毙日军中将级高级指挥官，这在华北战场、在中国人民当时的抗战史上都是第一次。

阿部规秀命丧黄土岭，日本朝野皆为之震惊，时任日本华北方面军司令官多田骏在吊唁阿部规秀的悼词中哀叹"名将之花凋谢在太行山上"。《朝日新闻》在报道中说，"中将级指挥官阵亡，皇军成立以来，未曾有过"。其骨灰送回东京时，"帝都降半旗志哀"，"以高龄的柴大将为首，杉山大将、东防司令官稻叶中将、代理陆军大臣中村以下各位将领到车站持吊旗志哀"。

雁宿崖、黄土岭两次歼灭战共歼日军1500多人，沉重打击了侵华日军的嚣张气焰。

中共中央和八路军总部来电祝捷，晋察冀军区通报嘉奖了击毙阿部规秀的炮兵部队，全国各地的抗日军民极为振奋，纷纷来电称颂八路军的丰功伟绩，连蒋介石也致电八路军总司令朱德，表示嘉奖。

十四、罗帅鲁战

罗荣桓元帅，开国元勋之一。这里所记述的是几个罗帅在山东抗战时期的小故事。

梁山歼灭战

1939年春，八路军一一五师遵照党中央的指示，将主力编成东进支队，在罗荣桓政委的率领下出晋南，入鲁西，开辟了梁山地区抗日根据地。

根据地的建立，像一把尖刀插进敌人心脏。日寇慌忙从津浦铁路沿线抽调其三十二师团（坂垣师团）的精锐部队400余人，在日本“皇族”（日本的皇族成员，又号称“二王子”）长田敏江的指挥下从汶上出发，沿袁口、古运河靳口渡口一线杀气腾腾直奔梁山而来。

当时，我东进支队主力已转战至鲁中南一带，梁山附近只有六八六团三十一营和师直的几个连队。师首长接到敌人进犯的情报后，立即组织展开讨论。按照常规，如果没有5倍、10倍于敌人的兵力，要歼灭精锐的长田敏江大队有诸多困难。

但是，罗荣桓政委认为：敌人是出头之鸟，没有后续部队，附近也没有支援它的力量。现在正值青纱帐起，便于我军隐蔽行动；加上敌人飞扬跋扈，不知我军情况，只要我们占据有利地形，打它个措手不及，完全有能力消灭这股敌人。研究决定打好梁山这一仗，煞住敌人的凶焰。

开完庆祝“八一”建军节联欢会，连以上干部就跟着罗政委登上南峰。几架望远镜同时举起，细致地观察山前每一个村落、街道、寨墙。最后，大家的目光一齐落在了独山上。一个诱敌就范包围聚歼的设想形成了。

8月2日中午时分，敌人来了。在我侦察兵的诱惑下，经刘集村、前集村，来到独山村，进入我军埋伏圈。趁敌人休息，我军从东、西、北三面突然向村里猛烈射击。大街上，惊慌失措的鬼子、汉奸你挤我撞，自相践踏，乱糟糟地往南边路上退。早已埋伏好的主力连队从路两边的高粱地里冲出来一阵猛打，又迫使敌人缩回村里，不敢出来，我军也趁机稍做调整。

傍晚8时许，我军又发动袭击，抢先占领山包、石灰窑、土堆等有利地形，对敌形成层层包围之势。敌人7次企图突围，但在我军的英勇抗击下均告失败。

黎明时分，战斗结束。这次歼灭战共消灭日军300余人，俘24人，击毙敌队长长田敏江，缴获野炮2门、“九二”式步兵炮1门、掷弹筒2个、轻重机枪15挺、步枪150余支、战马50余匹，还有报话机和其他战利品，粉碎了日军的示威扫荡，鼓舞了人民的抗日热忱，巩固了鲁西根据地。

罗荣桓政委率一一五师主力，在鲁西地区特别是平原地区创造了敌我兵力基本相当的情况下，我以劣势装备战胜敌之优势的光辉战例，被八路军总部誉为“模范战例”。

蒋介石也打来电报，称“鲁西歼敌，所获甚多，殊堪嘉慰”。

梁山歼灭战，是罗荣桓元帅军事指挥史上光辉的一页！也为旅游胜地水泊梁山增添了一笔传奇色彩和一道绚丽的风景线。

巧用翻边战术

罗荣桓元帅率一一五师来山东后，至 1945 年 9 月 16 日奉党中央、毛主席和中央军委的命令，率部从山东出发，奔赴东北战场。这时期，罗政委任中共山东分局书记、一一五师政委、代理师长，兼任山东军区司令员和政委五大要职。

抗日战争进入到 1941 年后，日伪军对我根据地频繁扫荡和对边沿地区大规模“蚕食”，使我抗日根据地的处境日益困难。

以往，我军对付敌人的扫荡，多是以群众基础和地理条件比较好的老解放区为依托，在根据地内分兵与扫荡之敌周旋。自从日军采用“铁壁合围”的梳篦战术后，我军用原来的战术老是处于比较被动的地位，尤其是敌人包围圈步步紧缩以后，更难于突破敌人的重围。

这时，罗荣桓政委认真学习研究了毛泽东主席的军事原则和毛主席在历次战役、战斗中运用的战略战术，根据山东的实际，果断地提出了“敌进我进的翻边战术”。

其具体做法是：当敌人向我大举进攻时，我军除以小部队和一些地方游击队去下面对付敌人外，我军主力部队必须同时插到敌人后方去，相机攻击薄弱之敌。并要及时破坏敌人交通，使敌人不能在根据地持久作战。当敌人撤退时，我军立即进行打伏击，彻底消灭敌军。在坚持边沿游击区的斗争中，组织我军主力部队和地方武装民兵打入敌占区，袭击敌人的老窝，开展政治攻势，打击敌伪政权，以钳制敌人对我根据地的扫荡和“蚕食”。

罗荣桓政委的这一精辟军事战术理论，在山东抗日的各个战场上的实践的都取得了胜利，使抗日根据地逐步扩大，八路军迅速发展和壮大。罗政委的“翻边战术”理论受到了山东军民的一致赞扬。

十五、叶帅参座

叶剑英元帅，开国元勋之一。叶帅的革命经历和军事生涯中，都和统战、谈判、参谋工作密不可分。故叶帅有“叶参座”之美誉。

团结抗日，统战有方

红军长征胜利到达陕北后，东北军和西北军奉蒋介石之命对红军实施“围剿”。此时日本人已侵占了我东北全境。

为了促成团结抗日局面的形成，党中央派叶剑英负责统一战线工作。他深入两军接触的前沿，经过多方接触和积极宣传，使东北军、十七路军与红军从敌人变为友军。

1936 年，西安事变发生后，叶剑英随周恩来赴西安谈判。叶剑英发表了《对日作战与摩擦问题》的讲话，对国民党顽固派消极抗日，积极反共的恶劣行径给予了无情的揭露，对顽固派的反共言论给予了有理有据的回击。

董必武称叶剑英的这次发言是“舌战群儒”。

1940 年，皖南事变发生后，叶剑英连夜组织赶写出了《新四军皖南部队惨被围歼真相》，印制成传单，广为散发，揭露了国民党反动派屠杀抗日爱国力量的罪行，使我党进一步得到进步人士的支持，也使国民党顽固派更加名声狼藉。

在抗日战争最残酷的年代，叶剑英回延安担任中央军委参谋长。到任之后，他一方面抓参谋机关的政治、思想、军事、作风等方面的建设，另一方面积极为中央军委的战略和战役决策及时提供材料并提出有可靠根据的意见或建议。

总之，在抗日战争期间，不管是从事抗日统一战线工作还是主持参谋机关的工作，叶剑英都运用全部聪明才智，为抗日战争做出了巨大的努力。

叶帅参座

1936 年，西安事变爆发后，作为负责军事方面的中共代表团成员，针对南京政府的军事威胁，叶帅在西北联军参谋长会议上提出了可攻可守、可战可和的作战计划，并进行了军事部署，保证了西安事变的和平解决。

西安事变和平解决后，在红军改编为八路军的谈判过程中，叶帅樽俎折冲、据理力争，这才形成了后来八路军的基本框架。

1937 年“七七事变”后，南方八省各游击队改编为新四军(全称为国民革命军陆军新编第四军)的工作，叶帅又是负责人之一。

1941 年 1 月，皖南事变后，胡宗南制定了突袭延安的计划。党中央从内线获得情报后，对于如何应对颇感犹豫：不公布危及延安生存，公布危及内线安全。此时，叶帅思虑再三，提出以大局为重，公布消息，内线的安全由他们负责。叶帅的提议帮助中央下了决心。消息公布后，蒋介石的阴谋胎死腹中，延安免遭偷袭，内线也得到保全。

舌战“国军”众参谋

三国时期，诸葛亮东吴吊孝，舌战群儒，留下了一幅绘声绘色的历史画卷。1940 年,叶剑英参谋长舌战“国军”参谋,同样在历史上写下了精彩的一笔。

1940 年 3 月中旬,蒋介石亲自主持的参谋长会议在陪都重庆召开。各战区、各集团军的参谋长都出席了会议。叶剑英以第十八集团军参谋长的身份赴会。虽然中共提出的抗日民族统一战线深入人心,但一贯坚持反共立场的蒋介石等人却总是出难题刁难中共人员。

在参谋长会议上,叶剑英与老同学曾粤汉(二十集团军参谋长)相遇,曾粤汉对中共的抗战政策大加称赞,叶剑英与老朋友见面也非常高兴,晤谈甚欢。

在各战区汇报作战情况的过程中,第十战区副参谋长周学海忽然改变话题,开始攻击十八集团军,无中生有地捏造共产党的种种“罪状”,扬言“国民党的忍耐是有限度的”。这一来,会议内容急转直下。

蒋介石的参谋长们群起攻击十八集团军,什么“制造摩擦”“割据政权”“自印钞票、破坏币制”等等。这无异是当面谩骂叶剑英。一旁的曾粤汉听不下去了,拉拉叶剑英的衣服:“这怎么得了啊,把你攻击得体无完肤了。”

叶剑英镇定自若地笑一笑说:“没问题,看我的。”他慢慢走上讲台,如炬的目光扫视了一下全场,然后大声地说:“有人说我们十八集团军不打敌人只打国军,真是海外奇谈!”接着他一一驳斥了所谓“罪状”,有事实,有根据。会场上只听得叶剑英慷慨陈词,有人以赞许的目光看着他。

忽然,叶剑英从裤子口袋里摸出一张角票,用手举起:“你们看,这张角票连面值都看不清楚了,我们不发一点就地使用的辅币,请问怎么办?难道这是破坏币制?”

会场上有人低声议论起来:“发点辅币是需要的,叶剑英的话也不是全无道理。”

这场别开生面的“舌战”,叶剑英以其聪明才智、卓越的胆识,使十八集团军扬眉吐气,蒋介石再也不敢小瞧中共军队了。

十六、抗日名将

抗日战争中,由中国共产党领导的八路军、新四军这两支主要抗日军队,建立了卓越的功勋,涌现出了许多叱咤风云、威震敌胆、人民敬仰的高级将领。

英雄先烈

叶挺：早年毕业于保定军官学校，先后担任过孙中山的卫队团营长、国民革命军独立团团长、二十四师师长、十一军军长。抗日战争开始，任新四军军长。叶挺早在北伐战争中，就因所部被称为“铁军”而获得“北伐名将”的声誉，闻名中外。担任新四军军长期间，忠实、坚决地贯彻执行中国共产党关于建立抗日民族统一战线的正确路线，既要抗击日寇，又要同国民党顽固派作斗争。在十分困难的情况下，始终坚持了华中敌后抗战。1941 年在国民党发动派发动的皖南事变中负伤被俘，在狱中囚禁 5 年之久，始终坚贞不屈，并写下了著名的《囚歌》。1946 年 3 月获释。同年 4 月 8 日由重庆返回延安途中，因飞机失事而遇难。

左权：黄埔军官学校第一期毕业生，去苏联陆军大学学习。1930 年回国后历任中国工农红军第十五军政委和军长、第一军团参谋长、代军团长。抗日战争爆发后任八路军副参谋长，协助朱德、彭德怀同志领导和指挥八路军坚持敌后抗战。1942 年 6 月 2 日，在山西辽县麻田与日本侵略军作战中壮烈牺牲。他是抗日战争中牺牲的人民革命军队最高级的将领。为纪念左权同志，同年将辽县改名为左权县。

罗炳辉：先后任中国工农红军十二军军长、第九军团总指挥。抗日战争爆发后，历任新四军第一支队副司令、江北指挥部副指挥兼第五支队司令，在苏皖地区坚持抗战，开辟了皖东根据地。1942 年任新四军第二副军长兼山东军区副司令员。因长期革命战争积劳成疾，于 1946 年 6 月 21 日病逝。

彭雪枫：历任中国工农红军连党代表，团、师、军政治委员和师长、纵队司令员。抗日战争中，先后任八路军太原办事处主任、新四军第四师师长兼淮北军区司令员。领导过豫皖苏边区抗日游击战争。1944 年 9 月，在河南夏邑地区与日伪军作战时英勇牺牲。

此四位先烈，虽然未能看到中国人民抗日战争的胜利和整个中国革命的胜利，但他们为中国人民反法西斯战争作出的贡献，为中国革命胜利建立的卓越功勋，人民是永远不会忘记的。

火烧飞机

抗日战争中，八路军一二九师的首战胜利是陈锡联将军率部完成的。1937 年 10 月，24 岁的陈锡联率领一二九师七六九团奇袭日军阳明堡机场，一举击毁日军飞机 24 架。

那个时候，八路军很讨厌小鬼子的飞机。部队里有传言：说我们干啥那玩艺儿都能看到，而且它能打着你，你却打不下它，很多人都恨不能把飞机从天上抓下来撕碎！

1937年10月16日，七六九团进驻山西代县，结果发现鬼子的机场就在阳明堡村南，而且他们的防守距离拉得太大，这下同志们可高兴哩，陈锡联团长决定快速下手，快速解决，出其不意，尽快把那些破玩艺儿砸个稀巴烂！

10月19日凌晨，该部3个营儿个连都冲了进去，咱们的战士大多都来自农村，第一次这么近看飞机呀，到了跟前一看：这天上像个蚊子的东西在地上怎么这么大！大家一下子不知道该从哪里下手，有的战士甚至拿铁锹猛砍飞机翅膀——这能砍坏几架呀？

十连那边已经交上火了，枪声一响大家心里更毛了，一时有点乱，就在这节骨眼上，三营营长赵崇德大喊一声："往飞机肚子里扔手榴弹！"于是大伙儿这才下了狠手：拿机枪向飞机扫射，往飞机肚子里扔手榴弹，机场一下变成了燃烧的大火球。天黑、人乱，再加上飞机爆炸，好多敌人也冲到我们这边了，只好拔出刺刀来肉搏！

最后，飞机烧掉了24架，但这玩艺儿一爆炸，跟着一串串都炸开了，好多战士跑都来不及跑，牺牲了不少，赵崇德营长也没能出得来！事后一个副团长跟徐向前师长检讨："我们只烧了敌人24架飞机，没有抓到俘虏……"徐向前听了"哈哈"大笑："检讨？我还要为你们请功哩！"

疯将近山

曾经风行一时的电视剧《亮剑》，强烈地震撼了国人的心，《亮剑》的感人之处在于让革命英雄的真实形象显现在荧屏上。主角李云龙敢打敢拼，打起仗来不要命，就像一个"疯子"。在李云龙的身上，有诸多革命英雄的影子，而最主要的原型就是"王疯子"王近山。直到今日，中国人民解放军军史、战史中记载的许多模范战例，大都有王近山指挥作战的身影。他是刘邓大军最得力的攻坚力量、最宠爱的战将。在战场上，只要有王近山，刘邓统帅就信心百倍，他们知道有了王近山就准能打胜仗。

1930年，王近山15岁就参加了红军。在一次与敌人展开肉搏战中，他用刀砍、用牙咬，直至抱着敌人一起滚落到了悬崖峭壁之下。当人们见到他时，他已身受重伤，本以为他必死无疑，没想到居然奇迹般地活了过来！因此获得了"王疯子"的美誉。

抗日战争期间，经过整编，王近山部队划归在刘伯承一二九师的旗下，他任三八六旅七七二团副团长。他以足智多谋和过人的胆识以及优秀的指挥才能，谱写了震惊中外的"抗战三部曲"。

第一部曲是 1937 年 10 月中下旬。在山西娘子关地区的七亘村。三天之内，司令王近山两次成功的重叠伏击，歼灭了不可一世的日军 400 多人，缴获了大量的武器弹药及装备。若干年后，英国一位军事学家将这次战役列为世界十大经典战术之一。

第二部曲是 1943 年的夏秋之季。奉中央指示，王近山在率领部队到延安组建新编第四旅的途中，在山西洪洞县的韩略村“巧遇”并全歼日军“战地观摩团”。这支由步兵学校及其他部队的高级军官，包括 1 名少将旅团长、6 名大佐联队长及 100 多名中队长组成的队伍，全部被歼。日军华北方面军司令官冈村宁次暴跳如雷，叫嚣：“再牺牲两个联队，也要吃掉这股共军！”王近山早已料到日军会来报复，采取打了就跑的战术，致使冈村宁次的“铁滚式三层阵地新战法”因此流产。

第三部曲。是在 1945 年的 7 月下旬。为了保卫延安，奉党中央、毛主席之命，王近山在陕北淳化县爷台山战役中一举将进犯延安的胡宗南部队完全击溃，有力地保证了延安的安全，被毛主席接见。毛主席说：“王近山同志，人家说你是‘王疯子’，我看那不叫疯，那叫革命的英雄主义！你这一仗把那位胡宗南打得可快要疯了啊！”

特别值得一提的是，到了解放战争初期，晋冀鲁豫野战部队组建了六纵，王近山是纵队司令，这是一支由当地游击部队组成的新生力量，一开始战斗力不强。经过几次硬仗、恶仗，王近山指挥的部队打出了军威，政治水平和战斗素养有了极大的提高，六纵逐渐上升为主力部队。

出击陇海线，首战兰封正是六纵成立后的第一个大仗，也是打出六纵名气的重要一仗，王近山在战前动员时说：“我就不相信敌人有三头六臂，我们的子弹、手榴弹、刺刀也不是吃素的！”“是英雄是狗熊战场上见！”“打出个九块半的样子给人家看看！”（当时的主力部队发饷为九块半，非主力部队发饷为六块半），几句话就把全体官兵的士气给带动了起来。战斗从开始到结束进行得极为激烈，最终告捷。这次战斗，六纵共歼敌 3000 余人，缴获坦克 11 辆及大量武器弹药。

而定陶战役，更是一场硬仗、恶仗、血仗。敌人失败后，自恃“兵强马壮”，气焰十分嚣张。蒋介石带着他的参谋总长陈诚和新任国防部长白崇禧亲自飞到开封，部署钳制刘邓大军。他从徐州、郑州调兵 2 个集团 14 个整编师 32 个旅共 30 万人。而此时刘邓大军才 4 个纵队，加起来兵力不过 5 万人。5 万对 30 万，兵力之悬殊是一目了然的。

形势严峻，刘邓首长在召开各纵队首长的战役分析会上，期待着能有人主动请缨。

此时只见王近山霍地站起来，坚定地说："我们六纵打！我的部队年轻，拿我们去拼值得。只要主力部队保存下来，晋冀鲁豫解放区就能坚持。今天我在这里立下军令状，不消灭赵锡田(国民党军队的绝对主力部队)就没脸回来见你们。""我们去打，打剩一个旅我当旅长！打剩一个团我当团长！打剩一个连我当连长！全纵队打光了，我们对得起党，对得起哺育我们的太行山父老乡亲！"

在这次定陶战役中，王近山率领六纵先是以节节抗击的手段，步步诱敌深入，继而血战大杨湖，重创敌整编第三师，会同兄弟纵队取得了战役的胜利。我军共歼敌 4 个旅，毙伤 1.7 万余人，俘敌整三师师长赵锡田，缴获坦克 6 辆，大小炮 200 余门，轻重机枪 710 余挺，长短枪 4300 余支，汽车 14 辆，电台 15 部，其他军用物资不计其数。

战斗的惨烈无法形容，王近山指挥的六纵付出了极大的代价，负责主攻的 18 旅的几个团死伤过半，

1000 多名烈士的鲜血洒在了大杨湖畔。后来，王近山来到了这里，怀念着那些死难的战友们，他们大都是从太行山下来的能征善战的骨干，关键时刻一个顶仨。他说："我们书写六纵的历史，就是要告诉六纵的后来人，不要忘了大杨湖，不要忘记长眠在这里的烈士们。"

后来，毛主席在《集中优势兵力，各个歼灭敌人》这篇文章中，就列举了定陶战役的成功战例。

炮神将军

赵章成，在军史上留下了极为特殊的痕迹。他原来是冯玉祥西北军二十六路军的迫击炮手。1931 年，二十六路军在赵博生、董振堂、季振同等人的领导下举行宁都起义，改编为红五军团，赵章成随同部队加入了红军。赵章成又是一位没有文化的技术干部，加入红军时他甚至还是文盲。但却练就了无人能及的迫击炮操作技术，普通的六零炮，一旦到了他手中，只能用两个字来形容了："神炮！"

在长征途中，赵章成的迫击炮显示了威力。乌江战斗，杨成武团长依靠赵章成的炮火支援，使红一方面军渡过了乌江天险。强渡大渡河时，杨得志团长依靠赵章成的神炮支援，使"十八勇士"胜利渡河，安顺场强渡战斗以红军的最后胜利而告结束。

抗日战争期间，赵章成在一二九师任职，在一次战斗中，赵章成在不会操作的 6 名战士的协助下，亲自逐次发射 3 门火炮，直到 3 门炮的炮管都打红了。战斗结束后据俘虏供称：当时受到炮击时，日军指挥官根据炮火的准

确度和密谋判断，八路军有一个迫击炮排在进行齐射！

可想而知，赵章成一个人手下的3门迫击炮，发射的速度、准确度和火力密度已经达到何等高超的水平！在后来的岁月中，很少赞扬部属的林彪，曾对赵章成有一句极为中肯和贴切的评语："要像赵章成同志那样，使技术达到了艺术的标准。"

解放后，赵章成被任命为军委炮兵副司令员。《解放军报》和《解放军文艺》对赵章成的教学活动都作了长篇报导，八一电影制片厂将他的教学拍成了详细的军教片在全军放映。

"文革"开始后，赵章成像他的许多老战友一样，成了"靠边站"的将军。但是，从没有哪一个造反派组织想要去揪斗"大比武"中有所作为的炮兵副司令员赵章成。原因很简单，一来赵章成从来不是"当权派"，二来哪个造反派敢说自己不知道红军强渡大渡河？

1969年11月，赵章成将军因心脏病突发，病逝于北京三〇一医院南楼。

赵章成将军逝世后，骨灰入奠八宝山革命公墓骨灰堂第一室，与那些国家和军队的高级领导人共处一堂，在他的灵前，祭奠物尤为与众不同：是两座精制的迫击炮模型。没有任何人，对赵章成将军是否应入奠这里提出过异议。

独臂刀王

1937年，抗日战争全面爆发。10月，八路军一二〇师七一六团团长贺炳炎接到贺龙师长、关向应政委的指示，带领七一六团直插敌后，准备在雁门关对日军予以打击。

奉命后，贺炳炎率部进行3天的急行军，按时到达雁门关西南10多里的秦庄和王庄。

10月17日，当贺炳炎得知日军从大同集结了300多辆汽车，满载武器弹药准备运往忻口时，果断做出决定：伏击！贺炳炎派人仔细观察地形后，把部队埋伏在一个南低北高的山沟里，沟底尽是山洪冲下的乱石，日军汽车行驶的公路由南向北而上。

18日上午，有一队日军摩托车队驶入包围圈，就在战士们跃跃欲试的时候，贺炳炎用望远镜观察后却命令：这是敌先头部队，切勿打草惊蛇！果然没多久，敌人长蛇般的车队拖着滚滚烟尘渐渐进入伏击圈。贺炳炎命令部队做好准备，箭在弦上，蓄势待发！等到百十辆敌车全部进入包围圈后，贺炳炎左手往下一挥，大吼一声："打！"顿时，全团的子弹像山洪一样向日军倾泻，敌人的弹药车被击中，爆炸声响彻云霄，火光冲天。

就在鬼子准备组织反击的时候，冲锋号吹响了，贺炳炎独臂挥舞大刀，率领战士们俯冲而来，如饿虎扑羊般一下冲散了鬼子的反击队。日本兵吓破了胆，纷纷后退。最后，贺炳炎部歼灭日寇500余人，击毁汽车30余辆，海内外报纸称之为“雁门关大捷”，有力地振奋了民族精神。

以后的战斗中，贺炳炎单手挥刀，英雄气概丝毫不减当年，杀得敌人心胆俱裂，令日军谈虎色变，称其部队为“一把手”部队，贺炳炎就是“独臂刀王”。一时间，“独臂刀王”贺炳炎名震天下！

1938年10月，贺炳炎任一二〇师第三支队司令员，率队到大清河北岸进行巩固和扩大根据地的工作，仅几个月的时间，就把部队从原来的304人扩充为3个团和3个独立营，近5000人，打退了日军多次“扫荡”。同年冬，贺炳炎又率队进入冀中，先后进行了莲子口、北板桥等战斗，粉碎了日军的3路合围，气得冈村宁次拍着桌子天价悬赏捉拿“独臂刀王”。

1945年，贺炳炎参加了党的七大。当贺炳炎见到毛泽东举手敬礼时，毛泽东紧紧握住他的左手亲切地说：“贺炳炎同志，你是独臂将军嘛！今后你就免掉这份礼吧。中国从古到今，有几个独臂将军？旧时代是没有的，只有我们红军部队才能培育出你这样独特的人才！”

叶飞上将

叶飞（1914～1999），原名叶启亨，曾用名叶琛。中国人民解放军最年轻的开国上将之一，也是唯一一位由海外归国的华侨高级将领。祖籍福建省南安县，生于菲律宾吕宋岛奎松省一个华侨小商人家庭，于1918年归国。

叶飞将军1928年5月加入中国共产主义青年团，年底毕业于厦门第一中学后从事秘密革命工作。1932年加入中国共产党，后到闽东地区参与创建苏区和建立游击队。

新中国成立后，叶飞上将历任福建军区司令员，中华人民共和国交通部部长，第一政治委员，第六、七届全国人民代表大会常务委员会副委员长。1955年被授予上将军衔，荣获一级八一勋章、一级独立自由勋章、一级解放勋章。1958年指挥金门炮战。1988年荣获一级红星功勋荣誉章。

1933年5月，叶飞率领工农自卫队取得“霍童暴动”的胜利。

1934年2月成立闽东苏维埃政府，创建了闽东红色根据地。

1934～1937年，他历任中共闽东军政委员会主席、闽东独立师政委、闽东特委书记等职。

1937年“七七”卢沟桥事变爆发后，红军闽东独立师改编为新四军第三支队第六团，叶飞任团长。

1939 年 5 月，率部从茅山地区出发，与共产党领导的无锡、江阴游击队合编后，任江南抗日义勇军副指挥、路东地区军政委员会书记。

1940 年 3 月，奉命率部驰援半塔集。6 月，成功地指挥了郭村保卫战。随后又率部参加了黄桥战役。

1941 年皖南事变后，任新四军第一师一旅旅长兼政治委员、副师长。

1944 年 3 月，指挥了著名的车桥战役，一举扫除敌伪据点，歼灭日军 500 余人，受到了上级表彰。

1945 年任新四军第一师师长兼苏中军区司令员和中共苏中区委员会书记、苏浙军区副司令员，参与领导建立苏浙皖敌后新区，参与指挥天目山战役。

【参考文献】

[1]余炳毛、郭婕、刘明亮等编：《硝烟下的智勇之旅》，解放军文艺出版社 2010 年版，第 95～127 页。

[2]杨江华主编：《新四军的故事》，湖南科技出版社 2012 年版，第 28～44 页。

[3]喻岳衡主编：《民国旧闻》，岳麓书社 2012 年版，第 150～168 页。

[4]王同彪：《发现抗战》，青岛出版社 2012 年版，第 97～125 页。

[5][美]R·特里尔（Ross Terrill）著，刘路新、高庆国等译：《毛泽东传》，河北人民出版社 1989 年版，第 182～183 页。

第八章　汉奸政权

一、伪满洲国

1931 年“九一八”事变后，在日本军队的支持下，清废帝爱新觉罗·溥仪于 1932 年 3 月 9 日到达东北，在长春成立了傀儡政权——伪满洲国，并将长春定为“国都”，改名“新京”，年号“大同”，就任执政，开始了他近 14 年的傀儡生涯。

伪满洲国在 1934 年划为 14 个省、2 个特别市、1 个特别区：安东省、奉天省、锦州省、吉林省、热河省、间岛省、黑河省、三江省、龙江省、滨江省、兴安东省、兴安西省、兴安南省、兴安北省、新京特别市、哈尔滨特别市、北满特别区。

伪满洲国地区的居民主要有汉族、满族、蒙古族、朝鲜族等。居民按民族区分，存在等级差异，规定当地的非日本平民禁止食用大米和白面粉，一经发现，以“经济犯”处理。而在伪满洲国的日本移民大约有 200 万，并未加入满洲地区籍，仍然是日本国民，很多山东和河北穷苦农民在伪满洲国作劳工，大多未加入满洲籍。据统计，截至 1940 年，伪满洲国的总人口为 43200288 人。

伪满洲国的官方应用语言包括满语、汉语、日语。当时，为强化对东北人民的殖民统治和达到分化中华民族的目的，把汉语也称为“满语”。

由于汉族人口的比重最大，所以，汉语是伪满的主要通用语。但伪满洲国的官方文件、“诏书”“国歌”均有汉、日双语版本，电台也有双语广播，而伪满洲国的教学、科研读物大多使用日语。伪满洲国之始，所有重要文告均只使用汉语，但越往后，日语的地位越来越高，并被确定为伪满洲国的未来“国语”。

没有得到国际社会的普遍承认

当时，世界上约有60个独立国家或政权，承认伪满洲国的共23个，它们是：日本、苏联、德国、法国、意大利、西班牙、罗马尼亚、保加利亚、芬兰、克罗地亚、波兰、匈牙利、斯洛伐克、丹麦、萨尔瓦多、泰国、缅甸、菲律宾、梵蒂冈和汪精卫伪政权等。

另外，和伪满洲国"建交"的为17国，包括苏联、法国、缅甸等。直到1937年日本挑起全面侵华战争，正式承认伪满洲国的除了日本外，只有智利、萨尔瓦多等极少数国家。这说明，日本扶持傀儡政权失道寡助。

闪击"满洲"

1945年8月9日零时10分，苏联百万红军进入我国东北，消灭了日本关东军，也为日本的最后投降敲响了丧钟。

全面指挥该战役的，是苏联武装力量最高战时机构专门建立的远东苏军总指挥部，总司令为苏联元帅华西列夫斯基。西部的外贝加尔方面军沿兴安岭——沈阳方向进攻，司令为苏联元帅马利诺夫斯基；北部的远东第二方面军沿黑龙江沿岸向松花江进攻，司令为普尔卡耶夫大将；东部的远东第一方面军从滨海地区向哈尔滨——吉林方向进攻，司令为苏联元帅梅列茨科夫。

苏联百万红军，三路齐头并进，运用"闪击战"，在很短的时间彻底击溃了号称百万之众的日本关东军，取得了战役的完全胜利。而这次战役，被西方认为是苏军运用"闪击战"理论的一个范例。

溥仪被俘

1945年8月19日，溥仪在沈阳机场被苏军俘获，次日押解至苏联赤塔郊区一个疗养院。3个月之后，于1945年11月16日转送伯力，先在伯力郊区红河子看守所关押，历时10个月。继于1946年6月迁往伯力市内第45特别战俘收容所，直至1950年8月1日引渡回国。这5年，是溥仪极其特殊的一段人生经历，也是他从皇帝到公民不可逾越的历史阶段。

二、汪伪政权

抗战时期，一些败类卖国求荣，先后在各地建立了一系列伪政权。

1938 年 12 月汪精卫从重庆出走，经昆明飞往越南的河内，拉开了“和平运动”的序幕。

汪精卫在宣示“和平”主张的“艳电”中，很有些痴人说梦：“日本军队全部由中国撤去，必须普遍而迅速，所谓在防共协定期间内，在特定地点允许驻兵。至多以内蒙附近之地点为限，此为中国主权及行政之独立完整所关，必须如此……”

日本即刻回应，那就是“近卫声明”，其重申“中日满”三国要“共举善邻友好，共同防共，经济提携之实”，给汪精卫吃了一颗定心丸。

对于日方能否守约，汪精卫毫无把握。他在从河内去往上海的船上，对日方代表影佐祯昭说：“切盼近卫声明不是日本表面上的宣言，要确确实实实行，如果不能确实实行近卫声明，我必免不了被责备说受了日本人之骗……如果真正能够名副其实地实行近卫声明，重庆政府的抗日理论必将落空。”

汪精卫不顾毁誉地提出所谓“人人意中所有，而人人口中所不敢出”的和谈之议后，并没有获得任何响应；相反，举国上下一片声讨。

既无人响应，汪精卫只能改变计划，向日方提出：在沦陷区组织政府。他赤手空拳，带着几个幕僚，除了空名外，别无实力，自然无法同日本讨价还价。汪方为免落一个傀儡的名声，希望新政权各部门不要任用日籍职员，但最终“日本派遣所要之顾问于中央政府，以协力于新建设，特别强调结合地带及其他特定地带之重要机关，配置顾问职员”。原本最让汪心动的有关撤军时间的承诺，变为“现驻华北及长江下游之军队，当继续驻屯至治安确立时为止”。

1939 年 12 月签订的“日汪密约”，包括《日支新关系调整纲要》及其 3 个附件，名义上遵循日本此前宣布的一切原则，但实际加上了更多额外条款。用后来脱离汪精卫集团的陶希圣的话说，密约将中国“从黑龙江到海南岛”“下至矿产，上至气象，内至河道，外至领海”，皆“毫无遗漏地由日本持有或控制”。以至陈公博看过密约，对影佐祯昭说，这“简直是日本要控制中国”。影佐回答：“在目前不能说日本没有这个意思。”据说汪听了陈公博的汇报后，愤然表示：“我们偏不使日本控制中国！”汪精卫此时骑虎难下，即使后悔，也已经来不及了。从此，汪精卫的立场与行事，不再是“和”，而是“降”了。

所谓“汪日密约”的内容真的超出了他们的预计。影佐祯昭对犬养健说：密约“恬不知耻、蛮横无理的地方竟达 8 处之多，这就难以实现和平。汪先生也得向中国国民承认自己无能”。今井武夫更直接，他说那“不过是赤裸裸地暴露了帝国主义设想的要求而已”,“在日本军占领区内的南京建立国民政府,这就堕落成为所谓傀儡政权,与以前的临时、维新两政府没有什么区别了”。

经过一年多的谈判,1940年3月30日,在日本的导演下,汪精卫等汉奸卖国贼在南京粉墨登场,建立了伪南京国民政府,并与日本签订了《中日基本关系条约》。

1945年8月15日,日本宣布无条件投降。16日,汪伪政权宣布解散。

三、汉奸政权

抗战时期,汉奸卖国贼建立了一系列伪政权。除了伪满洲国和汪精卫的南京伪国民政府以外,还有:

“蒙古军政府”:东蒙三盟加入伪满洲国后,锡盟盟长德王在日军的渗透下,“大元帝国”的野心日益暴露,1933年召集西蒙各旗王公联袂向南京政府发出请求“自治”通电,1936年成立“蒙古军政府”,随后与日本关东军武力西犯绥远,结果被傅作义所部重创。伪蒙古军政府暂告一段落。

“蒙古联合自治政府”:1937年,日本关东军攻占张家口和大同。伪“察南自治政府”和“晋北自治政府”相继成立。1939年5月,侵华日军指示各伪政权合并统一。同年9月1日,在德王组织下,伪“蒙古联合自治政府”成立,对“蒙疆”经济资源和人民财产进行了野蛮劫掠。1945年8月,苏联出兵东北,伪蒙小王朝顷刻瓦解。

“冀东防共自治政府”:1935年10月,日本关东军欲在中国华北建立亲日亲满政权,让掌控冀东军政大权的殷汝耕首先脱离南京政府,进而实现“华北自治”。12月25日,伪“冀东防共自治政府”成立,殷汝耕自任“政务长官”。冀东伪政权在军事上与日本建立攻守同盟,在经济上大肆出卖国家经济主权,1938年2月被“中华民国临时政府”吞并。

“中华民国临时政府”:1937年12月南京陷落后,侵华日军指令原北洋政府财政总长王克敏组成伪“中华民国临时政府”,以五色旗为“国旗”,以上古诗歌《卿云歌》为“国歌”,“定都”北平。此后,华北不计其数的煤、铁、盐、棉及粮食被日军掠夺。日本投降后这一伪政权才曲终人散。

“中华民国维新政府”:1938年3月,日军选中曾在北洋政府任职的梁鸿志,在南京成立“中华民国维新政府”,下辖苏、浙、皖3个“省政府”和南京、上海2个“特别市政府”。梁鸿志一伙以“维新政府”的名义组建汉奸军队,订立卖国条约，出卖华中资源，劫掠人民财产，犯下了累累罪行，1940年被汪伪国民政府吞并。

四、揭露汉奸

最早披露汪精卫叛国投敌的是被誉为“八大名记者”之一的《力报》记者严怪愚。

1938年底，严怪愚的好友、著名记者范长江来到他的住处，告诉他汪精卫叛国的消息。严怪愚义愤填膺，怒不可遏。

原来汪精卫已于1938年12月18日逃出重庆去了越南河内。并于12月29日发表了“艳电”，公开叛国投敌，劝降蒋介石。蒋介石得知消息，非常紧张，下令严密封锁消息。重庆报界虽对内幕略知一二，但不敢见诸报端。范长江对严怪愚说：“你主办的《力报》远在湖南，天高皇帝远，是不是可以冒险抢先发表?”说罢，将他得到的材料给了严怪愚。

严怪愚激愤地说：“汪精卫一贯两面三刀，欺世盗名，必须尽快向国人揭露他的真面目。”于是，他连夜赶写了《汪精卫叛国投敌前后》的报道，用加急电报发回湖南。第二天《力报》就在头版头条刊登出来。全国民间报纸纷纷转载，消息很快便传遍了全国。

1984年，严怪愚病逝。香港报纸发表了一篇题为《中国八大名记者不屈不挠的一生——严怪愚猛捋汪精卫的虎须》的长文，追忆了其人其事。

五、刺杀国贼

这里所记述的是1939年天津“抗日锄奸团”刺杀汉奸程锡庚的故事。

“抗日锄奸团”是抗战期间由天津青年学生最初成立的组织，1939年4月9日刺杀汉奸程锡庚便是他们的一项得意之作。当时49岁的程锡庚在天津沦陷后，积极为日本人卖命，在华北地区推行伪“联银券”，对拒不接受伪“联银券”的爱国实业家、金融界人士进行疯狂镇压，气焰嚣张。

经过了解，“抗团”掌握了程锡庚的情况：秃顶、戴金丝眼镜，汽车号牌是“1657”，爱好看电影，住在英租界一所防守严密的花园洋房里。

4月9日是个星期天，“抗团”总务干事袁汉俊等人到技术干事祝宗梁（南开中学学生）家来玩。下午5点多钟，他们要回去，祝宗梁就拉着他们到几家大电影院门前转一下，看有没有程锡庚的汽车，结果意外地在大光明电影院外面见到了。大家决定立即行动。袁汉俊把刘友深（工商附中学生）叫来协助行动。3位男生持枪，负责楼上刺杀；2个女生每人带上2个炸炮在楼下，楼上得手后踩响炸炮，制造混乱掩护撤退。

晚上7点30分左右，电影开始。祝宗梁蹑手蹑脚地来到程锡庚的后排，找了个离他只有1米多远的空位子坐下，假装看电影。突然，只见祝宗梁抽出手枪，对准前排程锡庚的脑袋连开4枪，程锡庚当场毙命。祝宗梁趁乱混入人群，在袁汉俊等人的帮助下，顺利逃离。

【参考文献】

[1]朱佩禧:《寄生与共生:汪伪政权研究》，同济大学出版社2012年版，第14～35页。

[2]陈钦:《我的河山:抗日正面战场全纪实》，中信出版社2013年版，第55～79页。

[3]经盛鸿:《南京沦陷八年史》，社会科学文献出版社2013年版，第336～355页。

第九章　聊城英烈

2014年9月1日，国家民政部公布了抗日战争300名英烈，其中聊城籍和在聊城抗战中牺牲的英烈就有12名之多。而东阿县就有2名，即刘海涛烈士和汪洋烈士。

一、自忠上将

日本人说他是“中国第一男子汉”。因为在台儿庄、卢沟桥、十里长山，他不止一次让“大和魂”哭泣。当张将军牺牲在日本人手中时，杀他的人仍然整整齐齐地列队向他的遗体敬礼，并护送他离开战场。侵华日军高官敬畏道：“如果中国军队的长官都像张自忠那样，我们别想前进半步！

张自忠（1890～1940），字荩忱，山东临清人。1911年在天津法政学校求学时秘密加入同盟会。1914年投笔从戎。1917年入冯玉祥部，历任营长、团长、旅长、师长等职。1930年中原大战后，冯玉祥军事集团被瓦解，张自忠所部被蒋介石收编。1931年后，张自忠曾任第二十九军第三十八师师长、第五十九军军长、第三十三集团军总司令兼第五战区右翼兵团司令等职。

1939年5月，日寇10万之众兵分两路大举进犯鄂北的随县、枣阳地区。张自忠一面命正面部队死守，一面火速派2个师迂回到敌后方，两面夹击包抄日军。他还亲自率2个团渡过襄河向敌猛攻，粉碎了日军围歼第三十三集团军的企图。随后第五战区左右兵团全线反攻，一举收复枣阳、桐柏等地区。史称“鄂北大捷”。

同年12月，日军又集中大量兵力向驻守长寿店地区的第三十三集团军所属第一三二师等部阵地进攻，双方激战7天7夜，一三二师阵地多次被突破。张自忠决定用奇兵打敌神经中枢的战法挫败敌人。他调第一三二师的第三五九团另配1个营，令其于夜间绕道偷袭日军设在钟祥县的总指挥部。临出发前，他鼓励将士们说：“国家养兵就是为了打仗，打仗就会有伤亡。人总是要死的，多活 20 年，少活 20 年，转眼就过去了。但死有重于泰山，有轻于鸿毛，为国家、为民族而死就重于泰山，否则轻如鸿毛。”

在张自忠的激励下，奇袭部队当晚潜行 30 里路，一举端掉日军总指挥部。正面进攻的日军惊闻老巢被端，大为恐慌。张自忠指挥部队趁势猛烈反攻，打得日军狂退 60 里，大获全胜。此役称“襄东大捷”。老百姓则美称张自忠为“活关公”。

1940 年 5 月，日军为控制长江水上交通线，调集 15 万精锐部队发起了攻占枣阳、襄阳、宜昌等地的枣宜会战。张自忠将军本来率部防守襄河以西，当日军攻破第五战区第一道防线，直扑襄阳、枣阳时，身为集团军总司令的张自忠将军，毅然率领预备七十四师和军部特务营东渡襄河，抗击来犯之敌。他写信给河东的第五十九军，“只要敌来犯，兄即到河东与弟等共同去牺牲”。“为国家、民族死之决心，海不枯，石不烂，决不半点改变！”渡河后，张自忠将军率部在南瓜店附近顽强抗击日军，重创日军，并截断了日军后方补给线。

在日军以重兵对张自忠将军进行合围后，为牵制日军主力造成外线我军对日军实施反包围，张将军力战不退，与敌搏杀，最后身中 7 弹。弥留之际，张自忠将军留下最后一句话：“我力战而死，自问对国家、对民族、对长官可告无愧，良心平安！”随张自忠东渡作战的 2000 官兵亦于南瓜店十里长山全部牺牲。将军旋即拔佩剑自戕，一代名将张自忠于 5 月 16 日下午 4 时半，壮烈殉国，时年 50 岁。

张自忠将军率部截敌后路并阻敌西进，彻底粉碎了日军进攻襄樊、威胁老河口的企图，使整个战局转危为安。

在第二次世界大战中，以集团军上将总司令衔并战区一翼最高军事长官之职在前线罹难者，唯此一人。

张自忠将军壮烈殉国后，他的部下悲愤地唱着复仇之歌：“海可枯，石可烂，死也忘不了南瓜店！”表示要坚决为张自忠将军报仇。翌年 5 月，其部在当阳地区将围攻张自忠将军的日军酋首横山武彦击毙。

第五战区司令长官李宗仁得知张自忠殉国后，痛哭失声，两眼红肿以至精神恍惚。张自忠的老长官冯玉祥自述：“真如晴天霹雳，震我肺腑……更痛惜在此抗战的重要上牺牲了一员大有作为的猛将，这真是全民族的重大损失！”

5 月 21 日凌晨，张自忠部将李致远将军奉命护送张将军灵柩前往重庆。经荆门、当阳等县和沿途集镇，各界群众祭奠不绝，许多农民自发加入到这肃穆的送灵队伍中。在宜昌，在尖利的空袭警报声中，人们一反四散躲避的常态，镇定地护卫灵柩继续前行，无一人离队。次日，军政官员数百人举行公祭，军乐队奏响哀乐，老百姓燃起香烛、鞭炮，共同向这位民族英雄致祭。天上的日机被这悲壮肃穆的场面所震慑，竟未投一弹，未放一枪。

24日凌晨，民生公司自愿免费护送将军灵柩的“民风”轮升火待发。从停柩的东山草堂到码头的几华里路上，弹丸小城宜昌自发送殡的民众竟达10万人！护柩大队浩荡前行，沿途两侧布满香案、花果，鞭炮轰鸣，香烟缭绕。有人掩面而泣，有人躬身拜祭，有人匍匐在地，嚎啕大哭，更多的人不停地挥动着手里的白毛巾。放眼望去，一派白茫茫……有一位老太太天没亮就起身赶做面食，说：“我要为张将军做一顿北方饭。”

由于沿江各县民众纷纷要求登船致祭，“民风”轮行进缓慢，28日凌晨才抵达重庆。蒋介石、冯玉祥等政府军政要员臂缀黑纱，肃立码头迎灵，并登轮绕棺致哀。蒋介石在船上“抚棺大恸”，令在场者无不动容。蒋介石与军政要员和各界群众为张自忠举行了盛大隆重的祭奠仪式。气氛庄严，极尽哀荣。蒋介石亲自主祭，同时以军事委员会委员长的名义通电全军，表彰了张自忠一生的勋绩。电文达800余字。据说，蒋的办公桌上从此摆上了张自忠将军的遗像……

7月7日，国民政府在抗战3周年纪念日将此事公诸报端。噩耗传出，举国恸悼，各地军政当局和民众纷纷举行隆重悼念活动。

远在陕北的延安军民，直到8月6日才获悉张自忠殉国的消息。《新华日报》在当天《悼张自忠将军》的社论中指出：“张将军的牺牲，是抗战以来战死前线的第一位大将”，“张将军对抗战之功极大”，“的确配称为炎黄的优秀子孙、模范的民族革命军人、流芳百世的民族英雄”。

8月15日，延安各界代表1000余人在中央大礼堂举行隆重追悼大会，毛泽东、朱德、周恩来同志分别以“尽忠报国”“取义成仁”“为国捐躯”致挽。朱德、王明、王稼祥等到会，赞颂张自忠等爱国将领的民族气节和赫赫雄气。

国民政府主席林森为张自忠题“天地正气”，蒋介石题“勋烈常昭”“英烈千秋”，李宗仁题“英风不泯”，冯玉祥题“荩枕不死”，于右任作哀辞曰：“永为民族之光荣，是军人之圭臬。”董必武赋诗：“男儿抗日死沙场，青史名垂姓字香。中原倘有英灵护，争让倭奴乱逞狂？”

张自忠殉国后，国人悼文多至万千，而真诚感人、论事精翔、最堪激励勖勉当时和后人者，首推周恩来发表于1943年5月16日《新华日报》报首的那段文字：“……张上将是一方面的统帅。张上将的抗战，远起喜峰口，十年回溯，令人深佩他的卓越超群。迨主津政，忍辱待时，张上将殆又为人之所不能为。抗战既起，张上将奋起当先，所向无敌，而临沂一役，更成为台儿庄大捷之序幕。他的英勇坚毅，足为全国军人的楷模。而感人最深的，是他的殉国一役。每读张上将于渡河前亲致前线将领及冯治安将军的两封遗书，深觉其忠义之志、壮烈之气，真可以为我国抗战军人之魂……”“张上将之殉国，不仅是为抗战树立了楷模，同时也是为了发扬我国民族至大至刚的气节和精神……这种生死不苟、大义凛然的民族气节，乃是抗日战争中所需要的宝贵精神……”

1946年6月5日，蒋介石为张自忠将军家属签发了荣哀状，那是“荣字第壹号”！

解放以后，国家民政部追认张自忠为革命烈士，北京、天津、武汉恢复了“张自忠路”。原来的“张上将自忠殉国处”“张上将自忠同难官兵公墓”“张自忠将军纪念碑”“张自忠衣冠冢”（均在湖北），以及重庆北碚的梅花山陵园等都得到了修缮保护并重新开放。在山东临清筹建了“张自忠抗日烈士故里碑亭”，在湖北宜城修建了“张自忠将军纪念馆”，在全国恢复或命名了多所“荩忱中学”“自忠小学”“自忠中学”。出版了许多宣传张自忠将军的书籍；张自忠的牌位入祀台北忠烈祠，并列居首位。而坐落于台南市的张公庙也是终年香火不断。海峡两岸都把张自忠视为与岳飞、文天祥一样的英雄来敬仰和缅怀；更把张自忠将军视为民族英雄来纪念和称颂。

大作家郁达夫曾言：“没有伟大的人物出现的民族是世界上最可怜的生物之群；有了伟大的人物而不知拥护、爱戴、崇仰的国家，是没有希望的奴隶之邦！”

二、铁血将军

范筑先将军（1882～1938），山东馆陶（现归河北省）人，出生于农民家庭，9岁入私塾读书，13岁时因父病故而辍学，15岁后推车贩粮养家糊口。1904年因生活所迫，离家从军，先后任冯玉祥部第十三军少将参议、韩复榘第三路军少将参议，及沂水县、临沂县县长，1936年任山东省第六区行政督察专员、保安司令兼聊城县县长。

宁死不渡黄河南

1937年“七七”卢沟桥事变后，日军大举南侵。华北面临危亡之际，国民党数十万大军及政府官员纷纷渡黄河南逃。1937年11月，山东形势吃紧。此时，作为国民党在鲁西北最高地方官员，范筑先何去何从？

日寇入侵山东后，国民党山东省政府主席兼第三集团军总司令韩复榘为保存实力，向范筑先下达了南撤的命令，范筑先率领专署机关人员撤至黄河北岸的官庄渡口坐观形势。

共产党员姚第鸿等人反复劝说其拒绝韩复榘的南撤命令。范筑先立即召开部属会议，经过激烈争论，决心返回聊城。他说："大敌当前，我们守土有责，不抵抗就撤走，何颜以对全国父老？愿随我回去的就留下，不愿回去的就渡河南下，绝不勉强。"

1937 年 11 月初，日军侵入鲁西北，临清、高唐等城镇相继失守，形势骤然危急。韩复榘再命范筑先迅速撤退到黄河以南："黄河以北再无中国军队，你如现在不撤，以后就来不及了。"在此紧要关头，共产党员姚第鸿、张维翰向范筑先反复阐明抗战形势，再次劝说坚持敌后抗战。

范筑先将军经过反复考虑，他再次拒绝了韩复榘要其南撤的命令，并向全国通电。通电中说："裂眦北视，决不南渡。誓率我游击健儿及武装民众，以与倭奴相周旋。成败利钝，在所不计，鞠躬尽瘁，亦所不惜……"

自此，范筑先将军以区区一个地方专员，依靠地方武装和民众的支持，顽强地与日军周旋了一年多，身经大小战斗 80 余次，歼灭敌人 5000 多人，捍卫县城 36 座！

联共抗战树典范

范筑先将军坚持敌后抗战，既是其爱国主义精神的体现，也是他与中国共产党精诚合作的结果。

1937 年 5 月，中共中央北方局联络书记彭雪枫以探望同学的名义到聊城，与范筑先几次接触，使其更多地了解到中国共产党关于建立抗日民族统一战线、国共合作的主张，这使范筑先思想发生了巨大变化。于是，范将军邀请共产党员到聊城协助抗战，还委任共产党员姚第鸿为专署秘书。

10 月，山东省委挑选以共产党员和"民先"队员为骨干的 12 名少校干事和 240 名上尉服务员到聊城。接着，又派省委组织部长张霖之（解放后曾任煤炭工业部部长，"文革"开始后第一个被造反派打死的国务院部长）到聊城，以省委代表的身份统一领导鲁西北党的工作和统战工作。

为了更好地宣传抗日救国主张，范筑先在聊城创办了几所抗日干部培训学校，邀请共产党员做教员；他还发动群众组织抗战群众团体，如妇女救国会、战地服务团、青年救国会、儿童救国会等组织；他还先后主持出版了《山东人》《抗战日报》《先锋月刊》《战地新闻》《战地文化》《战线》等刊物，把鲁西北抗日局面搞得热火朝天、轰轰烈烈。

在通电发出之后，范筑先曾派人分赴武汉、西安，向国民党中央政府和八路军总部求援，不想遭到国民党中央政府的冷遇，却得到八路军驻武汉、西安办事处热情接待和大力支持，选派数十名干部及优秀青年知识分子到鲁西北工作。同时，八路军总部还派一二九师副师长徐向前率部挺进冀南，开辟抗日根据地，在军事上策应、支持范筑先坚持鲁西北抗战。

毛泽东主席、朱德总司令曾致函范筑先，高度评价他的爱国壮举和贡献。范筑先深受鼓舞，不禁感慨地说："当今之世，要救中国，要想不当亡国奴，唯有听共产党的话，我要和共产党合作抗战到底！"

范筑先采纳中共鲁西特委的建议，并在共产党的协助下，迅速在鲁西北地区恢复建立了27个县政府，其中13个县的县长由共产党员和进步人士担任。要坚持鲁西北抗战，就必须建立和扩大抗日武装。中共鲁西特委一方面协助范筑先收编遍布鲁西北的各种游杂武装，并派出政工人员对其进行改造；另一方面，创建共产党直接领导的抗日武装，作为支持范筑先坚持鲁西北抗战的骨干力量。在不到一年的时间，使范筑先统辖的部队，由1个保安营、不足1000人，迅速发展到35个支队、3路民军，共约6万人的队伍。

誓与聊城共存亡

范筑先将军常说："谁爱国爱民，我就赞成谁；谁损害国家和民众，我就对谁抗争，我不怕担责任。"

在抗战中，范筑先将军指挥部队主动出击，英勇杀敌，在一年多的时间里，歼灭了大量的日伪军。1938年夏，鲁西北抗日根据地建起了20多万人的群众组织，经济得到恢复，群众生活得到改善，抗战事业蓬勃发展，遂有了"山东红了半边天"的说法。

从1937年11月22日起，范筑先率部先后两败高桥联队，取得南镇大捷，两次收复范县、濮县……一时间，日军连战连败，嚣张的气焰在鲁西北受到了沉重的打击。

胜利是用抗日英雄的鲜血和生命换来的。1938年8月中旬，为策应保卫大武汉，范筑先调14个支队，动员上万民工，发起济南战役。烧毁敌飞机数架，毙敌一部，颠覆日军军车1列，日军伤亡100余人。但在敌人反扑时，遭受损失，战斗中抗日青年挺进大队大队长、范筑先的次子范树民壮烈牺牲。范筑先劝慰夫人武治国女士说："树民为国牺牲，是咱范家的光荣，不然，别人怎么知道你有这样一个好儿子？"范将军还在《抗战日报》上对各地军民给他的慰问电发表答谢启事："为国捐躯，系属军人光荣，承各方函电慰问，弥深感谢。马革裹尸，男儿应俱夙愿，即获疆场殉国，死后何憾！"不久，范筑先将军又将其长子、长女、三女都送到延安抗大学习，参加了革命队伍，这充分显示了范筑先将军忠于民族、誓死抗日救国的崇高品质。

鲁西北抗日根据地的发展，引起敌人的恐慌。1938 年 11 月 11 日，日军由济南、德州、禹城分三路进攻鲁西北，中心目标是聊城。11 月 14 日，日军步、炮兵 1000 余人，配有 3 架飞机，汽车、坦克 20 余辆，向聊城疯狂进攻。范将军率领少数守城部队，与敌血战 1 昼夜，毙伤敌 170 余人，终因实力悬殊，受叛徒出卖，不幸壮烈牺牲，聊城失陷。

英雄殉国后，举国哀悼。毛泽东获悉这一噩耗后，黯然神伤，不禁为中共失去这位杰出的同盟者扼腕叹息。

12 月 13 日，重庆各界举行追悼大会，蒋介石送了挽联。国民政府还“特令褒扬”，通令全国下半旗致哀 3 天。

中国共产党在延安举行追悼大会。吴玉章、董必武，朱德等亲笔为范筑先将军写了挽联。朱德在挽联中写道：“战事方酣，忍看多士丧之，惟其忠勇；吾辈尚存，誓必长期抗战，还我河山。”

范筑先将军的浩然正气，激励着全国抗日军民将全民族的抗日战争进行到底，并取得了最终胜利。

将军忠烈精神永存

1988 年，聊城市在将军殉国之处修建了范筑先纪念馆，邓小平为纪念碑题写了“民族英雄范筑先殉国处”，徐向前元帅写下了“范筑先与鲁北抗战”的题字，表达了中国共产党和老一辈无产阶级革命家对范筑先将军的深厚感情。

另据 2015 年 4 月 22 日《大众日报》报道：4 月 17 日，为纪念抗日战争胜利 70 周年和范筑先将军，电视连续剧《铁血将军》以抗日民族英雄范筑先为原型，由国家广电总局批准立项，5 月 5 日在聊城开机，8 月 5 日杀青，10 月 5 日剪辑成片，2015 年年底播出。

三、回民支队

抗日战争时期，在中国抗日战场上有一支劲旅——回民支队，马本斋任司令员。马司令率领回民支队血战冀中，威震鲁西北，千里驰骋，屡建战功。给日伪军以沉重打击。毛泽东称其为“百战百胜的回民支队”。

1901 年，马本斋出生在河北省献县的一个回族家庭，幼时受尽贫困。17

岁加入东北军。1932年，他所在的部队被国民政府改编后移至胶东地区，马本斋任团长。后来，马本斋因不满蒋介石的对日不抵抗政策，毅然卸甲回到故乡。

投身抗日

1937年“七七”卢沟桥事变后，马本斋响应共产党的号召，率弟弟和几十名乡亲组织了“回民抗日义勇队”。他的部队很快扩充，改编为“河北游击军回民教导队”。

1938年5月，与冀中军区司令员吕正操领导的回民干部教导队合并为回民干部教导部队，马本斋任总队长。

在共产党组织的帮助下，在人民军队的大熔炉和抗日战争烽火血雨的考验中，马本斋的政治觉悟迅速提高，决心加入中国共产党。“我决心为回回民族的解放奋斗到底，而回回民族的解放只有在共产党的领导下才能实现。”1938年10月，他光荣加入了中国共产党。他在入党志愿书上写道：“我甘心情愿把我的一切献给伟大的中国共产党，献给为回族解放和整个中华民族的解放而奋斗的伟业。”

1939年，回民教导总队改编为八路军第三纵队回民支队，马本斋任司令员。日寇扫荡华北，回民支队在河间、青县、沧县地区转战，并帮助“回民抗战建国会”组织伊斯兰小队，开展敌后游击战。并与八路军主力纵队和贺龙师长、关向应政委率领的一二〇师协同作战，消灭日伪军和土匪武装。

回民支队在冀中平原沉重打击了日伪军，敌人穷凶极恶地加紧对马本斋进行诱降、逼降。

1941年8月4日深夜，日军纠集千余人突然包围了马本斋的老家东辛庄，将马母抓走。随后，敌人送劝降信，妄图让马本斋归降。

当战士们纷纷要求前往解救时，马本斋镇静地劝说大家：“救是应该救的，可是目前战斗任务紧，不能为救自己的母亲而影响部队战斗任务。”

与此同时，马母坚贞不屈，怒斥敌寇，并以绝食的方式进行抗争，七天七夜水米未进，最终为国捐躯。得知母亲牺牲的消息，马本斋强忍悲痛写下“伟大母亲虽死犹生，儿定继承母志，与日本人继续斗争！”“祖国就是我的家，党就是我的母亲，为了他们，我决心献出我的一切！”

抗日劲旅

1940年，马本斋指挥部队使用围点打援战法取得衡水康庄战斗的胜利，又组织精干的小分队巧取莘县榆科伪军据点，扩大了敌后抗日根据地。

1942 年，日寇在冀中平原进行了灭绝人性的“五一”大扫荡，实行灭绝人性的“三光”政策(即烧光、杀光、抢光)，回民支队遭受到重大损失。为了保存这支少数民族的抗日力量，上级决定回民支队实行战略转移，考虑到鲁西北缺乏主力的现实，冀中军区决定调回民支队到鲁西北战场去战斗。

1942 年 6 月，马本斋率回民支队转移到冀鲁豫边区。后任八路军冀鲁豫第三军分区兼回民支队司令员，采用游击战术，率部在冀鲁豫平原上进行了大小数百次的战斗，取得了“反扫荡”战斗的多次胜利。他勇谋兼备，注意贯彻抗日民族统一战线和民族平等政策，在冀鲁豫地区为粉碎日军扫荡、建立巩固的抗日政权作出了重要贡献。

10 月初，冀中军区决定调回民支队司令员马本斋兼任鲁西北军分区司令员。马本斋作战勇敢，身先士卒，在回民支队和广大群众中享有很高威望。改编后的回民支队，在马本斋的率领下，战斗力不断提高，队伍发展到 2000 多人，成为一支能征善战的抗日劲旅。

回民支队威震冀中平原和鲁西北地区，有“攻无不克、无坚不摧、打不垮、拖不烂的铁军”之美誉。

马本斋打起仗来不主张力拼，而是善用巧劲。每次战斗都准备得很充分，他还发明了不少特别的“战法”。一次在攻克冠县的鬼子据点时，马本斋让战士顶着八仙桌，上面用多层湿棉被覆盖，前往敌碉堡安放炸药，这种“土坦克”让守碉堡的鬼子大为惊骇，密集射击也无济于事，鬼子、汉奸们只好举手投降。

1943 年 11 月，在八公桥战斗中，马本斋提出了“牛刀子钻心”战术，即集中优势兵力，突然袭击，首先挖掉敌总部八公桥，回过头来再扫清外围据点。此战毙伤敌数百名，俘伪第二方面军参谋长、特务团长以下官兵 1600 多名。战后，冀鲁豫区党委书记黄敬同志赞扬马本斋是“后起的天才军事家”。杨得志司令员指出：“奇袭八公桥，是摆脱被动，力争主动，破其一点，牵动全局的一着好棋!”

民族英雄

在长期的战斗生活中，马本斋南征北战，积劳成疾，不幸于 1944 年 2 月 7 日在山东莘县病逝，年仅 43 岁。

从 1937 年至 1944 年，马本斋率领回民支队，不怕牺牲，浴血奋战，英勇杀敌，经历大小战斗 870 余次，歼灭日伪军 3.6 万余人。在广阔的冀中平原和冀鲁豫大地上，所向披靡，屡建战功，打得日本侵略军闻风丧胆。

中共中央在延安为马本斋举行了追悼会，八路军总参谋长叶剑英高度赞扬了他光辉的斗争经历和卓越的军事指挥才能。毛主席题词“马本斋同志不死!”周恩来题词“民族英雄,吾党战士!”朱德题写挽词:“壮志难移,汉回各族模范;大节不死,母子两代英雄。”

后来,在马本斋工作和战斗过的地方——莘县张鲁镇,修建了马本斋烈士陵园。陵园里松柏掩映,庄严肃穆,在纪念碑亭的正前方是马本斋烈士之墓。

20 世纪 50 年代,根据马本斋的抗日英雄事迹,拍摄了电影《回民支队》,真实地反映了马司令的英雄业绩,使后人再次受到了爱国主义教育和革命传统教育。

四、刘海涛烈士

刘海涛,原名刘保仁,1907 年生于山东省东阿县刘集镇张集村。1942 年 11 月 2 日在沂蒙山区反“扫荡”激战中英勇牺牲。

刘海涛出生于祖国多难之秋,家境贫寒。1927 年,为生活所迫,只身去东北做伐木苦工,后来又在哈尔滨一带跑单帮经营猪鬃生意。他仗义疏财,同情劳苦大众,结识了不少穷苦朋友。

有一次,他去珠河县看望朋友,恰逢该县警察所一警察被杀,县警备队正在搜捕凶手,趁机打家劫舍,抢掠百姓。他仗义执言,结果惹恼了警察,将他捕至官衙,硬逼他承认是杀人凶手。尽管受尽了严刑拷打,但他始终不屈。后来,经过朋友、同乡凑钱疏通警察,他才被保释出狱。

这个耿直的山东汉子,受到历史上历次农民起义的影响,深深懂得穷人要想生存下去就必须奋起抗争,于是联合了 20 多个弟兄,手持木棍、斧头,在夜间偷袭了警察所,打死了骑在人民身上滥施淫威的警察头子,夺得了十几条枪,连夜走进了深山老林。从此,专门同贪官污吏、土豪恶霸作斗争,做出了不少杀富济贫的侠义事,赢得了人民群众的支持和拥护,队伍很快发展起来了。

1931 年“九一八”事变后,日寇占领我东北三省。为了反对日寇侵略,挽救民族危亡,他率部参加了哈东比较有名的孙朝阳义勇军。

1933 年,中共满洲省委军委赵尚志同志来到孙朝阳部,后任参谋长。他在部队中积极开展政治思想工作,号召战士们跟着共产党走,团结抗日拯救国家。这使刘海涛接触了党,并被吸收为党员。1933 年 10 月 10 日,中共珠河中心县委成立反日游击队,选举出赵尚志为队长。赵尚志带领刘海涛等队员庄严宣誓:“我们珠河反日游击队全体战士,为收复东北失地,争取祖国自由,千辛不避,誓为武装解放东北三千万同袍,驱逐日寇出东北,为中华民族独立解放而奋斗到底。”

1934 年春,为贯彻党的抗日民族统一战线政策,游击队联合了大批抗日武装,成立了东北抗日联合军司令部,刘海涛任大队长。

1935 年 1 月 28 日,东北人民革命军第三军成立,军长赵尚志兼一师师长,刘海涛任一师一团团长。他作战勇敢,身先士卒,率一团活动在延寿、方正地区,给日伪以沉重打击。

1936 年,刘海涛受上级党的派遣,到苏联莫斯科东方共产主义劳动大学学习。1938 年回国,到达延安。5 月,受党中央派遣到山东发动群众,组织武装,建立抗日民主政权,创建山东抗日根据地。刘海涛在泰西领导武装抗日工作,任泰西支队司令员。

1938 年 12 月 27 日,为统一山东地区各抗日部队的领导,中共中央决定成立八路军山东纵队,刘海涛任第六支队司令(副司令员何光宇,政委张北华)。1939 年 1 月中旬,八路军山东纵队进行改编,编成 10 个支队,刘海涛任九支队司令员,政治委员刘其人。

1940 年 2 月,刘海涛奉命率部进入滨海地区,广泛开展游击战,给日本侵略军以沉重打击,使滨海根据地不断扩大,为各抗日民主政权的建立创造了条件。9 月,山东纵队再次整编为 5 个旅、4 个支队。刘海涛任第二旅副旅长(旅长孙继光,政委江华),战斗在日照、莒县、赣榆、沂水等县。

1941 年 4 月 1 日,为适应战争的需要,中共山东分局决定将全省划分为胶东、清河、冀鲁边、鲁中、鲁南、鲁西 6 个战略区,刘海涛任鲁中军区司令员。此时,日军正集中兵力向解放区发动疯狂进攻,到处修碉堡、挖封锁沟,进行“铁壁合围”大“扫荡”,所到之地实行灭绝人性的抢光、烧光、杀光的“三光”政策。抗日战争进入最艰苦的阶段,使我抗日军民遭到难以想象的摧残。山东军民响应党中央“咬紧牙关,渡过难关”的伟大号召,团结一致,同仇敌忾,同敌人展开了针锋相对的斗争。

1941 年冬,日寇集中了 5 万余人的日伪军,对我沂蒙根据地进行“扫荡”。日寇侵华司令官畑俊六坐镇临沂,亲自指挥 4 个师团,分 8 路进攻鲁中根据地,实行所谓“拉网战”“梳篦战”,妄图将抗日军民统统消灭,实现霸占山东,进一步吞并中国的野心。此番战事,规模之大,范围之广,兵力之多,时间之长,手段之毒,都是空前的。日寇所到之处,狼烟滚滚,尸横遍野,血流成河,鸡犬不宁。

在抗日军民浴血奋战下,历时 7 周,终于粉碎了敌人的这次大“扫荡”,日军妄图消灭抗日力量的美梦破灭了。

这次反“扫荡”虽取得了胜利，但是也付出了巨大的牺牲，鲁中军区刘海涛，波兰友人、国际共产主义战士希伯，山东省战时工作推动委员会副主任兼秘书长陈明，山东纵队政治部宣传部长刘子超，刘海涛的爱人、部队卫生队队员黄凤芝和即将出生的孩子等数百人，于 11 月 2 日的战斗中壮烈殉国。

为了纪念先烈，缅怀刘海涛等抗日英雄的光辉业绩，八路军山东鲁中军区于 1943 年在沂蒙山区的万松山修建陵园。1944 年 2 月陵园建成，5 月“抗日烈士碑”即被日军炸毁。1965 年，中共山东省委、省人民委员会（即省政府）重建陵园并树碑纪念。

刘海涛烈士，生于祖国多难之秋，由一个农民的儿子成长为优秀的共产党员、出色的八路军高级指挥员。他南北转战，驰骋疆场，立下赫赫战功。正当壮年，不幸为国捐躯，其生也勇，其死也烈。豪气贯日月，英名共天地。他是故乡人民的骄傲，他的光辉业绩将为故乡人民留下永久的纪念，成为世代楷模，永远是东阿故乡人民学习的榜样！

五、汪洋烈士

汪洋，原名汪之政，字心斋，又名汪波，参加革命后改名汪洋。1913 年生于东阿二区顾庄（现属河南省台前县）一个较为富裕的农民家庭。幼时入私塾读书 6 年，后在其外祖父资助下，进入邓三黑高级小学读书。

1931 年秋，汪洋高小毕业，考入济南省立第一乡村师范，编入三级二班。当时的济南乡师，政治空气十分活跃，各种思潮、政治派别在学生中都有影响和活动。学生中不断组织读书会、时事研讨会、演讲会，评论国事、辩论救国的方法和道路。

满身土气的汪洋，怀着学习知识、寻求新思想的目的进入学校。开始，面对各种观点和主张，似乎有些无所适从。但是，爱思考、爱动脑的汪洋同志，没有盲从任何一种观点，而是一面默默地观察各种政治派别的言行，一面找来各种书籍、刊物研读。经过一段表面上的沉默，他终于认定中国共产党的主张更适应我国的国情，更适合于医治千疮百孔的中国社会。于是，他积极参加进步同学组织的各种活动，阅读了鲁迅、高尔基、李大钊等人的著作和进步刊物，和其他进步同学一起对其他各种思潮和政治派别进行了有力的抨击和批判，写下了不少进步诗词和文章。如：《一路之隔》《论鸦片战争》《强兵论》《论混账的旧世界》等，这些文章揭露了政治的腐败、社会的不平、百姓的苦难。

汪洋在文章中写道："鸦片战争受挫于英，甲午败绩割地于日……以鲜血洗列强之恶迹，以骨髓填世界之不平……""天下何时能平，黄河何时能清，民族何日振兴……"忧国忧民之心，献身民族之志，拳拳报国之意，跃然纸上，泣人泪下。

济南乡师的4年学习和锤炼，奠定了汪洋同志为中华民族革命一生的政治基础和思想基础，是他人生的转折点。

1931年"九一八"事变后，日本帝国主义侵占东三省。为反对南京国民政府的不抵抗政策，济南学生于12月初组织南下请愿团赴南京要求国民政府抗日。汪洋积极参加了济南车站卧轨和南京街头游行请愿活动。12月28日，汪洋和请愿同学在国民党军警的押送下，回到济南。

1935年7月，汪洋从乡师毕业后，就职于肥城民教馆。不久回到东阿，任教于县立高小。冬，汪洋联合教师魏轩、姜湘南、孙朝梅等人发动全县240多名教员，开展了反对县教育科长王占一把持东阿教育、任人唯亲、排挤进步教师，要求任用新人、改变东阿教育现状的斗争。斗争失败后，汪洋等4人被国民党东阿县长以扰乱社会治安为名，宣布开除。以汪洋为"首恶"分子为借口，驱逐其出东阿县境。

反动当局的迫害，使汪洋更加认清了当时社会的腐败与丑恶，坚定了献身革命的决心。之后，他往返于济南和北平之间，专门从事革命活动。

1936年初，汪洋考入西安东北军学兵队，并任中华民族解放先锋队指导员。2月加入中国共产党，遵照党的指示在东北军的基层做统战和抗日宣传工作。

1937年"七七"事变后，抗日战争全面爆发。汪洋被党组织派遣，和谷牧(新中国成立后曾任副总理)等人一起回到山东，发动抗日。他奔走于博山、淄川、潍县、临沂等地，发动群众组织抗日武装。年底，他被山东省委派到省委驻临沂军事工作组，和张岗等人一起打入国民党张黑元部，从事统战和兵运工作。1938年初，和张岗一起拉起了200余人的武装，在地方党组织的配合下，连同莒县共产党员谢辉的武装、兰陵等地的民众抗日武装共同组建了"十字路抗日游击大队"，建立了党领导下的鲁南第一支人民抗日武装。2月，该武装改编为八路军山东纵队四支队三团，汪洋任团长。4月底，汪洋率部参加了支队组织的反击国民党顽固派秦启荣部的战斗。1938年7月，二、三团合并为二团，汪洋任政委，他和团长、红军干部钱钧(新中国成立后，1955年被授予中将军衔)率二团转战在鲁中、鲁南山区。10月，由于二团战功卓著，中共苏鲁豫皖边区省委(5月下旬根据中共北方局的指示由中共山东省委扩大而成)宣布钱、汪率领的二团为“钢二团”,该团八连为“钢八连”,四连为“铁四连”。

1939 年 3 月 30 日,国民党第五纵队司令秦启荣部在博山太和镇制造了捕杀八路军山纵三支队政治部主任鲍辉等团以下干部、战士 200 余人的惨案。4 月上旬,山纵组织反顽战役,二团在钱、汪的率领下参战。经过几天激战,我军先后占领了淄川、博山以东的峨庄、朱庄等地,秦启荣部全部被击溃,缴枪 2000 多支。

1939 年后,汪洋任山纵四支队(次年 8 月,支队改为旅的建制)政治部主任。1941 年任四旅政委,和旅长廖容标一起率四旅活动在鲁中山区,为鲁中抗日根据地的开辟和巩固作出了贡献。是年,根据上级主力部队地方化的指示,四旅并入鲁中一分区(泰山军分区),汪洋任中共鲁中一地委书记(泰山地委)兼军分区政治委员。这时汪洋在紧急关头所表现的从容镇定、乐观主义精神给他身边的同志留下深刻的印象。1941 年夏,一次战斗的间隙,汪洋在一棵大树下召集干部会议,突然一颗炮弹落在距会场几步远的地方,与会干部见此险情,大都有些紧张,正在讲话的汪洋,看了一眼落地未炸的炮弹,风趣地说:“敌人怎么搞的,怎么派了个‘哑巴’来参加会议!”一语未了,大家开心地笑起来,会场上的紧张气氛为之一扫,表现了汪洋的大无畏精神和革命乐观主义精神。

1941 年 1 月中旬起,日军开始对山东各抗日根据地进行反复“扫荡”。仅在 10 月中旬,日军对泰山区的“扫荡”中,全区被焚烧的村庄就达 100 多个,人民的生命、财产受到重大损失,这年的大旱又使庄稼几乎颗粒无收,天灾人祸使山东抗日根据地进入抗战以来最艰苦的阶段。这时有部分干部产生了消极悲观的情绪,甚至有人叛变投敌。

为了渡过艰苦时期,保住泰山区这块抗日根据地,汪洋和地委、军分区其他领导,对军分区部队和县区政权,根据精兵简政的原则进行了裁减,实行减租减息,开展大生产运动。

汪洋亲自带领干部、战士开荒种田,帮助群众渡荒。同时从部队和机关中选派得力干部充实县区政权,组织精干的武装工作队,深入敌占区,惩处铁杆汉奸和投敌变节分子,从而使泰山抗日根据地在艰苦的环境中得以坚持。

1942 年 10 月,军分区司令员廖容标率军分区主力赴外线作战。汪洋带地委机关,驻莱芜县吉山刘白杨村,举办县区干部培训班。17 日,日军集结 6000 余兵力,分 6 路合击泰山抗日根据地。拂晓,哨兵发现敌情,遂鸣枪告警。汪洋当即组织突围。

汪洋率众冲出村子后，沿章（丘）莱（芜）公路南走不远，发现日军已占领公路两边的山头，并向他们迎面压来，遂又掉头北返。行到茶叶口村，又遇从章丘南下的日军，汪洋指挥军分区特务连向北突击，激战半小时，因敌势众，未能突破敌人阵地。汪洋又率众向东运动。到达吉山西岭后，召开紧急会议，研究突围方案，决定战斗部队轻装沿岭坡往东突击，干训班和机关从坡下隐蔽转移，他带 1 个排的兵力就地阻击尾追之敌，掩护主力行动。

部队和机关科室行动不久，尾随的日军接踵而至。汪洋和阻击分队在半小时内接连打退敌人的 4 次进攻，给敌以大量杀伤后，迅速脱离，向东转移。前行不远，又遇强敌，再沿东岭向南，打算冲上南山山头，占据制高点。行至山腰，先一步占领的日军突然压下来，这时尾随之敌也赶到山下，汪洋等被敌围在山腰。

面对上下夹击的敌人，汪洋和身边的战士英勇还击，竭力突围，但终因众寡悬殊，突围未能成功。这时身边战士大都战死，弹药将尽。汪洋果断地处理掉随身文件，对身边所剩不多的战士说："同志们，为民族献身的时候到了，我们要誓死不当俘虏！"接着他大喊一声："拼刺刀！"带头向敌人冲去，搏斗中，汪洋身边的战士相继战死，他也多处受伤。面对四周围上来的敌人，为了保持革命气节，誓死不当俘虏，他用最后一颗子弹结束了自己年轻的生命，年仅 29 岁。

这次突围战，共毙敌 300 余名，汪洋和 193 名指战员及地方干部也英勇献身。

汪洋牺牲后，八路军总部电告全军致哀，还在《解放日报》、八路军《军政杂志》、山东《大众日报》、鲁中《泰山日报》分别发表了悼念文章，纪念这位为中华民族解放事业而英勇献身的优秀共产党员和革命战士。

汪洋同志牺牲后，1942 年 12 月，李枚青在《泰山时报》发表《悼念汪洋同志》："学生时代的汪洋同志是个勤奋用功的学生，也是个纯正有为的青年，学校生活的后期，即表示了追求真理……他的参加革命，绝无半点投机取巧，而是赤诚忠心的献身阶级、献身民族。"

1942 年 12 月 7 日，《解放日报》发表姚仲明（东阿人，解放后曾任驻印度尼西亚大使、文化部副部长）等《悼汪洋同志》的文章："在长期的独立工作中，他摸索着，不失方掉向……是个知识分子干部，同时又具有许多老干部的特长……"

1945 年 8 月，泰山地区军民共议，将吉山小学改为"汪洋小学"，当地医院命名为"汪洋医院"，将吉山古钓鱼台加以修筑后，改名为"汪洋台"，并建亭立碑刻文，加以纪念。碑文中说："善于团结人，待人接物很自然，从严肃直爽的态度中，使人感触到他有一股蓬勃的热情，毫无冰冷之感；下级感到他是和蔼可亲的导师，同级感到他是亲密团结的战友，这一切表现了共产党人与群众领袖的品质……生活艰苦朴素，从未闹过特殊。”

解放后，中共山东省委、省政府将汪洋烈士迁葬至济南英雄山。迁葬那天，吉山群众400多人自动护送灵车15公里。

1985年，国家拨专款，将汪洋台修葺一新。人们纷纷赶到吉山，凭吊烈士忠魂，缅怀先烈英绩。

六、田维新将军

田维新，我党高级干部、我军高级将领。1916年生于山东省东阿县鱼山镇田庄村，2005年卒于北京。1937年参加八路军。1939年加入中国共产党。抗日战争时期，历任山西青年抗敌决死队第三纵队游击支队指导员，支队政治部主任，太行军区祁县独立营政委，军分区政治部敌工科长，三支队政治部主任。解放战争时期，历任晋冀鲁豫军区三纵八旅二十二团政委，旅政治部副主任，第二野战军十一军三十二师政治部主任。

中华人民共和国成立后，历任川东军区大竹军分区副政委。1950年，他曾率部参加抗美援朝战争，后任十一军三十二师政委，十六军副政委，沈阳军区政治部副主任，沈阳军区副政委，中国人民解放军总政治部副主任。1955年被授予大校军衔，1964年晋升为少将军衔。第四届全国人民代表大会代表，中国共产党第十届中央委员会委员。

参加聊城保卫战

1931年，“九一八”事变后，东北三省沦陷的消息很快传到鲁西北重镇聊城。顿时，聊城省立二中的整个校园沸腾了。

此时，正在二中求学的田维新，被同学们推选为宣讲代表。他登台大声疾呼，同时，还强烈要求学校当局带领他们到南京去请愿。青年学生们的爱国行动，触怒了国民党反动派的地方政府。一天深夜，田维新和同学们正在睡梦中，突然一阵紧急集合的铃声响彻整个校园，把同学们惊醒。他们匆忙赶到了操场。

到了操场后，只见整个校园已布满了韩复榘部驻聊城某旅的大刀队。学校当局以“闹学潮”的罪名，宣布将部分青年学生开除学籍，田维新也在其中。随后，韩复榘的大刀队不顾学生们的怒骂、反抗，强行将他们押出聊城。

田维新被二中开除后，又到济南考上了一所中学。但终因有"闹学潮"的罪名，又被有关当局强行取消了入学资格。他只好回到家乡东阿，当了一名小学教员。不久又考入寿张省立乡八师。

1937年"七七"卢沟桥事变爆发的炮声，震动了鲁西北大地。在民族危亡的关键时刻，田维新毅然投笔从戎，到山东第六区专员范筑先将军部下当了一名少校军需官。

范筑先司令清正廉明，爱国爱民，聊城人民都很敬重他。范将军是真正的民族英雄。

抗日战争爆发后，范筑先将军与共产党人团结合作，共同抗日。

鲁西北的抗日形势发展很好，这就引起了日军的恐慌。

1938年11月中旬，日军一一四师团秋山旅团千业联队从东阿鱼山过黄河进攻聊城。14日上午，范筑先将军召开军事会议，决定把部队、机关、学校转移到城外去打游击。会后，有关人员陆续撤出了聊城。

田维新奉范将军命令撤退时，聊城的形势已经很吃紧。他正巧碰上也准备撤退的《抗战日报》总编辑齐燕铭(1907～1978年，北京人，蒙古族，解放后曾任周恩来总理办公室主任、文化部副部长)。他们二人疾步来到北门。此时，守城的士兵正在关城门，他们刚从门缝中挤出去，城门就紧紧地关上了。

田维新事后得知，范筑先将军和优秀共产党员张郁光、姚第鸿均未来得及撤出，被日军围在城内。范司令率部奋勇抵抗，浴血奋战，最后英勇献身，光荣殉国。

聊城失守后，田维新辗转到了太行山区，于1939年3月进入抗大一分校学习。从此离开了故土鲁西北，离开了东阿县，开始了他的军旅生涯。

在多年的革命斗争中，田维新也从一名进步的青年学生，在党的培养教育下，在战火的磨练和考验中，逐步成长为我党、我军的高级干部和高级将领。

艰苦抗战斗敌顽

1940年冬季，日本侵略军对抗日根据地不断进行"扫荡"，实行灭绝人寰的"三光"政策。太行山区军民，面对空前的困难，进行着艰苦卓绝的斗争。

八路军总部根据形势发展的需要，决定由决死三纵队兼管第三军分区的对敌斗争工作。田维新时任三纵游击支队政治部主任。年近岁末，第三军分区政委付雨田同志找到田维新说："根据同志们介绍，你工作不错，很行。党委决定你去祁县独立营当政委，那里情况很复杂，斗争很艰苦。你对工作分配有什么意见?”

田维新立即回答:“我不怕复杂,也不怕困难,敢于前去。但说我很行,不敢当,是过誉。”付政委还说:“地委书记王一伦同志还准备找你谈话,你任政委的工作就这样定了。”王一伦书记和温建平同志在谈工作时,准备让田维新担任县委书记。田维新考虑自己缺乏全面抓军队和地方工作的经验,表示难以胜任。由于一再坚持,王书记同意田维新不再任县委书记,但要参加县委的工作,主管祁县的武装斗争和建设,凡属军事方面的问题,由其作结论、写报告,直接对地委负责。

1941 年 1 月 1 日,田维新带了一名通信员,到达独立营所在地——下凹村。

1. 受命于危难之机

祁县是兵家要地,位于太原以南偏西 70 多公里。它东南高,西北低,大部为平川,昌源河纵贯全县,后注入汾河。这里土地肥沃,经济、商业和交通都有较好的发展,因此在山西享有“金太谷,银祁县”之称。当时,祁县隶属的三地委,是太行根据地的心腹地带,驻有中共中央北方局、八路军总部、一二九师师部等重要机关。祁县既是太行山区的西北门户,又是同蒲、白晋铁路的交通枢纽,坐落在两条交通大动脉的“人”字接口上。祁县还是我党往返于延安的交通线,掩护过陈毅、徐向前、陆定一(曾任中共中央书记处书记、中共中央宣传部长、国务院副总理)、陈光(曾任八路军一一五师代师长)等许多领导同志过路。由于这些特性,祁县成为敌我斗争之战略要地。

祁县还是日寇的模范县。日寇、伪军和国民党反动派,在对我抗日根据地加紧全面进攻的同时,还推行了“治安强化”的政策,尤其对交通沿线实施了极严格的控制。

百团大战之后,敌人沿铁路、公路几公里就设一个据点,并形成了纵横交错的网状运动线,不仅在祁县县城周围的平川撒满了“棋子儿”,而且在抗日武装所依托的山区也楔进了“钉子”,如距下凹村以西 5 公里多的洞顶山据点之敌,居高临下,对独立营造成了直接威胁。敌人全县联防,各村都有“维持会”“护村队”,宪兵和便衣特务的活动非常猖獗,祁县成了敌人“强化治安”的“模范县”。

由于上述原因,独立营的处境极为险恶。独立营的 2 个连队,被敌人压迫在东山上,并不断遭受合围、夹击的威胁,在军事上处于被动挨打的局面。

时值隆冬,战士们没有衣服御寒,只好从老百姓那里借来被子,晚上蒙着睡,白天则披挂在身上,用绳子扎着,群众戏称战士们是“麻包太君”。粮食更为紧张,经常出现等米下锅的现象。人民群众、地方干部和部队都被悲观失望的情绪所笼罩着。

更为严重和恶劣的情况是部分意志不坚强的人叛变投敌。1940年底，独立营的特派员张自修带一排投降了敌人。田维新到独立营不久，营长汪光前、县长任廷衡、公安局长李有魁也先后投降敌方。县以下的4个区，除三区的区长谷浪、四区的区长李捷等同志还在坚持外，一、二区已没有干部了，群众工作基本瘫痪，形成了祁县最严重、最困难的局面。

2.整顿队伍，巩固东山，面向平川

以身作则才能使人心服口服。地委关于祁县工作的指示是：以武装斗争为中心，以平川为重点。

田维新到独立营后，经过反复的调查思索，决心从实际出发，先从整顿队伍入手，巩固独立营在东山的根据地，然后面向平川开展工作，为下一步把工作重心移到平川创造条件。

独立营的营长投敌后，田维新立即宣布吴克鲁同志为副营长，不久军分区即正式任命。1941年四五月间，虽派付继忠任营长，但分区又批准他调走的要求，以后一直没营长。在田维新的请求下，分区派来一批干部，包括特派员阎起林、连长彭寿祺、指导员王龙保、管理员刘文等。

他们首先进行了政治教导和纪律整顿，讲清抗日斗争的艰苦持久性和武装对敌斗争是生死攸关的唯一出路，进行抗战新阶段的再教育，坚定抗战必胜的信念，激发誓死保卫根据地的精神，克服斗志低落的情绪，宣讲“三大纪律八项注意”；增强部队的凝聚力，克服自由主义和流氓习气；学习中央关于调查研究的决定，发动群众对敌人运用各种手段进行调查研究，提出实事求是的建议，使大家明确武装斗争不能离开人民群众的道理，围绕一切为了对敌斗争，发扬民主，发动群众，抓民兵建设和改造、争取伪政权的工作，打破敌人的政治“围剿”。

其次，建立健全党团组织和生活制度，要求每一个干部深入到战士中间，促膝长谈，关心疾苦，从内部建立起坚强的“战斗堡垒”。同时，抓训练和管理，由营管理员刘文负责三区征集粮食，解决供给困难，创造起码的生活条件。经过这些努力，独立营的精神面貌和生活条件都有所改变，队伍有了活力，祁县的武装斗争局面有了新的转机。

子洪口伏击战的胜利。为了打击敌人的嚣张气焰，壮大抗日声势，独立营四处侦察，寻找战机。情况摸清后，请示上级派部队打一仗。1941年4月，分区参谋长刘昌义率决纵九团来到祁县。据情报，从太原来的敌汽车队要经过子洪口据点进入山区。田维新分析，敌愈近其据点就愈麻痹，决定就在子洪口外设伏，由九团主攻，独立营截车打援。这一仗仅用半个多小时，就击毁日寇军车4辆，全歼押车之敌，缴获全部机械物资，由子洪口据点出来的援兵也被击毙一批。伏击战的胜利，长我志气，灭敌威风。独立营从此声威大振。

巧计克鲁村，西进拔据点。为实现西进向平川开展武装斗争的意图，必须扫除西进的障碍。1941年麦黄时节，独立营决定去拔除鲁村据点。事先他们做了充分的调查，掌握了准确的情报。鲁村在子洪口北5华里紧靠铁路，驻有一个伪军排。他们与太谷县的伪军实行联防，互相支援。这一仗要打好，宜智取巧夺，靠速战速决。为此田维新从全营挑选出20名精壮战士装扮成太谷县的警卫队，对这次行动进行了详细的策划。

一天黎明，我军这支骑着自行车、打着日伪军旗的"伪军"到达鲁村，在门口站岗的伪军哨兵见后点头迎接。田维新率战士直闯伪军住的大院，二三十名伪军还在梦中，战士们悄悄进屋，先收缴了枪支弹药，然后叫道："快起来！有情况！"伪军一下子炸了锅。

伪排长薛诚被惊醒后摸手枪时，被我战士捉住。"举起手来，我们是八路军。"伪军个个变成了俘虏。当时屋顶上还有一名哨兵，他反应过来时已晚了，朝天放了一枪向子洪口的敌人报告，当即被捉住。就是这一枪，成为根据地军民传颂的题目——一颗子弹拔了一个据点。这个薛诚，后作为"内线"放回祁县，在以后我军攻打祁县县城时，率部起义，打开了西门，把我军接进了城，后被任命为我军中队长。

反奸破李甲，智擒特务。经过整顿队伍，打击日伪，独立营在群众中的威信日益提高，内部团结也更加紧密，有了问题能够及时发现。

一名战士反映七连五班的班长李甲经常煽动不满情绪，与一些人的来往不正常。联系七连怪话、谣言多的情况，此事引起了田维新的警觉。为稳妥起见，他请示上级派来保卫部的侦察员，以老百姓参军的身份安排在五班。他投李甲所好，逐步被李甲视为心腹，"加入"了反动组织。

三个月后某日，侦察员跑来报告："李甲准备在今天太阳压树梢时动手，解决营部后拉走队伍，投降来接的敌人。"并说："这事千真万确，我对党负责。"田维新立即与特派员阎起林布置下去，按事先掌握的23个名单，逐个禁闭押送军分区审查。李甲供认了自己是太原派来的特务，为争夺祁县打入我军。4名主犯经一二九师军法处理后，由独立营召开有当地群众参加的反奸胜利大会，公布罪行，当场镇压。李甲案的破获在分区影响很大，特派员阎起林受到分区的嘉奖。经过进一步的反奸教育，干部、战士、群众的警惕性得到了提高，纯洁了队伍，孤立了敌人。

反维持会斗争取得重大胜利。自1941年下半年起，独立营继续采取军事打击与政治争取相结合的方针，摧毁敌伪政权，建立我抗日政权。对远离敌占区的村庄，发展民兵队伍，建立农会、青年会和儿童团等组织；对靠近敌占区的村庄，独立营开展反维持会斗争，打击了汉奸首恶分子，争取中间人物，建立表面上是日伪的，实际上是为共产党工作的革命两面政权，使敌人的维持会等组织纷纷瓦解。

刘文游击队使日伪闻风丧胆。1941 年，为加强三区的工作，独立营派出了刘文等同志。刘文政治坚定，胆大心细，作战勇敢，他带领铁路工人出身的王振刚、高发增 2 名战士，号称“刘文游击队”进入三区。他们的任务，一是袭扰敌人；二是摸情报；三是搞粮食；四是宣传组织群众。他们着便衣，别短枪，机动灵活，神出鬼没，到处袭击小股日伪军，惩罚汉奸、伪村长。时间不长，搞得三区的敌人龟缩在据点内，闻风丧胆。伪村长见到刘文的信就赶紧给游击队送粮。随着日伪军活动范围的紧缩，独立营乘机在一些村发展民兵，建立两面政权作为耳目，征集军粮。到 1942 年 5 月，三区有半数村子掌握在共产党手中，还有些村子成为两面政权。三区得手后，即成为独立营进入二区的跳板。至此，巩固东山、面向平川的格局形成了。祁县的抗日局面有了根本的好转，呈现一派欣欣向荣的新气象。

3.向平川前进，争取更大胜利

在祁县抗战形势根本好转的基础上，为了争取更大的胜利，必须向平川前进，但是也绝不是一帆风顺，曾遭遇到探路遇险的困境。

从策略上讲，把工作重点转移到平川是独立营在祁县这个局部的阶段性目标。如何实现这一转移？以何种形式开展工作？为了解决这一问题，田维新仍采用了深入调查研究、走访群众、投石问路的老办法。

在 1942 年的麦收季节中，田维新和县委书记、民政科长、“刘文游击队”等 9 人组成的临时侦察队，从鲁村过去，渗透到平川地带的二区进行直接侦察。

第一天他们就几乎陷入绝境。催交公粮的日伪军发现了他们，并喊叫着追过来。他们跑进一个村子里，翻墙进入老乡家。这个村是维持敌人的，老乡很害怕，经一再做工作，容他们躲藏起来，还给了一些吃的。过了一个时辰，他们估计敌人走了，就向老乡告辞。谁知刚一出村就又碰上了敌人，这次不能再进村了。就沿着乡村路向前猛跑，枪声在后面响成一片。

田维新看到路旁出现了雨裂沟，就领头出溜下去，正好有一个老百姓掏土时挖的洞，向公路凹进去。他们挤在里边大气也不敢出，只听着头顶上的敌人“呼、呼、呼”地跑过去。不一会儿敌人又折了回来，他们又沿着雨裂沟向前钻，不知不觉到了一片坟地里，而前面又是断崖绝壁。没有路了，他们做好了拼死一战的准备。田维新压低声音嘱咐大家:“没有我的命令,不准开枪!”也许是神差鬼使,敌人竟没有朝这边来,隐约听见几声吆喝就走远了。他们躲过了一劫,遂迅速脱离了险境。

经过几天的侦察,独立营感到敌人在二区的力量还很强,暂不具备全面开展工作的条件,还是先派一支力量较强的游击队袭击敌人,逐渐壮大抗战力量为上策。于是,田维新挑选了20人,配备较好的武器,正式组成了新的刘文游击队,进入平川。

妙用杀牛刀,奇袭下古县。1942年冬,游击队报告了驻守下古县的伪军第二中队的情况,战机又出现了。

下古县有土城,每天伪军从城东北角的碉堡里出来,到西北角的麦场上去做操。除值日排长带一支手枪外,其他人都是徒手跑步。田维新一听十分高兴,当即下定奇袭下古镇的决心。因为一方面敌人犯了人枪分离的致命错误,这是兵家大忌;另一方面当地老百姓非常痛恨这帮汉奸——尤其姓韩的中队长坏透了,早就要求共产党和八路军收拾他们。

根据地形,田维新把战场分成3组:机枪组设在城角小山上,执行掩护任务,另2个组挖开土围墙入城。挖墙的办法是一位老乡提供的,用杀牛刀连捅带旋,不声不响很快就是一个大洞。钻进去的战士,隐蔽在麦场西北的小屋里,一个躲在麦场东墙门后。不一会,伪军列队而来,刚进入场院,“咣”的一声,门被关上了。战士们从小屋内涌出,伪军连队形都没有变,就被赶进小屋。一个组看押俘虏,另一个组迅速向碉堡扑过去。

冲在最前面的是王振刚,但不幸中弹牺牲。愤怒的战士们一阵猛打,很快结束了战斗,击毙了负隅顽抗的敌军,缴获了大部分枪支弹药。2个组汇合后,在机枪组的掩护下,押解着俘虏夺西门出城,战斗胜利结束。破墙痛杀敌,鼓舞了当地人民抗战的热情。

智取涧壑岩,消灭“拦路虎”。距奇袭下古县战斗不久,独立营又巧妙地打了一仗。

子洪口以南的鲁村据点被拔掉以后,敌我之间的把门之路之争一直在继续。日伪在鲁村以东的涧壑岩又构筑了据点,成为山里山外间的一只“拦路虎”。

涧壑岩向东,有个田庄,由于田维新经常带人去做群众工作,因而对这一带的地形很熟悉,和乡亲们的关系也很好。因为他姓田,在田庄还认了几个“本家”。通过这些群众,田维新逐步掌握了敌人很详细的情况。涧壑岩是个小山头,山头东面靠近我方一侧由日军驻守,山头西面靠近敌占区一侧由伪军驻守。平日里,伪军不准到日军的碉堡里去,日军却可以过来查看,这就有隙可乘。况且由于日军靠前配置，伪军高枕无忧，可以出其不意先干掉他们。

田维新考虑成熟后，叫来七连长彭淑齐等干部商议战斗方案，布置战斗任务。大家都感到计划很周密，但对于能否实现还心存疑虑。田维新则斩钉截铁地说，就这样打，万无一失。

在一个刮着西北风的漆黑夜晚，估计敌哨兵耐不住严寒会蜷缩起来，田维新带着七连摸了上去。彭连长带部分人堵住可能出现敌人援兵的来路。田维新带的人分为两股：一股靠近日军碉堡准备吸引、钳制他们，一股去端伪军的老窝。伪军的院落傍山而建，他们沿山腿子下去就到了屋顶上。几个战士从屋顶跳下去，迅速打开院门、屋门，伪军很快就束手就擒。当时屋顶上的哨兵大喊着往院外跳下，一落地就被我隐蔽在墙根的战士制服。日军在碉堡听到动静，慌忙开枪，立即尝到鼻子下面回敬的几十枚手榴弹，被炸得“嗷嗷”直叫。

十几分钟，战斗就结束了。伪军原来只驻有1个班，今天碰巧还有从子洪镇来换防的1个班也住下了。这一下子就俘虏了2个班伪军和20多条枪。彭连长像孩子一样搂着田维新政委直跳，说：“政委，这仗打得好，怎么算得这么准？”田维新说：“想打巧仗靠侦察，是乡亲们提供的情报准。”

4.1只鸡换来6支枪，祁县局面终于被打开

沿着白晋路向北，行至与凤沟相接处，有一个日军的据点。日军的碉堡设在半山腰上，碉堡周围是院落。一位叫王永征的班长经过详细调查，认为只要能打开院门，就有办法袭击敌人，独立营采纳了他的建议。

乘着夜色，几名化装成老百姓的战士提着一只老母鸡敲响了据点的院门，一个伪军扒着门缝问：“干什么的？”王永征答道：“送情报的。”伪军说：“把情报塞进来吧。”王永征又说：“还有鸡慰问兄弟们，开下门吧。”说着拎着老母鸡晃了晃。这一招果然灵，门一开，几个战士一拥而上，按计划冲进屋里，逼着敌人收缴武器。得手后，战士们迅速撤退。走出几十米，碉堡里的敌人才打出枪来“送行”。去的时候提了1只鸡，返回时多扛了6条枪。

在这个积极进取的冬季，独立营还攻打了南团柏据点，镇压了日伪翻译官等汉奸，破坏了子洪口到盘陀的铁路，摧毁了许多村、镇伪政权。连续的军事进攻，搞得敌人终日不得安宁。到1942年年底时，祁县的大部分村庄被解放，日伪的小据点丧失殆尽，敌人被迫龟缩在几个较大的据点内提心吊胆地过日子，敌攻我守的形势反转过来，祁县的局面终于被田维新政委和独立营彻底打开了。

军分区首长的评价：“独立营之模范者。”1943年，祁县独立营全年战斗

23 次，毙伤日伪军 50 名，生俘 55 名；缴获轻机枪 1 挺，步、马枪 69 支，子弹 1400 余发。

在第三军分区司令部的军事报告中写道："祁县独立营的活动，在我们三分区来说是惊人的，堪称独立营之模范者。"

报告中还对独立营的成功经验作了以下总结："(1)独立营是在敌人格子网内发展壮大起来的，与敌经常接触，进行不疲倦的斗争，否则无法生存；(2)克服了军事活动和教育上的主观主义，发挥了指挥的创造性和灵活性；(3)与群众利益相结合，一切行动适合群众的要求；(4)军事活动与政治结合的灵活性。"

这是军分区首长对祁县独立营战斗经验的总结，也是对独立营政委田维新的高度评价，是实事求是的，也是对其他县的武装斗争具有指导意义和值得借鉴的。

1943 年，田维新同志调任三八五旅太行三区政治部敌工科科长，兼任分区敌工站站长，离开了 4 年朝夕相处的独立营和他的战友们。

田维新同志迎着朝阳，又踏上了新的征途。时刻准备着，为党、国家和人民在新的工作岗位上做出更大的贡献。

七、枣棵杨惨案

1945 年，抗日战争进入第 8 个年头，东阿县黄河两岸的日伪军据点，大部已被抗日武装拔掉，运东抗日根据地连成一片。但日军仍在垂死挣扎，对我抗日根据地进行残酷"扫荡"。驻东阿的日军为了破坏抗日根据地，抢掠根据地的人力、财力，于是年初纠集济南、泰安、莱芜、新泰的日军 4000 余人、伪军 6000 余人，渡过黄河，对包括运东根据地在内的鲁西抗日根据地进行疯狂的"扫荡"和抢掠。

1945 年 2 月 20 日(农历正月初八)，日军到达地处赵牛河东岸、属运东根据地的堡垒村枣棵杨。当时，这一带日、伪、顽军三方勾结，碉堡、据点林立，最近的据点距离仅 3 华里。敌人经常出来"扫荡"，杀人放火、逼粮要款，这里的抗日民众在中共地方组织的领导下组织起联防，与敌人进行了艰苦卓绝的斗争。

枣棵杨村有 500 余人，由 25 名联防队员组成的钢枪班，他们集体吃住，日夜轮流值班监视敌人，遇有情况立即通知全村作好战斗准备。他们还有 200 多人的自卫队，邻近分片，组成 20 多个战斗小组。每个小组有土炮一门，土枪数支，还有大刀、红缨枪。青年妇女也组织起来，制造黑色火药，砸破铁，备铁砂，供土枪、土炮使用。

敌人来了，各小组立即进入各自的更屋（修在房顶上的监视敌人、战斗隐蔽用的小屋），钢枪班则作为机动力量，随时支援战斗最激烈的地方。因此，小股敌人从未能进入这个村子。枣棵杨村成为运东抗日根据地的重要堡垒村之一。它像钉子一样牢牢地扎在敌人的痛处。为此，敌人经常到这里骚扰，想伺机拔掉这颗硬“钉子”。但由于这里的群众顽强斗争，敌人的阴谋终未得逞。

1945年2月19日（农历正月初七）傍晚，冀鲁豫军区第一军分区第三团驻进这一带村庄，枣棵杨村驻了一个连。八路军为避免与敌人正面作战，于次日黎明前撤走。

20日（正月初八）黎明，敌人尾随而至。冷飕飕的东北风吹得人们浑身发抖，在村西北角一座更屋里值班的钢枪队队员刘安芝，忽然发现西边干涸的赵牛河里有敌人向村边运动。他顺手拿起大梆子敲了起来，警报立即传遍全村。自卫队队长杨立秀立即带领钢枪班检查各小组进入战斗岗位的情况，并告诫他们：土枪、土炮射程近，一定要等敌人靠近再打。随后，又组织老弱妇孺到地洞或夹板墙中隐藏起来。他一再叮嘱，不管外面发生什么情况也不要随便出来。

天亮后，五六百名日军顺赵牛河由北向南运动。他们爬上河沿，四面散开，悄悄地向村子围来，村中没有一点动静。敌人摸不清情况，不敢贸然进攻。首先向村中打了一梭子子弹，以探虚实，但村中仍然死一样的寂静。

敌人慢慢向村子靠拢，只听得杨立秀一声令下，一批手榴弹呼啸着向敌人飞去，“轰轰”地炸开。土枪、土炮也带着愤怒和仇恨，朝敌人劈头盖脸地打去。敌人马上停止了前进，缩在地上开始还击。步枪、机枪子弹冰雹般地打在土墙上，爆起一片片黄色的烟尘，小钢炮射出的炸弹落进街头、房顶，立即腾起一股股烟柱。

战斗首先从西北角开始，接着四周都响起了枪声，敌人包围了整个村子。

村西南角杨西莲战斗小组打得十分激烈。参加战斗的八九个人中，有杨西莲的父亲杨玉录、叔父杨玉元、哥哥杨西荣。战斗中，杨玉元一下子解开衣扣露出紫红的胸膛，眼睛红红地冒着火，一边向敌人叫骂着，一边朝敌人还击。他被敌人子弹击中胸膛，当即牺牲。杨西莲一看叔父牺牲了，像疯了一样不顾一切地向敌人射击，身上的棉袍被打出了五六个洞，并冒着青烟，他也不理睬，继续向敌人射击。小组成员杨玉林负伤后被强扶下房，但他趁人不注意，又爬上房去继续战斗，直到最后一口气。杨玉敏也牺牲了，杨玉录从房上掉下来摔伤了腿，但这个小组仍然顽强地抵抗着，参战的八九个人大都牺牲。

正当西南角的战斗激烈进行的时候，钢枪队队员杨西才跑来支援。他是个有名的猎手，许多凶恶狡猾的野兽曾在他枪口下丧生，人称“神枪手”。杨西才发现一个拿小旗的日军在上下左右地挥动着进行指挥，便伏下身子，一枪就把他打死了，紧接着又把敌人的一名机枪手击毙，另一名敌人想爬过去援救，结果也被打伤。敌人气疯了，机枪、步枪、小炮一齐向杨西才打来。但是，杨西才已经转移了阵地，连半根毫毛也没损伤。

南门的战斗小组形势特别险恶，在打退敌人的几次进攻中，杨玉奎、杨玉珠先后牺牲。杨玉银负了重伤。杨西角的双腿被弹片炸得血肉模糊。杨玉芝的嘴里崩进了一块弹片，但仍一边高声骂着敌人，一边愤怒地还击，直至壮烈牺牲。只有八九岁的杨绪亮和有腰伤的父亲杨西田也跑出屋来往房上递火药、铁砂。杨绪亮的爷爷杨玉兰60多岁，双目失明，帮不上什么大忙，便站在院子里一遍遍地高喊：“老少爷们，都上房，坚决顶住，拼死也不能让敌人进来!”鼓励大家勇敢战斗。

班长杨玉田的爱人张玉莲快要生孩子了，别人劝她隐蔽起来休息，但她执意要和丈夫一起参加战斗，一步也不离开。一刻不停地送火药、运碎铁、递砖头，她苍白的脸上挂满了汗珠，不停地流下来，也顾不上擦。肚子一阵阵疼痛，可她咬紧牙关，一声不响地坚持着。当晚，她生下了可爱的女儿小玲，可是杨玉田却没能见到自己亲爱的女儿，他在上午带头突围中牺牲了。

杨立兴在南门上看到西南角的战斗小组伤亡较大，火力逐渐弱下来，处在危急之中，便立即前去支援。他还没有迂回过去，就负伤栽倒了。杨立恒急忙跑去救护，一颗子弹打穿他的嘴巴，血流如注，但他不顾自己的安危，仍然跑过去，抱起杨立兴，而此时杨立兴已经停止了呼吸。

战斗持续了4个多小时，一个以土枪、土炮、手榴弹为主要武器，仅500多人的小村子，在武器落后、弹药不足的情况下，面对人数众多、装备精良、训练有素的强大敌人，不惊慌，不屈服，英勇顽强地抵抗着。铁砂没有了用锅铁，锅铁没有了用砖头，打退了敌人一次又一次的进攻。这就是中国人的民族脊梁，这就是不屈不挠、不怕牺牲、顽强战斗的民族精神。

上午10点多钟，敌人爬上了围墙。自卫队长杨立秀深感无法再坚持下去了，便决定带自卫队员和部分群众冲出村去。他先到北门，一看敌人兵力很强，便又转向南门。张立方想从水沟中偷偷爬出去，结果中弹倒下。他们打开南门，杨玉田带头一下子冲了出去，结果一阵机枪子弹扫来，身中数弹当场牺牲。杨立秀一看不行，想立即关门退回去，但为时已晚，敌人随后跟着冲了进来。队员们只好撤入关帝庙内，把没有子弹的枪支藏好，分散隐蔽起来。

敌人冲进村子后，到处搜捕、杀人、放火，柴草被点燃，房屋被烧着，到处是一堆堆大火，几丈高的火舌舔着周围的一切，树木被烧焦了，弹孔累累的土墙被烤红了，房架烧塌，火光冲天，烟尘滚滚，热浪翻天，被烤热了的空气直呛得人们喘不过气来。

一名日军从房上跳下，端着上了刺刀的大盖枪闯进了杨张氏的屋里，50多岁的杨张氏用身体挡住躲在她身后的23岁的杨王氏。敌人看只有两名妇女，便瞪着眼、咧着嘴"唔哩哇啦"地逼过去。杨张氏一手护着杨王氏，一手摸着旁边的菜刀想和敌人拼命。她的手还没举起来，凶恶的敌人已将刺刀扎进她的胸膛，杨张氏一下子倒在血泊中。接着，敌人反手又向杨王氏的腹部刺去，把她的肠子挑了出来。

杨瑞常老人耳聋眼花，敌人用枪逼着他问八路军哪里去了，老人以为问他多大年纪了，便抬起手张开拇指和食指比了个"八"字说"今年80岁了"。敌人便不分青红皂白，刺了老人一刀，老人当场昏了过去，几天后便含恨辞世。

这一天，有200多名和枣棵杨村人有亲戚关系的外村人，来枣棵杨村躲避敌人的"扫荡"，不幸赶上了日军的这次袭击。他们和枣棵杨村的广大人民群众并肩战斗，相互支持，为抗战尽了自己最大的力量，有的牺牲，有的负伤，也有的被抓。马庄村的马玉祥被敌人抓住，因说自己不是当村人，就被敌人捅了七八刀。

敌人在枣棵杨村不放过任何一个人。杨玉银在战斗中身负重伤，敌人发现后，把他扔进火里活活烧死。杨玉生手无寸铁，被敌人追赶不放，被迫跳入水井里，敌人就向井中打枪，扔石头，致使他浑身是伤。敌人退走后才被众人救出。

刘维让的妻子尉氏，怀抱着刚满周岁的女儿桂苓，和十几个人一起躲在夹皮墙内。小孩子被枪声、敌人的吼叫声吓得哭出来。尉氏怕被敌人听见暴露目标，便一把捂住了孩子的嘴。孩子闷得喘不过气来，小脸由红变青、变紫，眼看快要憋死了，尉氏仍含着眼泪不松手。在众人的劝说下拿开手后，又把奶头塞进孩子的嘴里，紧搂着孩子的头，不让孩子出声，直到敌人离去。

战斗中负伤的杨立恒被母亲守护着。他看到街上的浓烟大火，听着乡亲们的哭声，肺都气炸了。他顺手抓起一把镢头就往外走，要和敌人去拼命，说"砍死一个够本，砍死两个赚一个"。母亲死死拉住他，一再劝说下，他才含泪忍下。

敌人最后包围了关帝庙，端着机枪冲了进去，到处搜查。躲在秫秸垛里的杨玉册被敌人一刺刀刺透了左脚后，又被拉出捆绑起来。在关帝庙内被抓的还有其他 27 名青壮年群众，最小的只有 17 岁。

上午，冀鲁豫军区第一军分区部队、茌平县大队和王集钢枪班从西北、西南两面对敌人进行袭击，敌人被迫提前撤退。

中午 12 点左右，敌人带着被抓的人撤到东南 7 华里之外的解白刘村一带。午后，茌平县抗日民主政府县长徐效参带人前来营救，把群众转移到教场铺、大白庄一带。

当日下午 4 点多钟，敌人又回到枣棵杨村进行报复。但是，群众已经安全转移了。敌人又烧了一些房子后，才撤至 10 公里以外的纪庄一带。

晚上 6 点多钟，军分区司令员刘致远和县长徐效参带领部队以及四王集一带的群众前来扑灭大火，慰问了群众，并把伤员送至军区医院进行治疗。后来又把在保卫战中牺牲的人都追认为烈士，每人发抚恤粮 640 斤小米。

在这次惨案中，被杀害和在战斗中牺牲的有 31 人，伤 28 人，被抓走 28 人。253 余间房屋被烧毁，60 多万斤柴草被烧光，烧毁树木 2000 余棵。时至今日已经 70 年了，但在西门里一铣挖下去，当年焚烧的灰烬仍然清晰可见。这是惨无人道的日本侵略者欠下中国人民的又一笔血债。

被抓走的 28 人(有外村的 5 人)，一路上被敌人拳打脚踢枪筒捣，受尽了凌辱和折磨，敌人因为看着刘维海长得魁伟，便向他背上捅了一刀，无缘无故地将杨西苓的帽子挑掉，头也被挑破。在芦庄，敌人把抓去的人集合到一个小院里，用机枪堵住他们，查问谁是八路军、谁是共产党的干部。

英勇的自卫队长杨立秀怕大家受害，勇敢地站出来说："我是村长，有事找我，与他们无关。"敌人二话没说，就向他的脖子上刺了两刺刀，接着又向他的肋下捅去。这位英雄的自卫队长因伤势严重，不久便怀着一腔仇恨，死在平阴敌人的牢房里。

后来，枣棵杨村被抓走的人中，有 18 人和其他地方被抓来的人，一同被运往日本做了劳工。敌人的这笔血债不能忘。忘记过去就意味着背叛。

【参考文献】

[1]中共中央党校科研部编:《论抗日战争》，中国人事出版社 1996 年版，第 20～31 页。

[2]王亚利、华宪成主编:《忠与孝》，天津大学出版社 2012 年版，第 69～76 页。

[3]本书编委会编:《二十世纪中国实录》第 3 卷，光明日报出版社 1997 年版，第 2820～2839 页。

第十章 全民抗战

一、冯诗抗日

著名的抗日爱国将领冯玉祥，对南宋杰出爱国诗人陆游及其诗词非常钦佩，尤其对他临终写的《示儿诗》更是推崇备至。日本帝国主义发动侵华战争以后，冯玉祥将军写诗抗日。

《读陆务观》

冯将军在《读陆务观》一诗中，表白了自己的心声。诗曰：

每读放翁诗，感佩不能置。
一心爱国家，热忱称极至。
方今民族气，同胞早立志。
言论和行动，念兹并在兹。

《悼儿诗》

冯将军还仿照陆游的《示儿》诗，写了一些很感人的诗篇。

1937 年 7 月 29 日，日本侵略军飞机在北平南苑的中国驻军营房上空狂轰滥炸，二十九军副军长、第一三二师师长和 1000 多名官兵当场阵亡。当时还谣传冯玉祥的大儿子冯洪国也同时殉国了。冯玉祥的夫人听了谣传，泣不成声，要冯玉祥打听洪国的下落。冯玉祥怀着十分沉痛的心情写了一首《悼儿》诗：

儿在河北，父在河南。
抗日救国，责任一般。
谁先死了，谁先心安！
牺牲小我，求民族之大全。

只有这样，才能对得起国家，
才能对得起祖先。

该诗字里行间渗透着这位爱国将领的满腔血泪，意境与陆游《示儿》诗中所反映的收复失地，使国家“大同”的心情如出一辙。

《遗嘱》诗

有一次，冯将军患了严重的恶性疟疾，他以为“这七尺之躯真的要不久于人世了”，于是他命秘书为他写致蒋介石的劝谏书。他喘着气，断断续续地说：“你写：亲贤臣，远小人，此先汉……之所以兴隆也！远贤臣，亲小人，此后汉……之所以倾颓也！”

同时，冯将军还套用陆游的《示儿》诗，给孩子们留下了一首《遗嘱》诗：

死去原知万事空，但悲不见九州同。
国军进抵沈阳日，庆祝勿忘告乃翁。

冯玉祥将军誓死抗御外侮、收复失地的强烈爱国主义精神和英雄气概及高大形象，跃然纸上，也是将军内心世界的真实写照。

二、玉帅演讲

吴佩孚(1874～1939)，直系军阀重要首领。字子玉，山东蓬莱人，清末秀才。1920 年 7 月，直皖(孙传芳)战争爆发时，任“讨贼军”总司令，人称“玉帅”。1931 年“九一八”事变后，寓居北平。曾拒绝日本侵略者诱降。1939 年 12 月 4 日病逝于北平。

1938 年 6 月，日本帝国主义为摆脱侵华困境，策动在中国成立汉奸政府，实行“以华制华”策略。日本人看好了两个一直与蒋介石有宿怨的中国人：一个是当朝“二号人物”汪精卫；另一个便是曾统兵百万、“在北洋军阀中，比较还像一个人”的吴佩孚。汪精卫答应了“合作”，于 1940 年成立了南京伪国民政府。但一直在日本眼皮底下的吴佩孚却沉默如山，对日本的说客冷眼视之。

于是日方派了号称“东方劳伦斯”的中国通、日本著名特务头子土肥原贤二，决心要把吴佩孚拉下水。土肥原亲自出马，三次登门拜访并拉拢吴佩孚。结果，都被吴大帅用巧妙的语言挡开了。

第一次，土肥原以下自居，一见面就哀求说：“请玉帅出来，救救我们日本。”吴佩孚听后哈哈大笑，说：“我自身尚不能救，焉能救人?”土肥原不欢而去。

第二次，土肥原开门见山地说："请玉帅出来，调停中日和平。"吴佩孚顺势说："好哇！请贵国天皇和我国蒋总司令双方来电，请我出面调停，当然可以。"这无疑是出了个难题，土肥原无以应对。

第三次，土肥原以高官为诱饵，劝说吴佩孚出山维持中日民族关系，并保证恢复其往日的权势。土肥原说："请玉帅出山，担任原职，维持中日民族问题。"吴佩孚摇摇头苦笑着说："现在根本谈不上出山。如要出山，请贵国人等一概退出中国，包括东北在内，可以吗？"

土肥原贤二听后觉得还有商量的余地，立即提出："既然如此，就请您出面，开个中外记者招待会，如何？"吴佩孚听后欣然点头同意。

没几天，日本及沦陷区的报刊大量报道了吴佩孚要召开记者招待会的信息，土肥原还派人为吴佩孚准备好了记者招待会的"讲稿"，并命令翻译不论吴佩孚是否按照讲稿说，都要按稿逐句进行翻译。

1939 年 3 月 30 日，百余名中外记者拥向会锦花园。花园内戒备森严，进场的记者每位都发有一份中、英、日三种文字的"讲稿"。吴佩孚尚未开口，中外记者们已经读到了打印好的《吴氏对时局的意见》。

一身中国绅士装束的吴佩孚在众人的簇拥下进入会场，并客气地向记者先鞠了一躬，然后仅瞥了一眼案前的"讲稿"，就开始作即席讲演。开场的讲话令土肥原十分满意。

可是，吴大帅讲着讲着，突然话锋一转，一字一句地说："惟'平'乃能'和'，'和'必基于'平'。本人认为，中日和平，唯有三个先决条件：(1)日本无条件自华北撤兵；(2)中华民国应保持领土和主权之完整；(3)日本应以重庆(国民政府)为全面议和交涉对手。"怕在场的日本人听不懂，吴佩孚又厉声令秘书"断乎不容更改"地将自己最后的"政治宣言"翻译成日语。

会场内的中外记者纷纷疾笔如飞地记下了吴佩孚最真实的讲话。随后吴佩孚把土肥原事先准备好的"讲稿"从案前拿起来，狠狠地摔在地上，并用力踩在脚下。土肥原贤二气得浑身发抖，脸色蜡黄，却又无可奈何。

吴大帅巧妙地用记者招待会的形式，揭穿了土肥原散布的流言蜚语，粉碎了日本人的阴谋。

三、守土抗战

这里所说的是阎锡山默许山西的抗日活动的历史事实。

阎锡山虽然是一名老牌军阀，但在抗日战争时期却具有抗战救国的民族主义思想，所以在他统治的山西省境内，抗日活动开展得轰轰烈烈。可以说，山西抗日救亡运动的激荡与阎本人的抗日倾向是密不可分的。

1931 年“九一八”事变后，特别是华北事变以后，阎锡山在山西的统治已经受到日本帝国主义的严重威胁。在民族危亡日趋严峻的形势下，阎锡山喊出了“守土抗战”的口号。

1936 年 11 月 23 日，阎锡山在给李宗仁、白崇禧的电报中第一次提出了“守土抗战”。阎锡山解释道：“什么叫守土抗战？以反侵略、反畏缩的意义，站在整个国家责任的立场上，纯论是非，不顾成败的抗战行为就叫守土抗战。”也就是说，面对日本帝国主义的侵略，在财力、物力、经济实力都不如敌人的情况下，要生存就只能死守。“能守住就能生存，我们就当在守上努力。”而死守就要不怕牺牲。“只要这块土地上有一个人，也该守土抗战。”

同时，阎锡山特别强调了山西省在全国抗战中的重要地位。他说：对日作战，山西在形势上应负有两种任务：“（一）为全国之要塞，应永久固守之。按历史上观察，山西地位之重要，不仅为华北之要塞，且为全国之要塞。……（二）为全战线之一翼亦应坚固守备。……若负（一）之任务，则山西必抱全体牺牲之目的，以与国家共存亡。若负（二）之任务，则山西亦必抱定牺牲主义，以期固守。”

在阎锡山的默许甚至支持下，从 1932 年起，太原市先后出现了“中国青年救国团”“建设救国社”“文山读书会”等大大小小的群众团体。这些团体都由政府提供经费，由与政府有关系的人担任领导，直接或间接受阎锡山的支配。其中影响最大的是 1936 年 9 月 18 日成立的“牺牲救国同盟会”（简称“牺盟会”），由阎锡山亲任会长。牺盟会的成立，在全国引起了强烈的反响。

为了推动抗日救亡运动，阎锡山还请中共党员薄一波回到山西，并同意薄一波提出的“约法三章”，默许共产党人到山西开展工作。于是，山西的抗日救亡运动很快就走到了全国的前列。

四、地道长城

抗战时期根据地军民开展的地道战，大家都耳熟能详。然而，作为其创始人旷伏兆将军却一直鲜为人知。将军的一生，和神秘的地道战一样，也充满了传奇色彩。

“蛤蟆蹲”救人

1940 年 8 月开始的百团大战引起日军的极大恐慌，惊呼“损失巨大”“对华北应有再认识”。

1942 年，随着正面战场的日益稳定，日军对中共领导的敌后抗日根据地的“扫荡”规模越来越大。日军采取“铁壁合围”“梳篦拉网”“剔抉清剿”，实行所谓的据点、碉堡、壕沟、修路、筑墙“五位一体”的“囚笼政策”，使大多数抗日政权被摧毁，大批的革命干部惨遭杀戮。一时间，“家家有哭声，无村不戴孝”，平、津、保(定)三角地带成了人间地狱。加上八路军战术战法和武器装备的落后，根据地军民常常在对日伪军的反“清剿”中处于不利的境地。

在此严峻的形势下，旷伏兆被分配到晋察冀军区第十军分区任政治委员兼地委书记。在旷伏兆到达第十军分区的第二天，他正在杨庄和地委书记杨英谈工作时，突然遭到数百名日军的包围。当时，旷伏兆带领的十几个工作人员临时住在一户群众的大院里。为了尽可能地避免伤亡，旷伏兆当机立断，决定采取化整为零的方法，分散突围。在杨英的安排和群众的掩护下，旷伏兆匆匆钻进了一个仅能容纳一人的，设在鸡窝下的小地洞里(群众称之为“蛤蟆蹲”)，而且一呆就是 3 个小时。

在这个狭小的洞中，旷伏兆精神高度紧张，他手持短枪对准洞口，准备一旦被敌人发现，就与敌人同归于尽。好在敌人进村后，村党支部书记装着若无其事的样子，主动向敌军指挥官大献殷勤，招呼敌人喝酒、吃饭，消除了敌人的敌意，旷伏兆等才有惊无险。

发明地道

就是这短短的几个小时的地洞经历，让旷伏兆萌生了一种天才的军事构想。

从洞中出来后，旷伏兆对这种以“蛤蟆蹲”躲过敌军“扫荡”的方法，进行了深刻的研究分析，觉得这种消极被动的躲藏方式，一旦被敌人发现，将会造成严重的后果。军分区政治部的王锡珍、段清俊等人，就是因为被敌军发现而活活打死在洞里的。

必须变被动为主动。他在召集分区领导人开会时说：“这些血的教训告诉我们，只靠‘蛤蟆蹲’被动躲避是不行的，必须另想能藏、能打的有效办法。”

怎样变被动为主动呢？旷伏兆沉思良久，忽然脑中灵光一闪：既然“蛤蟆蹲”可以藏人，那为什么不能将各“蛤蟆蹲”连接起来成为地道呢？一个村里的可以连接，几个村里的也可以连接。一个村里遭到敌人袭击，完全可以躲到另外的村子里去；敌人发现了一个，还有很多个，有百个、千个；地道既然可以藏人，那也完全可以做运兵、储藏弹药、作战等其他用途……

地下长城

旷伏兆立即和分区司令员刘秉彦等领导研究。很快，他的构想得到了分区领导人的一致支持。分区很快派作战参谋任子木和熟悉当地情况的高荣到二联县米南庄，进行挖掘地道的试点工作。旷伏兆也没有想到，就是他这一个"天才的构想"，后来几乎改变了冀中甚至整个敌后战场的敌我力量对比态势。

任子木和高荣到达二连县后，得到了中共二连县委书记朱泽民的大力支持。朱泽民指示米南庄党支部书记魏树华立即组织党团员、民兵和广大群众配合特派工作人员挖掘地道。他们根据村庄的地形，把全村主要道路的地下用"中"字形通道连接起来，在地道内还修筑了防烟、防火、防毒和防水的四防设施。

旷伏兆自始至终都关注着地道的挖掘工作。对于修筑地道过程中遇到的一些疑难问题，他都一一予以解答，还亲自设计地道挖掘图：将地道挖下一段后，再往下挖1米多深，又向前挖1米多长，再往上拉，形成"凹"字形状；往下挖的洞口，是用坚实的"预制构件"木匣子制作成的，预制的木匣子里装满和地道一样颜色的土作为伪装，游击队员只要从下面一推，既可以爬出来，也可以让外面的人进入地道；若敌人发现洞口，进入地道，地道内的人可以利用内部设置的观测系统，通过枪眼观察敌人的动向，找机会消灭敌人，让进入地道内的敌人无路可逃。

遵照旷伏兆的指示，任子木等在广大军民的支持下，筑成了结构复杂、功能齐全，世界上独一无二的"地下长城"。

根据地军民的这种新的反"扫荡"战术，开始并没引起日军多大的重视。后来，在一次又一次的"扫荡"中，日军遭受了重大的伤亡。地道和地雷的完美结合，令日军心惊胆颤，每次进入根据地的村子内时，常常会禁不住地产生畏惧心理：有的到了村前侧足而立，不敢向前迈进；有的见到村里交错的房屋、建筑就不知所措，乱了方寸；有的指挥官气急败坏，督促士兵前进，用刺刀逼着士兵进院、下井、下地道……日军官兵纷纷惊呼遇到了"奇幻战争"。

五、地雷奇战

《地雷战》是中国人最熟悉的电影之一，它反映了轰轰烈烈、如火如荼的人民战争，是中国人民抗日战争的真实写照。

但很多看过这部电影的人不禁要问，当时的中国北方庄稼汉对地雷知之甚少，而八路军中也极其缺少制造地雷的专业人员，他们怎么能够将地雷制造得如此精妙、运用得如此神奇？鲜为人知的是，华北地雷战中，有一批科学技术人员。这些科技人员为地雷战付出了极大的心血，甚至是生命。

冀中抗日根据地，地处大平原，没有山脉、湖泊，被日军重点驻兵的3条重要铁路包围着，又靠近日寇统治中心北平、天津、保定、石家庄，成为开展游击战最为艰难的地区。

1938年春，抗日战争处于艰难时期，在这种条件下，抗日军民被逼出了地雷战这个适合冀中平原的战法。

可是，问题又来了，一没有人会造地雷，二缺少造地雷的器材、原料。这个时候，冀中军分区司令员吕正操想到了科学家，他找来了冀中军区二分区参谋长张珍。

张珍原名张学渊，曾在辅仁大学化学系当过教师，他认识不少北平、天津的爱国技术专家。几经周折，张珍联系上清华大学的熊大缜（又名熊大正）。了解冀中情况后，熊大缜找到导师叶企孙。叶企孙先生是清华大学理学院院长，是中国物理学事业的铺路人。

吕正操司令员派张珍到北平时，叶企孙先生正在天津养病。熊大缜是叶企孙最看好的门生，也是他的助教。这时，叶企孙正准备让熊大缜去德国深造，熊大缜也正准备完婚后远行欧洲。但熊大缜听说八路军准备开展地雷战的事，兴奋异常，觉得这是科学工作者为抗日战争直接出力的好机会，决心放弃出国机会、推迟婚期，到冀中抗日炮火中去。当他征求老师的意见时，叶企孙毫不犹豫地说，“国难当头，国事为重”。

熊大缜的行动带动了一大批北平爱国热血青年学子，好多人跟熊大缜一起去了抗日战争最艰苦的冀中根据地。

不久之后，熊大缜被提升为冀中军区供给部部长，着手筹建技术研究社，以开展烈性炸药、地雷和雷管以及无线电研制工作。在熊大缜、汪德熙的领导下，冀中根据地的炸药厂也不断壮大，到后来竟建成了一座拥有2000多工人，能制造大批量地雷、手榴弹、复装子弹、掷弹筒弹，能修理各种枪械的大型兵工厂。

随着战斗的深入，叶企孙又派学生从天津冲破日军封锁线运来电表、白金丝等必要物资。熊大缜等人也弄到了大批制造炸药所需的化学原料。有了地雷，冀中军民如虎添翼。地道战、地雷战、伏击战等神奇的战法，打得日军日夜不宁、心惊胆战。

抗日战争期间，美国外交官曾经深入到抗日根据地考察。回国后，在报纸上撰文，称冀中的各色地雷不逊于美国的火箭，美国掌握的技术，中国的晋察冀根据地里都有。

六、敌后武工队

抗战时期，敌后武装工作队（简称“武工队”）遍布长城内外和大江南北，成为插向日寇心脏的一把利刃，也是锄奸镇反的敌后劲旅。

“把敌人挤出去”

利用敌后武工队，把“敌人挤出去”，这一天才的构思源于毛泽东主席。

1942年初，在陕北延安，毛泽东对贺龙说，出路恐怕在这里，正面发动群众，搞敌后武工队，用泡蘑菇的战术，把敌人挤出去。

1942年1月，中共中央北方局根据各地组织便衣侦察队特别是武装宣传队开展对敌斗争的经验，正式作出了关于建立武装工作队的决定。该决定大体规定了武工队的任务、组织与活动方式等。

1942年5月，北方局和八路军总部又联合发出指示，指出反“蚕食”斗争是目前华北的党和军队的一个紧急的任务。反“蚕食”的基本方针应是以武装斗争为中心，发挥党、政、军、民的整体力量，把政治斗争与军事斗争、隐蔽斗争与公开斗争结合起来，展开全面的对敌斗争。依据上述决定和指示，华北各抗日根据地正式开始建立敌后武工队。

1943年1月，八路军副总司令彭德怀在《关于敌占区与游击区的工作》一文中，提出武工队要“组织敌占区、游击区群众，变敌占区、游击区为隐蔽游击根据地、游击根据地或游击区”。武工队队员要运用公开（明）的、秘密（暗）的、半公开（灰）的、武装（硬）的、和平（软）的、非法的、合法的一切可能手段打击敌人，配合我军常规的正面军事行动，巩固和发展根据地，袭扰和肃清敌伪政权和敌特分子。

利剑出鞘

在毛泽东阐述的利用武工队组织形式“把敌人挤出去”思想的指引下，各战略区武工队贯彻上级指示，受领任务后，立即开赴敌交通线和据点附近地区，发动群众，组织民兵，摧毁或改造从据点到敌伪“维持”组织，对敌据点实行围困，把据点的敌人“挤”出去。

冀南军区的武工队钻进敌人的“心脏”后，调研当地社情、敌情，打击、镇压敌特汉奸，宣传我党政策，进行统战工作，培养基点示范村，帮助群众开展反资敌活动，改造旧政权，建立新政权。他们分别在枣强、冀县、邯郸等地，开辟了许多小块隐蔽游击根据地。这些地区表面上看仍是敌人统治区域，实际上都已为我控制。一旦我八路军公开进入该地时，武工队就能从内线起到内应的作用。

赫赫战功

到 1943 年底，晋绥军区运用这种方法共“挤”掉敌军据点 58 个，摧毁伪村“维持”政权 827 个，恢复和建立村抗日政权 535 个，争取伪村“维持”政权 403 个，改变了 1000 多个村庄的形势。

山东军区各武工队在 1943、1944 年中，共组织了 6 次全省范围的对敌攻势，在 1 万余村庄的敌占区和游击区，展开对敌斗争，使其中 2/3 的地区约 350 万同胞获得解放。同时，山东军区敌后武工队还积极发动群众，组建“看坡队”等深入敌后的抗日武装以巩固根据地和扩大解放区。

“看坡队”的主要任务是防止日伪军掠夺老百姓的粮食。“看坡人”深入敌占区后，迅速在群众中进行串联，推行“不资敌公约”，借用传统形式倡导反“征粮”合同。在收获粮食的季节，由武工队提供帮助抢收庄稼。通过多种形式，保护群众粮食不被日伪军劫掠。

武工队还组织民兵、妇救会、儿童团以及打更队等形式，建立群众性情报网络，将群众组织起来，实行联防。当发现敌情，即以预定的各种信号，通知附近地区，村村做好战斗准备，一处打响，八方支援。在漫长的边沿地区构筑了一条严密的警戒线。

1944 年 8 月，叶剑英参谋长在同美国赴延安军事观察组的谈话中，把武工队称为在敌后根据地与正规军、游击队、民兵、自卫军并列的军事组织“第五武装”。

1945 年 4 月，毛泽东主席在中共“七大”的政治报告《论联合政府》中对敌后武工队的功能予以总结，指出：“武装工作队，深入敌后之敌后，打击敌人，发动群众的抗日斗争，借以配合各个解放区正面战线的作战，收到了很大的成效。”

七、铁道游击队

电影和电视连续剧《铁道游击队》国人皆知："西边的太阳快要落山了，微山湖上静悄悄，弹起我心爱的土琵琶，唱起那动人的歌谣。爬上飞快的火车，像骑上奔驰的战马，车站和铁道线上，是我们杀敌的好战场……"

这首人们耳熟能详的抗战经典歌曲，热情讴歌了山东微山湖地区一支抗日劲旅——铁道游击队。

铁道游击队

铁道游击队是由铁路工人、小摊贩、矿工和无产流浪者组成的非正规部队，舍生忘死，在津浦铁路线（天津至浦口，今京沪线一段）上与日军周旋了长达 7 年之久。他们是日寇侵华的心腹之患；是从百姓中走来的抗战特种兵部队；1945 年，1000 多名日军向不足百人的抗日游击武装投降，展现了有史以来军事受降中十分罕见的一幕。

铁道游击队又是一支由中国共产党领导的英雄的抗日武装力量，隶属于八路军一一五师苏鲁支队。该队以薛城为中心，挥戈于百里铁道线上，出没于万顷微山湖中。依靠群众，开展游击战术，与日本侵略者展开浴血奋战，奏响了民族救亡的最强音。他们截军列、打洋行、扒火车、炸桥梁，使鲁南抗日根据地不断巩固和发展。他们还开辟了华中、山东赴延安的通道，在枪林弹雨、风险万千的形势下，护送刘少奇、陈毅、罗荣桓、肖华等首长和千余名指战员安全过境到达延安。风雨历险，他们始终站在抗击日本侵略者的最前线，具有传奇般色彩的英雄们以及惊天地、泣鬼神的英雄业绩，是山东枣庄薛城历史上最丰富、最壮丽的历史画卷。该部于 1945 年整编加入华东野战军。

钢刀插进敌胸膛

1940 年，日军第三十二师团和独立第十旅团，集结 5 万多日伪军，对八路军一一五师所在的抱犊崮山区进行大规模扫荡作战。

铁道游击队队长洪振海奉命率领铁道队迅速展开行动：5 月，再次袭击日军“正泰国际洋行”，击毙日军谍报队员13名；6月，袭击日军押款列车，缴获法币8万余元；8月，破坏津浦铁路韩庄段，致使日本运兵军列脱轨；9月，拆除枣庄至临城铁轨1.5公里，砍断电线杆百余根，使枣庄日军的通讯和交通同时瘫痪。

一一五师政委罗荣桓在给铁道队的嘉奖信中说：你们就像一把钢刀插入了敌人的胸膛。

飞车夺药，巧截布车

1941年7月，日寇推行第二次“治安强化”运动，对鲁南山区抗日根据地进行“拉网式扫荡”。鲁南军区主力由于长期作战，药品匮乏。鲁南军区司令员张光中、政委王麓水命令铁道大队务必想法搞到药品。10月的一天，临城车站的内线宋邦珍搞到了一个重要情报：有一列装载药品的货车将由青岛开到临城，然后向南行驶。铁道大队立即行动，做好了夺药品的准备。当晚10时，列车从临城站开出，游击队员飞身上车，找到装载药品的车厢，列车行驶到沙沟与塘湖站之间，战士们迅速将药品掀下，由埋伏的队员运走。这次共夺得各类药品30多箱和一批给马注射的针剂，还有4架显微镜。铁道大队把这些药品及时运到鲁南军区。

为了解决鲁南军区部队冬季穿衣问题，11月初，铁道大队与运河支队、滕沛大队、微山湖游击队联合行动，在塘湖站附近成功截获日军布车。共截获棉布1200匹，军装500余套，皮箱200只，缎子被100余床，呢子、毛毯各一宗，显微镜4架，电炉2个，发动沿湖十几个村庄的数百名群众帮助搬运。临城、徐州的日军发觉后，出动铁甲车、汽车向塘湖车站驶来，遭到游击队和长枪队的阻击。日军摸不清情况，又逢大雾，不敢贸然追击。游击队将这些物资藏于湖中，后来鲁南军区派骑兵连将其运往山里。

击毙日军侦谍队头目

铁道队的一系列行动，引起了日军的高度警觉。日军在枣庄和临城紧急组建铁甲列车大队和铁道警备大队。日军还专门从济南调来特高课长高岗，在临城组建第五特别侦谍队。

高岗是个中国通，不但能说一口流利的中国话，而且对中国的风俗民情十分了解。他采用极具中国民间色彩的拜把兄弟、认干亲等手段，使临城附近的50多个乡保长与他结拜为兄弟，从而建立起自己的情报网络；另一方面，利用他指挥的特种作战小队伪装成假铁道队，趁夜间到群众家里敲门，只要群众一开门就被抓住，说是私通八路，所以后来真铁道队来了之后，去敲门，群众分不清真假，不敢开门。一时间，铁道队连喘息之地都没有。

面对日军的步步紧逼，队长洪振海想到了一句古话：擒贼先擒王。一天夜晚，铁道队分成4个小组，化装成日军士兵和搬运工分别潜入临城车站。10点钟，担负攻击任务的第一组队员刘金山等人就摸到了高岗的门前。刘金山第一枪打死了高岗的卫兵，高岗正在那里趴着写字，听到枪响一抬头，刘金山第二枪就打过去了，正好打在他脑袋上。

高岗之死，起到了敲山震虎的作用，也使他苦心经营的谍报网络从此分崩瓦解。

秘密通道

新四军军部迁移到了江苏盐城一带。由于通讯不便，急需开辟一条通往延安的秘密通道。经过再三考察，最终确定了一条从盐城北上、经山东南部西去延安的秘密路线。这其中，最为关键的就是要穿越临城附近的津浦铁路。这段的护送任务，落在了铁道队的肩上。

1942年夏天，铁道游击队护送刘少奇安全过津浦铁路。后来，又相继成功地护送了陈毅、肖华、罗荣桓等党政干部穿越津浦铁路。从1942年到1944年，铁道队先后护送干部近千名往返延安，从未出现一次差错，受到了鲁南军区的通令嘉奖。

日军投降

1945年8月15日，日本宣布无条件投降。在南京，驻华日军总司令冈村宁次大将递交了投降书。

与此同时，八路军总司令朱德下令华北、华东日军立即放下武器，向所在地的抗日武装投降。然而，经过几次谈判，驻扎在临城一带的日军却始终拒绝向铁道队缴械。而日军唯一能够选择突围的路线就是乘火车沿津浦铁路南下到徐州。当残留日军乘坐的铁甲列车趁着夜色悄悄开出临城车站，行驶到临城南边的沙沟附近时，发现前面的铁路已经被破坏，当他们又试图退回临城时，铁道队事先埋下的炸药拉响了，日军的退路也被切断。日军在孤立无援、忍饥挨饿了三天之后，再也坚持不下去，只能选择向铁道队投降。

1945年10月，枣庄和临城的1000多日军携带8挺重机枪、130多挺轻机枪和2门山炮等轻重武器，向铁道队投降。而出面代表铁道队接受临城日军司令官投降的，是刚刚继任政委、年仅23岁的郑惕。

1000多名日军向一支不足百人的抗日游击武装投降。这是有史以来军事受降中十分罕见的一幕。

八、艺人抗战

在波澜壮阔的抗日战争的历史画卷中，有诸多文人运用自己的“先进武器”痛斥日寇，或者蓄须明志，展现了崇高的民族气节和不屈不挠的革命斗争精神。

蓄须明志

梅兰芳(1894～1961)，字畹华，原籍江苏泰州，生于北京，著名京剧表演艺术家。

抗日战争中，1942 年太平洋战争爆发后，香港也陷落了。当时住在香港的梅兰芳下决心不为日寇演出，就在香港陷落的那天，愤然留起了胡子。一个专演旦角的明星竟然蓄起胡须来，就连他家里的人也感到奇怪。

梅兰芳对家人说:“我留了小胡子，日本鬼子还能强迫我演戏吗?”

梅兰芳退出舞台后，生活日渐窘迫，只得靠变卖家产维持生活。当时有些汉奸曾以重金利诱他。他一笑置之。有个大汉奸闯进梅家，强迫他演戏，梅兰芳正气凛然，一口拒绝，还把大汉奸讥笑了一番。

“重病在床”

不久，日军一个少佐亲自出面要梅兰芳出台演戏。看来这一次硬顶不行，朋友们便替他打了 3 支伤寒预防针，因为他不论打什么预防针都会发高烧。然后他们通知那个少佐，说梅兰芳重病在床，不能演戏。

日军少佐不相信，派了一个军医来检查梅兰芳的病情，一量体温，果然烧到快 42 度，只好作罢。

“我是个纯爷们!”

电影《梅兰芳》中有一个镜头。抗战期间，日本人逼迫梅兰芳演出，他蓄须明志罢演。

一个日本军官恶狠狠地对他说:“你这个在台上装腔作势的女人!”

梅兰芳正气凛然地回答:“在台下，我可是个纯爷们!”

梅兰芳大师在京剧艺术领域里执牛耳，但在民族危亡的时刻，他将自己与民族的命运紧紧连在一起。从 1938 年到抗战胜利，梅兰芳离开舞台 8 年，不为日伪献艺，表现了中国人民的高尚气节和爱国主义精神。

梅博士谱写了一曲曲正义的慷慨之歌。

蟹诗斥敌

齐白石(1863～1957),湖南湘潭人,现代书画家、篆刻家,素有画蟹之盛名。齐老先生以画笔作武器,画蟹题诗,口诛笔伐,以匕首之势妙语斥敌,表现了人民艺术家的浩然正气和强烈的爱国主义精神。

抗日战争时期,面对日寇入侵,齐白石义愤填膺。他画了一幅《螃蟹图》,并在上面题诗曰:"处处草泥多,行到何方好?昨岁见君多,今年见君少。"

蟹诗妙语嘲讽了日本侵略者已经陷入中国人民抗日战争的汪洋大海之中。

九、小兵张嘎

电影《小兵张嘎》多年来已经家喻户晓,引起了人们浓厚的兴趣。《小兵张嘎》是根据真人真事写的作品,张嘎子绰号"燕嘎子",在冀中大名鼎鼎,令日伪军闻风丧胆。他的真名叫燕秀峰。

"嘎子"其人

燕秀峰,1924年出生于河北省任丘县于村乡后王约村,五六岁时没了爹娘,跟着哥哥一起生活。由于从小就机警灵活,按家乡话说就是又"坏"又"嘎",因此大家都叫他"燕嘎子"。

1938年燕嘎子参加了抗日游击队,1939年加入中国共产党。先后担任勤务员、通讯员,后调入区小队手枪班。从14岁参加游击队到调入正规部队的六七年间,嘎子参与奇袭攻克敌人炮楼8座,缴获敌人机枪、步枪、手枪等武器100余支,击毙鬼子、汉奸、伪军等200多人,活捉的不计其数。

在冀中九分区抗日斗争最残酷的年代,燕嘎子作战非常勇猛。他的事迹在冀中九分区传为美谈。1944年底,嘎子出席了晋察冀边区召开的第二次英模大会,被授予"一级战斗英雄"称号。这次会议上他有幸认识了一个改变他人生命运的人——著名作家魏巍。魏巍根据燕秀峰的事迹写了《燕嘎子的故事》的报道文章,记述了燕秀峰富有传奇色彩的战斗生涯。后来作家徐光耀把嘎子的艺术形象搬上了电影《小兵张嘎》中。

“嘎子”其事

1939年夏天，是嘎子第一次执行任务。当时，日本鬼子把六七个村的一片根据地封锁起来了，游击队被困在高粱地里一宿半天，又渴又饿。队长这时交给了嘎子一项任务：给同志们搞点吃的。并且制定了“不许偷，不许抢，不许违反纪律”的三不政策。这“三不许”可让嘎子有点发蒙。不过队长给了嘎子一支手枪，这是嘎子第一次摸枪。见了枪，嘎子来了精神。

他穿过封锁线来到一个被鬼子占领的村子。在村口嘎子看见了一个卖烧饼、馃子的茶水摊，可是嘎子一个钱都没有。正在犯愁的时候，一个别着枪的汉奸大摇大摆地走了过来，往长凳上一坐，抓起烧饼、馃子就大吃大嚼，摆摊的老大爷敢怒不敢言。

嘎子眼睛一亮，计上心来，悄悄地走到汉奸的身后，大喊一声：“别动，动就打死你！”汉奸吓了一跳，连说“不动不动……”嘎子伸手在他腰间一捋，下了他的枪，又命令他：“向前十步走！双手抱头蹲下。”回过头来，嘎子对老大爷说：“我是八路的侦察员，遇到了特殊情况想赊您老这些烧饼、馃子，过后由组织上来按价还钱。”老大爷痛快地答应了。

嘎子又叫过来汉奸，喊道：“把这些吃喝都给我拿着跟我走，你敢不老实就崩了你。”汉奸连说：“饶命！饶命！我跟你走。”赶忙背着烧饼、馃子，拎着茶水，和嘎子一起返回了根据地。同志们又吃又喝，这个乐呀！队长表扬了嘎子，说他超额完成了一项艰巨任务。这一年嘎子才15岁。

梁召岗楼的伪军队长，经常抓捕村干部和群众，勒索钱财，杀害无辜百姓，凶险狡猾。老百姓恨透了他，叫他“东霸天”，纷纷要求抗日队伍除掉他。队长把这个任务交给了嘎子，并给他派了2名同志。嘎子接受任务后仔细研究了“东霸天”的活动规律，决定在赶集日子干掉他。

这天，嘎子3人化装成赶集的老百姓来到大街上。集上人来人往，十分热闹。嘎子和同志们来到岗楼前，选择了有利地形静等“东霸天”出来。等了小半天，岗楼门开了，“东霸天”穿着日本黄呢军大衣，足蹬高筒黑皮靴，带着几个伪军大摇大摆地走了出来。等走到离嘎子三四米远的时候，这家伙看见了嘎子，突然拔出枪对准嘎子大喊一声：“举起手来。”嘎子一愣，心想：“被识破了吗？不能，他这是在诈我。”于是装出非常害怕的样子说：“老总，俺是赶集的。”东霸天斜楞着眼睛：“赶集的？老子看你是八路的探子。”随后抬脚就踢，并命令伪军把嘎子带到炮楼里去。嘎子边走边想：这进去就是个死，不如就在这儿干吧。这时“东霸天”在背后连喊带骂、推推搡搡，嘎子借势故意向前迈了个趔趄，就势一滚，顺手从怀里掏出枪，啪的一枪，当即击毙了“东霸天”。队友们也纷纷拔枪射击，顿时全集大乱，趁着伪军吓昏了头的时候，嘎子钻入人群中不见了。

这以后嘎子又和同志们打了许许多多的胜仗，成了远近闻名的抗日英雄。伪军、特务们都怕他，常常是没等打就先交了枪；有时出门时还相互提醒：“留点神，别碰上燕嘎子。”

从受伤到离休

1947 年，嘎子在王庆坨战斗中负了重伤，部队安排嘎子在老家养伤，没想到嘎子从此以后就与部队失去了联系。解放后，嘎子隐姓埋名来到天津工作。先是在纺织厂、钢厂当工人，后又到一所学校烧锅炉，管理后勤。他从不向外人炫耀自己的过去，而是干一行爱一行，多次获得“先进工作者”“生产标兵”称号。

“文革”中，嘎子被打成“叛党分子”，揭发燕秀峰的大字报贴满了墙。他吃尽了苦头，被逼无奈时他才说出了“小兵张嘎”昔日的辉煌故事，红卫兵们竟然有些怕他了。“文革”后，他仍然回到一所学校做后勤工作。

1987 年燕秀峰同志要离休了。在办手续时，由于他的传奇经历，组织上不好定夺，最后层层上报，直到国务院。国务院派人调查后，批示：燕秀峰属于特殊情况，特殊办理，准予离休。

十、拆字抗日

这里所说的是抗日战争中，陶行知先生拆字谈抗日的故事。

1937 年“七七”卢沟桥事变后，中国共产党提出了“团结一切可以团结的力量共同抗日”的政治主张，陶行知先生非常高兴。

一次，陶行知先生给学生讲话时说：春天到了，大地回春，我给大家来拆一个字——春。春者，三横一人，下面有一个“日”字。三横一人，合为三人，三人为众，众人即大家的意思。有男，有女，有老，有少，有你，有我，有他；有穷，有富，有农，有工，有学，有兵，有商；有国民党，有共产党，有救国会……只要众人、众党能团结起来，就一定能够把日本帝国主义踩在脚下。

又一次，他对中国战时儿童保育会重庆保育院的难童讲话。只见他从口袋里掏出一张纸片，上面写着一个中国的“中”字。

陶先生接着说：“孩子们，你们都看清楚了，这是一个中国的‘中’字，有没有人不认识？大家一齐来读一下。”他领着难童们高声朗读了三遍：“中、中、中。”他语调阴沉了：“同学们，如果我们中国躺下睡觉了，大家看看变成什么字了？”他把中字歪倒下来，变成了“中”。难童们默不作声。

陶先生提高了嗓子说：“不但睡觉，而且睡中还自己的胳膊打自己的腿，如果腿和胳膊打断了，大家看看那时变成了什么？”

这时，陶先生从这个睡倒的“中”字后面抽出一个“日”字。“中国要昏睡，又在昏睡中打内战，必定将变成这个‘日’字，我们中国就会变成日本的殖民地，我们能再昏睡，再打内战吗？”孩子们齐声回答：“不能！”

陶先生脸上现出了满意的微笑，说：“对，小朋友们，我们一定要团结起来，联合起来，打败日本帝国主义！”

十一、抗战联谜

中华文化源远流长，在5000多年的历史长河中，曾产生过无数经典的对联和灯谜，当时光流淌到20世纪中叶的抗日战争胜利后，人们在庆祝抗战胜利时，文化再一次体现出其无穷的魅力，有许多对联与灯谜十分有趣。

三国城联

1945年秋，抗日战争取得了伟大胜利，日本侵略者宣布无条件投降。许多大中城市像过年那样热闹，千家万户的门上贴出欢庆胜利的大红对联。在四川成都有人将国名、城市名写成一副别致精巧的对联：“中国捷克日本，南京重庆成都”。

该副对联妙不可言，上联中的“捷克”本是国名，此处借作动词“战胜”讲；下联中的“重庆”本是城市名，亦借作重新庆祝，“成都”亦是城市名，在此作成为首都之意。上联用的是三个国名连排在一起，下联用的三个城市名连排在一起，表达出全国人民取得抗日战争胜利的喜悦心情。

此联的构思如此奇特，在楹联海洋中实属罕见。这正是三国三城巧用名，一上一下妙成联。难怪其联一经贴出后，人们便争相传诵，赞不绝口。

一谜五底

1945年抗战胜利后的一次庆祝晚会上，有一则灯谜引起了人们的很大兴趣。其谜面是“日本投降”（打一中国历史人物）。

大家纷纷作答，结果出现五种谜底，分别是“屈原”“苏武”“蒋干”“毛遂”“共工”。

“屈原”，意为日本屈服于原子弹；“苏武”，指苏联的武装力量起了举足轻重的作用；“蒋干”，指蒋介石及其领导的国民党在抗战中起了很大的作用；“毛遂”，指毛泽东及其领导的共产党是抗战的主要力量；“共工”，意为中国人民与世界人民共同抗战才使日本投降。

这些答案都有一定的道理，都算是正确答案，故由此造成一谜五底的佳话奇观。

广西李白

抗战胜利后，还是在国民政府的陪都重庆，在一次灯谜竞猜活动中，一则灯谜赢得众多喝彩：“是文人又是武人，是今人又是古人，是一人又是二人，是二人仍是一人。”

谜底是“李白”，令人拍案称绝。“李”就是李宗仁；“白”就是白崇禧。他们都是广西桂林人，都是战功赫赫的抗日名将，也是国民党内最具实力的地方军事派系——桂系的中心。多年来两人一直合作无间，发出的总是一个声音，合穿一条裤子都嫌肥，素来被人们合称为“李白”。

这一副对联和两则灯谜都很经典，语锋机巧，散发着智慧的光芒，也折射着中华文化之博大精深，妙哉！

十二、抗日侠客

樊金堂曾被群众誉为“李向阳式的抗战英雄”，他曾带领抗日游击队为抗日作出贡献，但由于一段特殊的历史，他成了不为人知的“另类”人物，可他又是“能让日军主动送机枪的抗日侠客”。

抗日英雄侠客品性

樊金堂，山西省定襄县砂村人，1920 年出生，1937 年 7 月加入中国共产党，1939 年 4 月任五台县公安局长兼基干游击队大队长。在抗日战争中，他带领抗日游击队参加了大小战斗数十起，打死打伤日军近百人，活捉伪军 30 多人。

五台县河边村维持会长曲禄祥早年曾留学日本，死心塌地投靠日军，欺压百姓，作恶多端。老百姓对其恨之入骨，上级命令游击队除掉曲禄祥。但此人生性狡诈，行动诡秘，经常居住太原，有时秘密回到家乡住在阎府（阎锡山）东花园内，派有重兵把守，戒备森严。

为了探明曲禄祥的行踪，樊金堂带领2名队员3次化装进入河边据点，曾与日军小队长同室理发，和汉奸邻桌吃饭。一次，通过内线掌握了曲禄祥回到河边村的情况后，樊金堂率领6名队员连夜从地道进入阎府，摸到曲禄祥的住处。进屋一看，曲禄祥不在，房间里只有2个少女。樊金堂让2名队员背着救出来，其他队员装扮成伪军在前面开路，喊着“给太太看病”，大摇大摆地从阎府大门走出来。

樊金堂本质上是个侠客，他年轻时剽悍无比。他的大队最善于行军，尤其善于夜行军。他说打哪里就打哪里，三五十里，转眼就到，说拿哪个据点，手到擒来。搞得日本鬼子顾此失彼，焦头烂额。认真说来，日本鬼子也向他学习，学会了长途奔袭。

有一次，军区抗敌剧社在某地演出，日本鬼子60里奔袭，2路包围。聂荣臻司令员命令樊金堂大队去解围。电话上说：“把演员都抢救出来，一个不能损失！”樊金堂的大队跑步赶往出事地点。他要求他的战士们：“男演员一个战士拉一个，女演员跑不动，背也把她们背出来！”

当樊金堂率部赶到时，日本鬼子的包围圈已经合拢。他们冲进去，把演员都救了出来。日本鬼子也懵了。他们绝没想到，樊金堂会有这一手，他真敢往包围圈里头冲……所幸，演员没有损失。

樊金堂当时的警卫员张培华后来说：“老林场战斗，我背出来一个女演员，她就是胡朋。”

日军主动送来机枪

当时驻军定襄县一带的一个日本联队长（相当于团长），突发奇想，忽然给樊金堂写了一封信，说：“非常敬佩樊大队长，想同樊大队长见一面，不知能否垂允？”

这一类的话，倒也十分客气。樊金堂的豪侠气概一下子就表现出来了。批其信尾，说：“愿奉教”，定了时间、地点，最后是“在下恭候，樊金堂”。

在约定的时间，那联队长带了一个翻译，不带武器，真的来了。战士们问：“来了两个鬼子，打不打？”樊金堂说：“别打哟！人家是客情，咱们要以礼相待。”两人见面，互致敬礼，然后就在农村茅舍里的土坑上分宾主落座。那联队长说了一大套如何敬佩樊大队长的话……

认真说来，这是抗日战争史上一个非常独特的场景。一个日本军人同一个中国军人，打得不可开交，又抽空儿坐下来互相交谈。那联队长临分手时，说道：“樊大队长，有什么需要，兄弟一定帮忙，一定尽力。”樊金堂有点开玩笑地说：“我需要1挺歪把子机枪、2箱子弹。”联队长说：“一定办到。”

在双方激烈的战争之中，开这种玩笑，古今中外是不多见的。谁知隔了几天，前沿哨所报告说："有两个鬼子，带着几个民伕，打着白旗，进山了。"樊金堂命令道："既然是打着白旗，就不要打。看他们来干什么……"进山来才知道，2 个日本兵，轮流扛着 1 挺日本造的歪把子机枪，后边 4 个民伕，抬着 2 箱子弹。

樊金堂收到这些东西后，高兴极了。写了一封意思是"收到了"的回信，交给 2 个日本兵。那 2 个日本兵用半生不熟的中国话，说了半天才把意思说清："联队长的命令，把东西交给樊大队长，就不用回去了，算我们逃亡了，真要回，是要被枪毙的……"

这可把樊金堂大队长给难住了。后来才想起来，把这 2 个日本兵送到军区。电话上聂荣臻司令员说："这么大的事情，你樊金堂既不请示，也不报告……"，樊金堂只是嘿嘿一笑。

聂司令员的爱将

晋察冀军区司令员聂荣臻，想培养樊金堂同志，就把他送到延安去学习。正好赶上陕甘宁边区开展大生产运动，他劳动积极，表现好。后来见他老实可靠，枪又打得准，就叫他去跑运销。

学习完毕，回到根据地后，聂荣臻司令员任命他为师后勤部长。

1945 年 8 月 15 日，日本无条件投降后，部队奉命开赴东北，根据毛主席和党中央的指示，建立"巩固的东北根据地"。他所在的部队扩编，由师变成了军级建制，他依然是军后勤部长。

十三、抗战歌曲

抗日战争时期，国共两党两军流传着诸多的抗战歌曲。抗战歌曲，激励着将士们浴血奋战、英勇杀敌，把日寇赶出中国国土去！现特辑录几首抗战歌曲，奉献给读者。

《三大纪律八项注意》

1935 年 10 月，中央红军先遣队到达陕北，带来了《中国工农红军三大纪律八项注意布告》，为了配合部队的纪律教育，程坦同志就把"布告"的内容编写成歌曲。在刘华清同志（时任红十五军团的宣传科长，后任中央军委副主席）协助下，把歌词填入这首歌的曲谱中。后来，歌词经过数次修改，在全党、全军、全民中传唱。歌词为：

革命军人个个要牢记，三大纪律八项注意：
第一一切行动听指挥，步调一致才能得胜利；
第二不拿群众一针线，群众对我拥护又喜欢；
第三一切缴获要归公，努力减轻人民的负担。
三大纪律我们要做到，八项注意切莫忘记了；
第一说话态度要和好，尊重群众不要耍骄傲；
第二买卖价钱要公平，公买公卖不许逞霸道；
第三借人东西用过了，当面归还切莫遗失掉；
第四若把东西损坏了，照价赔偿不差半分毫；
第五不许打人和骂人，军阀作风坚决克服掉；
第六爱护群众的庄稼，行军作战处处注意到；
第七不许调戏妇女们，流氓习气坚决要除掉；
第八不许虐待俘虏兵，不许打骂不许搜腰包；
遵守纪律人人要自觉，互相监督切莫违犯了。
革命纪律条条要记清，人民战士处处爱人民，
保卫祖国永远向前进，全国人民拥护又欢迎。

《打回老家去》

1931 年“九一八”事变后，日本侵我东三省，任光投入了抗日救亡运动。1936 年，他用“前发”的笔名创作了一首著名的抗日歌曲《打回老家去》，歌词为：“打回老家去，打走日本帝国主义，东北地方是我们的……”

《大刀进行曲》

20 世纪 30 年代，国民革命军第二十九军在长城抗战和卢沟桥抗战中，大刀显示了神奇的威力。1937 年 7 月，麦新创作了《大刀进行曲》。8 月，麦新在上海亲自指挥了首次演出，激起了听众强烈的共鸣。歌词为：

大刀向鬼子们的头上砍去！
二十九军的弟兄们！
抗战的一天来到了！抗战的一天来到了！
前面有东北的义勇军，后面有全国的老百姓，
咱们二十九军不是孤军。
看准那敌人，把它消灭！把它消灭！
冲啊！大刀向鬼子们的头上砍去！杀！

《游击队歌》

1937年底，德高望重的老音乐家贺绿汀同志创作了《游击队歌》。歌词为：

我们都是神枪手，每一颗子弹消灭一个敌人；
我们都是飞行军，哪怕那山高水又深！
在密密的树林里，到处都安排同志们的宿营地；
在高高的山岗上，有我们无数的好兄弟。
没有吃，没有穿，自有那敌人送上前；
没有枪，没有炮，敌人给我们造。
我们生长在这里，每一寸土地都是我们自己的，
无论谁要强占去，我们就和他拼到底！

《黄河大合唱》

1939年3月，音乐家冼星海从诗人光未然那里得到了《黄河大合唱》的歌词，仅6天的时间就铸就了这部气势磅礴、震撼人心的传世之作。歌词为：

风在吼，马在叫，黄河在咆哮，黄河在咆哮，
河西山岗万丈高，河东河北高粱熟了，
万山丛中抗日英雄真不少，
青纱帐里游击健儿逞英豪，
端起了土枪洋枪，挥动着大刀长矛。
保卫黄河！保卫华北！保卫全中国！

《新四军军歌》

1939年春，新四军为了动员广大官兵贯彻执行中共中央关于抗日民族统一战线和新四军作战方针的指示，配合部队进行革命传统教育，鼓舞士气，军部首长建议创作一首新四军军歌。3月间，首先由陈毅写出歌词初稿《十年》，后经叶挺、项英、袁国平、周子昆、李一氓等将领集体修改定稿，于1939年6月发表在新四军的刊物上，署名为“集体创作，陈毅执笔”。由何士德谱曲。这首歌在1939年7月1日正式定为《新四军军歌》。歌词为：

为了社会幸福，为了民族生存，巩固团结坚决的斗争！
抗战建国高举独立自由的旗帜。
抗战建国高举独立自由的旗帜。
前进，前进！我们是铁的新四军！
前进，前进！我们是铁的新四军！

这首歌以昂扬振奋的旋律、威武雄壮的气势，表现了新四军誓死完成中央军委规定的“东进”任务的坚定决心和一往无前的战斗精神。

冀鲁边区的“抗大”校歌

1938 年底，八路军一一五师肖华支队来到冀鲁边区后，“抗大”学校办了 7 期，其校歌为《八路军进行曲》。歌词为：

铁流两万五千里，直向着一个坚定的方向。
苦斗十年锻炼成一支不可战胜的力量。
一旦强虏寇边疆，慷慨悲歌奔战场；
首战平型关，威名天下扬。
游击战，敌后方，铲除伪政权；
游击战，敌后方，坚持反扫荡，钢刀插进敌胸膛。
巍巍长白山，滔滔鸭绿江，誓复失地逐强梁。
争民族独立，求人类解放，这神圣的重大责任，都担在我们双肩！

《抗日军政大学校歌》

黄河之滨，集合着一群中华民族优秀的子孙。
人类解放，救国的责任，全靠我们自己来担承。
同学们，努力学习，团结、紧张、严肃、活泼，我们的作风；
同学们，积极工作，艰苦奋斗，英勇牺牲，我们的传统。
像黄河之水，汹涌澎湃，把日寇驱逐于国土之东，
向着新社会前进，前进，我们是抗日者的先锋！

《八路军进行曲》

1939 年秋天，诗人公木和音乐家郑律成(朝鲜人，创作了中朝两军军歌)在延安创作了《八路军进行曲》。1940 年夏首刊在《八路军军政杂志》上；1941 年荣获由毛泽东、周恩来等捐助的五四青年节奖“音乐类甲等奖”首位。解放战争中，对歌曲作过修改，更名为《人民解放军进行曲》。1965 年改名为《中国人民解放军进行曲》。1988 年 6 月 25 日，经党中央批准，中央军委决

定，邓小平主席签署命令，将此歌定为《中国人民解放军军歌》。歌词为：

向前！向前！向前！
我们的队伍向太阳，脚踏着祖国的大地，
背负着民族的希望，我们是一支不可战胜的力量，
我们是工农的子弟，我们是人民的武装。
从无畏惧，绝不屈服，
英勇战斗，直到把反动派消灭干净，
毛泽东的旗帜高高飘扬。
听，风在呼啸军号响；
听，革命歌声多嘹亮！
同志们整齐步伐奔向解放的战场，
同志们整齐步伐奔去祖国的边疆。
向前！向前！
我们的队伍向太阳，
向最后的胜利，向全国的解放！

《别了，皖南》

1940年10月，重庆国民党最高当局强令新四军必须在一个月内撤到黄河以北。一天，新四军政治部主任袁国平给了作曲家任光一个任务，要他为《别了，皖南》这首歌谱曲。词是袁国平亲自起草的，几位军首长都看过，并作了修改。叶挺军长、项英副军长也来听过好几次。该歌唱出了新四军将士的心声。歌词为：

前进号响，大家准备好，子弹上膛，刺刀出鞘。
三年的皖南，别了！目标扬子江头，淮河新道。
哪个来拦路，哪个被打倒！
冲过重重叠叠的封锁，冲进日本鬼子的窝巢。
我们一定胜利，我们一定到达目标！

《荣誉二师军歌》

抗战期间，国民革命军荣誉第二师曾入缅作战。其军歌歌词为：

荣誉、荣誉，千万健儿的鲜血，洗尽中国百年来的耻辱！
抗日、行若梯尽，胜利就在眼前；
在祖国欢腾的神州，肩负着我们时代的使命。
将士们、努力，将士们、努力……
让我们不曲不懈、再接再厉。
劳动、创造、苦干、实干、发扬荣誉军人的精神，
扛起国民革命的大旗，扬我中华民族的志气。
荣誉、荣誉、荣誉……

《抗日歌》

国民革命军荣誉二师还有一首抗日歌。其歌词为：

日本鬼子真无理，侵我中华，占我妻女。
打倒日本帝国主义，才享平安，家园得安宁，伊呀嘿！
打倒日本帝国主义，家园得安宁，伊呀嘿！……

鲁苏皖边区游击四纵军歌

抗战时期，陈中柱任国民政府鲁苏皖边区游击总指挥部第四纵队少将司令。1941 年，35 岁的陈中柱在江苏泰州地区对日作战中，身中 6 弹壮烈牺牲，被日军割下头颅。夫人王志芳女士前去泰州城向日军司令南部襄吉索要："我是陈中柱将军的夫人！我来要我丈夫的人头！"南部倒吸了一口凉气，作了送客的手势。王志芳女士秀目喷火："我要带走丈夫的头颅，否则伏尸二人，流血五步！"南部终于双手作捧送状："我们是两个国家，陈司令为他的国家，我是为我的国家。但我们敬佩他的英勇，要学习他的精神。"王志芳将装有陈中柱将军头颅的木匣，紧紧地捧至胸前，昂然走出了日军司令部的大门。

2013 年，独自将三个儿女抚养大的王志芳女士，已是 95 岁高龄，在澳大利亚见到故国来客，唱起了丈夫部队的军歌：

国民党，共产党，现在站在一条线上，
抗战高于一切，他们贡献了全部的力量。

老人流着泪唱着，将今生今世的生死爱恋尽情挥洒……

十四、陈嘉庚记

陈嘉庚，1874 年生于福建省同安县集美村。17 岁到南洋谋生、创业，成为拥有 1.5 万英亩橡胶园和 1200 万元资产的华侨大实业家。

陈先生一生热心救国活动，1923 年创办《南洋商报》，鼓吹抵制日货，在华侨中产生很大影响。

华侨旗帜

1928 年 5 月，日本兵临济南，制造“济南惨案”。陈嘉庚联络新加坡华侨，组织“山东惨祸筹赈会”，并任会长，第一次把华侨抗日力量团结起来，培养和训练一批爱国筹赈的骨干分子，向华侨募捐 130 余万元，救济山东受难同胞。

1931 年“九一八”事变后，日本强占东北三省，陈嘉庚在新加坡召开侨民大会，通电国际联盟及美国总统罗斯福，要求履行国际公约，维护世界和平，并号召华侨向在东北抗击日寇的军队捐款捐物。

1937 年“七七”事变发生后，南洋华侨纷纷成立了以支援祖国抗战为目的的群众组织，成立了华侨筹赈祖国伤兵难民委员会，推举陈嘉庚为主席。

1938 年 10 月，南洋华侨筹赈祖国难民总会(简称“南侨总会”)在新加坡成立，也选陈嘉庚为主席。陈嘉庚带头每月募捐 2000 元，直到抗战胜利。

由于他献身祖国和领导有方，华侨积极拥护，捐款捐物数额巨大。据统计，从 1937 年至 1945 年，华侨捐献的义款共 70 亿元国币，捐献飞机 217 架、坦克 27 辆、汽车 500 辆、救护车 1000 辆、大米 1 万包和寒衣 30 万件以及大量药品、雨衣、胶鞋等。

南侨总会还动员 3200 多名司机、机工及由许多医生、护士组成的救护队回国服务。从 1939 年滇缅公路通车到 1942 年 5 月公路被切断为止，通过南洋车队运送的抗战物资达 45 万吨。

陈嘉庚领导华侨不仅在经济上对祖国抗战做出了巨大贡献，而且在政治上也给予了有力支持。

1940 年 3 月，陈嘉庚肩负华侨重托，组织“南洋华侨回国慰劳考察团”回到祖国。陈嘉庚通过对重庆和延安两地的深入考察对比，认为重庆虚浮乏实，黑暗腐败，国难当头仍灯红酒绿，纸醉金迷；而延安别有天地，人民安居乐业，上下打成一片，军民同仇敌忾，处处团结抗战，令人“喜慰莫可言喻，如拨云雾见青天”。

陈嘉庚组团回国，历时 10 个多月，历尽千辛万苦，行程数万公里，走遍大江南北，慰问前方抗日将士和后方受难同胞。

日本侵略者对陈嘉庚深为仇恨，悬赏 100 万元捉拿他。抗战胜利后，陈嘉庚才从印度尼西亚的首都雅加达回到新加坡。

陈嘉庚的一生是 20 世纪以来海外华侨为反对帝国主义、争取祖国独立富强而进行的艰苦卓绝斗争的集中反映。毛泽东曾高度评价过陈嘉庚的伟大爱国精神，赞誉陈嘉庚为“华侨旗帜，民族光辉”。

伟大提案

“敌未出国土前，言和即汉奸。”这是陈嘉庚先生 1938 年 10 月 28 日从新加坡给当时正在召开的国民参政会发来的电报提案。它言简意赅，振聋发聩，发人深省，大快人心，给了当时的主和派以沉重一击，在海内外引起强烈反响，被邹韬奋誉为“古今中外最伟大的一个提案”。

1938 年 10 月，广州、武汉相继沦陷，路透社电讯公开传出“汪精卫发表和平谈话”，陈嘉庚才确信汪精卫真的在唱投降论调，汉奸嘴脸昭然天下。他遂以南侨总主席名义给汪精卫发电报，明确指出与日和谈无异于与虎谋皮，主和绝无出路，让其放弃和谈的念头。

10 月 25 日，汪精卫则以“抵抗侵略与不拒绝和平并非矛盾”的投降论调回电，甚至反过来还嘱陈嘉庚劝说南侨赞同其主张。

看到汪精卫如此执迷不悟，陈嘉庚按捺住怒火回电再劝：“你身居要职，一言兴邦，一言丧邦；如若言和，不但南洋侨胞，而且举国上下皆不能原谅，万望接纳老友忠告，严杜妥协之门。”

次日，忧国忧民的陈嘉庚又给汪精卫打电报，口气严厉了许多，说：“今日国难愈深，民气愈盛，宁为玉碎，不为瓦全，继续抗战，终必胜利。中途妥协，实等自杀！孰利孰害，彰彰明甚，若言和平，试问谁肯服从？势必各省分裂，无法统摄，不仅和平莫得实现，而外侮内乱将更不堪设想。坐享渔利，惟有敌人！呜呼！秦桧阴谋，张昭降计，岂不各有理由……海外华侨，除汉奸外，不但无人同意中途和平谈判，抑且闻讯痛极而怒。”但汪精卫不为所动，依然我行我素，铁了心要做投降派。

至此，陈嘉庚感到汪精卫已经在投降的路上走得太远了，看这个架势他是准备一条道走到黑了。对于这种投降的论调，陈嘉庚决定必须予以无情的揭露和坚决的打击，以正视听，以鼓舞全民抗战的斗志。

两天后，即 1938 年 10 月 28 日，抗战时期的一次很重要的会议——国民参政会在重庆召开。身在新加坡的陈嘉庚以国民参政员的身份，向大会发去一个电报，电报原文为：

> 议长、秘书公鉴：东电悉。庚因事未能赴会，甚歉。兹有提案三宗，乞代征求参政员足数同意，并提请公决：（一）日寇未退出我国土之前，凡公务员对任何人谈和平条件，概以汉奸国贼论。（二）大中学校在抗战期间禁放暑假。（三）长衣马褂限期废除，以振我民族雄武精神。陈嘉庚叩首

这份电报全文共有110个字，实际上包括不能谈和、学校抗战期间不能放假和废除长衣马褂三个提案。其中，第一方面的内容“日寇未退出我国土之前，凡公务员对任何人谈和平条件，概以汉奸国贼论”最为著名，后经会议秘书处精简修改为“敌未出国土前，言和即汉奸”11字。

这一电报提案，不啻一枚重磅炸弹，震惊宇内。著名爱国人士、出版家、政论家邹韬奋在其所著《抗战以来》一书中，对之作了极为生动的描述和高度评价。他说：“开幕之后，霹雳一声，陈嘉庚从新加坡来了一个‘电报提案’——‘敌未出国土前，言和即汉奸’。这寥寥11个字，却是几万字的提案所不及分毫，是古今中外最伟大的一个提案。”同时，他还具体描述道：“当汪精卫议长高声朗读‘敌未出国土前，言和即汉奸’时，面色突变苍白，在倾听激烈辩论时，神色非常不安，其所受刺激深矣。”

【参考文献】

[1]重庆市政协文史委员会编：《重庆文史资料》第9辑，西南师范大学出版社2006年版，第293～309页。

[2]吕云龙主编：《百年中国教育与百位人物》，北京艺术与科学电子出版社2005年版，第135～142页。

[3]全国政协文史和学习委员会编：《回忆陈嘉庚》，中国文史出版社2013年版，第125～140页。

第十一章　国际援助

在第二次世界大战中，中国军民不仅在本土与日本侵略者坚持艰苦卓绝的斗争，还组织远征军去印度和缅甸北部抗击日军，为世界反法西斯战争作出了巨大贡献与牺牲。同时，诸多国际友人也积极帮助中国打败日本侵略者，他们甚至还献出了宝贵的生命。我们后来人不要忘记他们！

一、出战缅甸

戴安澜，字衍功，号海鸥，1904 年出生在安徽无为县。黄埔三期学生，参加过北伐战争。

在中华民族抗战和世界反法西斯战争中，戴安澜将军率中国远征军入缅甸作战，以身殉国，堪称“域外死忠第一人”。

1937 年“七七”事变爆发后，戴安澜已升任第七十三旅旅长。1938 年春，在台儿庄对日作战中，因战功晋升为第八十九师副师长，参加武汉会战。1939 年 1 月，升任中国第一支机械化部队——第五军二〇〇师师长。12 月奉命参加桂南昆仑关战役，苦战 1 月，毙敌 6000，击毙日军前线指挥官第五师团第十二旅团旅团长中村正雄少将，写下了抗战史上辉煌的一页，各报记者在国内外报刊上报道大战经过，盛赞戴安澜师长颇具北宋大将军狄青的风度。

1942 年初，中国组建了中国远征军开赴缅甸。戴安澜奉命率二〇〇师作为中国远征军的先头部队赴缅参战，“扬威国外，藉伸正义”。

缅甸同古是阻止日军北侵的重镇，3 月 20 日，日军向驻守同古的第二〇〇师各主要阵地发起了进攻。面对数倍于己的日军，戴安澜表示了决一死战的坚定信念，于当晚召集全师营以上军官开会，带头立下了“誓与同古共存亡”的遗书，他说：“此次远征，系唐明以来扬威国外的盛举，虽战至一兵一卒，也必死守同古。”并宣布了如下命令：“如本师长战死，以副师长代之；

副师长战死，以参谋长代之；参谋长战死，由步兵指挥官替代，各级照此办理。”在10多天激烈的同古保卫战中，戴安澜率部奋战，以少胜多，击毙敌军5000余人，取得了出国参战的首次胜利。美国政府认为，同古保卫战是“所有缅甸保卫战所坚持的最长的防卫行动，并为该师和他的指挥官赢得了巨大的荣誉”。蒋介石对此的赞誉是：“中国军队的黄埔精神战胜了日军的武士道精神。”

1942年4月21日，戴安澜奉命收复棠吉。24日拂晓，戴安澜率军发起攻击，先后攻占西、南、北三面高地，并突入市区与敌人展开激烈的巷战，将军亲临前线指挥，战斗至午夜，棠吉被攻克。捷报传来，举国上下无不欢欣鼓舞。然而，由于大批日寇由泰国、老挝边境窜入中国军队后方进行围攻，戴安澜所部陷入日军重围，形势危急，上级急令其突围回国。戴将军率部突围，退入泰、缅、老边区原始森林地带，条件异常艰苦，将士们无衣无食，每天只能以野草杂菜充饥。

1942年5月16日，大雨滂沱，戴部突遭日军重兵伏击。激战2天后，全师伤亡惨重。戴将军在一个小山坡上指挥夺取敌军阵地时，不幸被敌军枪弹击中肺部，血流如注，由于无医无药，伤口发炎溃烂。5月26日，第二〇〇师进军至茅邦时，戴将军流尽最后一滴血，以身殉国，年仅39岁。当时缅境无木棺，将军马革裹尸回国。

1943年4月1日，国民政府在广西全州的香山寺为戴安澜将军举行了国葬仪式。国共两党的领导人纷纷送来挽诗、挽联和花圈，对戴安澜将军的以身殉国给予极高的评价。

毛泽东在挽诗中写道：“外侮须人御，将军赋采薇。师称机械化，勇夺虎罴威。浴血东瓜（即同古）守，驱倭棠吉归。沙场竟殒命，壮志也无违。”周恩来在挽词中赞戴将军道：“黄埔之英，民族之雄。”蒋介石的挽联是：“虎头食肉负雄姿，看万里长征，与敌周旋欣不忝；马革裹尸酹壮志，惜大勋未集，虚予期望痛何如？”

二、英烈友人

2014年9月1日，国家民政部公布了第一批在抗日战争中顽强奋战、为国捐躯的300名著名抗日英烈和英雄群体名录。这份名单大概分几类：中国共产党系统（主要为八路军、新四军）；国民革命军系统；东北抗联系统；社会各界人士；外国友人。

其中，中共抗日烈士比例略超一半，共152人次，新四军副军长项英名列其中，还包括狼牙山五壮士等群体。来自国民革命军系统的共94人，除公众熟悉的国民革命军陆军第三十三集团军总司令张自忠外，还包括谢晋元等八百壮士、空军英雄高志航等英烈。来自东北抗日联军系统29人，其中大众最熟悉的是东北抗日联军第一路军总司令兼政治委员杨靖宇。15名来自社会各界的英烈多为文化、教育界人士，包括为人熟知的新闻记者、出版家邹韬奋，作家郁达夫等。

这一批英烈中还包括外国友人，他们是：军政部航空学校美籍飞行教官罗伯特·肖特、苏联空军志愿队队员马尔克·尼古拉耶维奇·马尔琴科夫、苏联空军志愿队大队长格里戈里·阿里莫维奇·库里申科、美国志愿援华队飞行员威廉·瑞德、加美援华医疗队医生诺尔曼·白求恩、波兰记者汉斯·希伯、印度援华医疗队医生柯棣华、日本人民解放同盟冀鲁豫边区协议会副委员长兼冀鲁豫边区参议员宫川英男、马来西亚共产党中央委员兼宣传部部长张元豹等。

三、国际支援

白求恩(1890～1939)，著名的国际主义战士，胸外科医生。全名为亨利·诺尔曼·白求恩，加拿大安大略州人。1935年加入加拿大共产党。多伦多大学医科毕业。曾任蒙特利尔皇家维多利亚医院胸外科医师和圣心医院胸外科主任。1936年，随加拿大志愿军到前线去为进行反法西斯斗争的西班牙人民服务。

1938年1月，受加拿大和美国共产党的派遣，率医疗队来中国。4月底到达延安，受到毛泽东的接见。5月，前往晋察冀边区工作，设立国际和平医院。在极端困难的情况下，白求恩以高度的国际主义精神，对八路军进行医疗救护工作。他还编写了《游击战争中师野战医院的组织和技术》《战地救护须知》《战场治疗技术》《模范医院组织法》等多种战地医疗教材。后来，在一次为伤病员进行手术时，受伤的手指感染中毒。1939年11月12日，在河北完县逝世。晋察冀军区聂荣臻司令员听到噩耗后，亲自前往送别。

12月21日，毛泽东主席写了《纪念白求恩》一文，号召中国共产党员学习他的国际主义精神和共产主义精神。

柯棣华(1910～1942)，国际主义战士，印度医生。原名瓦卡纳特·桑塔拉姆·柯棣尼斯。1936年毕业于孟买格兰特医学院。1938年随印度援华医疗队来中国，次年到延安，任八路军医院外科医生。1940 年 5 月，前往晋察冀根据地，在百团大战期间，柯棣华医疗队在前线工作。1941 年在晋察冀边区任白求恩国际和平医院院长兼白求恩卫生学校教员。他辛勤工作，尽力救治伤员，培养医务人员，在医学、医疗管理及医疗队建设上都做出了巨大成绩。

1942 年参加了延安整风，并加入了中国共产党。同年 12 月 9 日，在河北唐县因积劳成疾，医治无效逝世。

1952 年，柯棣华的陵墓在河北省石家庄华北军区烈士陵园重建。

四、库里申科

2013 年 3 月，习近平主席访俄期间，曾在莫斯科国际关系学院发表演讲，列举了三件体现中俄人民友谊的事例，第一件便是库里申科援华牺牲。

库里申科(1903～1939)，乌克兰人，联共(布)党员，空军少校。据一位翻译人员回忆，库里申科有点像山东大汉。他为人刚直不阿，战斗勇敢顽强，因此被称为“老虎”，又称“张飞”。关于这位援华牺牲的苏联空军少校的事迹，在中国人民抗日战争纪念馆和重庆万州革命烈士纪念陵园都有详尽的记载。

培训中国飞行员

1938 年 10 月 25 日武汉沦陷后，日寇以汉口机场为基地，发疯一样对重庆、成都、西安等地进行轰炸，给大后方人民带来了深重的灾难。为了反击日寇的狂轰滥炸，援助中国人民，库里申科受苏联空军委派，于 1939 年 5 月率领“达莎”式轰炸机大队来到中国，配合中国空军作战，并负责训练中国飞行员。

库里申科大队长对中国飞行员要求非常严格，一丝不苟。讲解“达莎”的性能、特点、操作方法，深入浅出，通俗易懂。每次起飞前，库里申科都要亲手为受训的飞行员系好安全带、关好座舱盖，并经常亲自带飞。为了纠正学员不规范的飞行动作，他常在空中反复演练。有时为了纠正学员落速或进入机场角度方面的偏差，他往往连续带飞三四次，直到学员掌握了要领才罢休。

库里申科经常教导学员：“飞机是国家财产，中国抗战需要飞机，从苏联运飞机到中国非常不容易，损坏一架就少一架，损坏一个零件，都要从万里之外来补充。""苏联人民是真诚支持中国人民抗战的。对资本主义国家的教官来说，你们多损失一架飞机，他本国的资本家就多卖一架飞机，多赚中国人民一笔钱；而苏联没有资本家，我们苏联飞行员来培养中国飞行员，不是为了赚钱，而是为了支援中国人民打击侵略者。"

为中国抗战捐躯

在成都太平寺军用机场，库里申科和他的大队对中国飞行员进行了 2 个多月的强化训练。8 月中旬训练结束后，他们立即担负起远程轰炸任务，飞向日寇占领的武汉，轰炸日本侵略者的军事设施。9 月 29 日，库里申科带队袭击入侵广州的日军，取得成功。10 月 3 日，该大队轰炸武汉日军，炸毁飞机 60 余架，炸死炸伤敌飞行员 400 余人。

10 月 14 日，库里申科又率队轰炸武汉日军机场，炸毁敌人轰炸机 66 架、战斗机 37 架、驱逐机至少 6 架，并毙敌空中少佐 2 名、机械师 60 余名、陆海官兵 300 余名。这次袭击的胜利，迫使日军的飞机场由离战线不超过 50 公里的地方，一下子逃到离战场 500～600 公里的"安全地带"。然而，就是在这次战斗中，日军在遭受重创的同时，紧急调出 3 个飞行大队，驾驶 26 架零式战斗机，对库里申科的 11 架飞机进行狙击。当库里申科大队飞行员击落第 6 架日机后，3 架日机同时扑向库里申科的领航机，苏联射手瞄准其中一架猛烈扫射，顿时黑烟翻滚，敌机被击落。但库里中科的领航机却遭到另一架敌机的袭击，他的胸部和左肩中弹负伤，稍后，他驾驶的"达莎"左翼发动机又被敌机击中。

临危不惧的库里申科凭着高超的驾驶技术，用单发动机驾驶"达莎"，沿着长江向川西成都返航。飞机飞过三峡，飞临四川万县上空时，机身完全失去平衡，开始下坠。为了不损坏飞机，库里申科将战机迫降在长江流经万县近郊的红砂碛江水中。

在落入长江向下漂流的千钧一发之际，库里申科鼓起最后一点力气，命令领航员和无线电通讯员爬出机舱泅水逃生。而他自己却因空战中过度疲劳，加上胸部和左肩负伤，虽然爬出了机舱，但沉溺江底。

随后，万县政府和有关部门立即组织力量打捞库里申科烈士的遗体和失事飞机。当烈士遗体和完整的领航机从江河里被打捞上来的时候，人们无不潸然泪下。

1939 年 11 月 9 日，万县各界数千人士按照中国的习俗，为库里申科举行了隆重的追悼会和葬礼，并将他的遗体安葬在城郊太白岩下。

五、汉斯·希伯

在抗战最艰苦的岁月里，汉斯·希伯作为波兰记者来到中国，穿上八路军军装，拿起武器英勇战斗，血洒疆场，谱写了一曲国际主义的壮歌。

1932年，共产党员希伯第二次来华。针对“九一八”事变后日本侵华的狼子野心，他以敏锐的洞察力，用“亚细亚人”笔名，在美国有较大影响的《太平洋杂志》上发表了多篇政治文章，呼吁立即组织美、中、苏、英、法联合战线，以遏制日本侵略。

1937年“七七”事变后，希伯为中国人民的抗日精神和勇气所感动，他继续用笔作武器，发表《中国正越战越强》等赞扬、鼓励中国人民英勇抗敌的文章。为了向世界真实全面地报道中国人民的抗日情况，他决定深入到八路军、新四军创立的敌后根据地去考察采访。

1938年初，历尽艰难险阻，希伯终于到达了向往已久的革命圣地延安。毛泽东主席与他进行了长谈。1938年春，他又来到皖南泾县新四军军部，在那里见到了周恩来副主席和叶挺军长。不久他还到苏北新四军总部，采访到了刘少奇、陈毅、粟裕等将军。马不停蹄的考察采访使希伯获得了大量珍贵的素材，写成了8万字的《中国团结抗战中的八路军和新四军》一书。继斯诺《西行漫记》之后，希伯的报道又一次向世界传递了大量鲜为人知的中共领导下的抗日力量的战斗、生活信息。

由于日寇及国民党顽固派的包围封锁，山东敌后战场的情况更无法为外人所知。为了让世界人民听到那里的抗日声音，希伯决定深入到最危险的地方去采访。

1941年9月，希伯在苏北新四军的护送下，终于来到了八路军一一五师开辟的沂蒙山抗日根据地。希伯的到来，在根据地军民中引起了轰动，大家奔走相告，争先前来看望“外国八路”。

根据地艰苦的条件还是出乎早有思想准备的希伯的意料，他和普通战士一样，身着灰棉布军服，脚穿“蒙山鞋”，腰挎一把盒子枪。他白天爬山越岭采访，晚上挑灯夜战写稿。很快《在日本占领区的旅行》《八路军在山东》《为收复山东而斗争》等一系列振奋人心的报告从中国山东腹地传向世界。

1941年底，日本“中国派遣军”司令畑俊六亲率5万大军，对沂蒙山实行“铁壁合围”大扫荡，企图消灭八路军一一五师主力。包围圈越缩越小，形势十分危急。部队领导几次想护送希伯出去，都被性格倔强、决不临阵退缩的他拒绝了。

11 月 30 日清晨，希伯所在的部队在大青山五道沟附近被优势日军包围。激烈的战斗一直打到中午，临危不惧的八路军将士一次次打退了如狼似虎的日军的进攻。战斗中，一批批将士倒在血泊中，满腔怒火的希伯持枪射击日寇……这位视死如归的国际主义战士，为他所热爱的中国人民的解放事业献出了自己宝贵的生命。

希伯同志现在长眠于沂蒙山华东烈士陵园的苍松翠柏之下。他的墓碑上刻有罗荣桓元帅的题词："为国际主义奔走欧亚，为抗击日寇血染沂蒙。"

汉斯·希伯的名字和业绩，必将彪炳青史。

六、空中厮杀

自 1931 年"九一八"事变日本入侵东北，中日两国爆发大规模军事冲突开始，双方的空中力量便浴血拼杀，战斗甚为惨烈。在漫长的战争进程中，数以千计的中外航空志士为抗击日寇而喋血长空。很多人也许不知道，抗日战争中第一位击落日军飞机、第一位殉难的飞行员并非中国人，而是美国飞行员肖特。

罗伯特·肖特，1904 年生于美国华盛顿州西部的港口城市塔科马。20 世纪 30 年代初受雇于美国盖尔公司，来华销售波音公司的战机。关于肖特的身世外界知之甚少，大家仅知道他是前美国陆军航空队的飞行员。

1932 年"一·二八"淞沪抗战爆发，蔡廷锴、蒋光鼐将军指挥的十九路军在淞沪地区与日军展开激战。其时，肖特恰好运送波音战机到上海，眼见日军飞机肆虐，他愤而驾机起飞迎战。值得一提的是，肖特在与日军空战时，其实并没有任何正式的中国空军身份，与后来的"飞虎队"截然不同，他的行为更像一名路见不平拔刀相助的侠士。

1932 年 2 月 20 日，他驾机攻击了从航母"凤翔"号上起飞的一个日军舰载机编队，首开纪录，击落日机一架。

2 月 22 日，肖特驾驶着波音战机从上海转场去南京，途经苏州城郊，遭遇从"加贺"号上起飞的一队双座舰载机。他攻击了其中的一架日机，击毙该机上的射击手。在恶战中，他自己也不幸被一架敌机击中，坠毁于苏州市吴县车坊乡高店镇浮漕港口水中。

为了表彰肖特为中国反抗日寇侵略而英勇献身的崇高精神，中国政府特追赠他为空军上尉，并决定为他举行公葬。4 月 19 日，应中国政府之邀，肖特之母伊丽莎白和弟弟埃德华·肖特乘坐“塔夫脱总统”号轮船抵沪参加葬礼，受到中国各界人士的欢迎。

4月24日，上海各界为肖特举行了隆重的追悼大会和公葬典礼。这一天，上海各界一致下半旗致哀。最后，肖特的遗体被安葬在上海虹桥机场的墓地。

同年，在烈士殉难处的吴县，为了纪念肖特，特募资在苏州公园树立“赠上尉美国肖特义士碑”，以志不忘。

七、飞虎队记

1941年12月7日，日本偷袭珍珠港，太平洋战争爆发。“飞虎队”移师中国，并在昆明建立基地。

首战大捷

1941年底，日军不可一世。偷袭珍珠港成功后开始了对东南亚的占领计划，并准备从西南方向进攻云南、入侵四川，最终占领中国，西南重镇昆明在整个中缅印战区具有极为重要的位置。

1941年12月20日，日军偷袭珍珠港12天后，10架日军轰炸机非常放肆地飞到昆明上空实施轰炸，驻扎在昆明的美国志愿队终于迎来了来华之后的第一次空战。当陈纳德接到报告时第一个念头就是：我的上帝，这一天终于来了。

起飞迎战的信号弹升起，16架P-40战机在凄厉的城市空袭警报中腾空而起。激烈的空战，0:9，首战大捷，P-40无一损伤，全部胜利返航。此次空战之后，昆明百姓送给美国志愿队一个响亮的名称——“飞虎队”。

战功赫赫

1937年7月初，美国飞行教官、退役空军上尉陈纳德应邀到中国，考察中国空军，几天之后发生了“七七”事变，中日战争全面爆发。陈纳德接受中方建议，在昆明市郊组建航校，以美军标准训练中国空军。

1941年，陈纳德在罗斯福总统的批准下，以私人机构名义，招募美军飞行员和机械师，用平民身份来华参战。1941年7月和10月，200多名美国青年志愿者，分两批从大洋彼岸、万里之外的美利坚来到中国昆明，成为飞虎队最初的战士。这是一批勇敢、渴望冒险、性格不拘的年轻人。

昆明空战之后，“飞虎队”名声大噪，它本来的名称“中国空军美国志愿队”反而没有多少人知道，那个画在飞机上的著名图案本来是鲨鱼，是一个飞行员从一份画报上得来的创意，但是包括司令官陈纳德在内每个人都喜欢这个图案。其实，飞虎队的两个徽标都是著名的卡通大王迪斯尼设计的。

1942年7月4日，中国空军美国志愿队解散，同时正式组建美国驻中国航空特遣队，也称为“第十航空队的二十三战斗机大队”。陈纳德出任航空特遣队准将司令，许多原飞虎队的飞行员重新入伍。

1943年3月，航空特遣队根据罗斯福总统的指示，扩编为美国陆军第十四航空队，陈纳德出任少将司令。

从志愿队到第十四航空队，“飞虎队”这个来自民间的名字始终伴随着他们，这支航空队在第二次世界大战期间以损失500架飞机的代价，摧毁2600架日军飞机，击沉、击伤44艘日军舰船，击毙66000多名日军，出现了许多王牌飞行员。

驼峰航线

自从1942年3月缅甸首都仰光沦陷直到1945年史迪威公路开通之前，中国通往外部世界的道路已基本上中断。如何将抗战所需的大批物资、弹药运进中国成为当务之急。

早在1942年10月8日，陈纳德提出开通“驼峰航线”的建议。这是一条从昆明经缅甸到印度的航线，山峰连绵起伏，犹如驼峰，因此人们称之为“驼峰航线”。未标明海拔高度的山峰，难以预料的雷暴以及日机的出没，均对运输机构成巨大的威胁。

此后，又开辟了云南经青藏高原，直飞印度的又一条航线。这条航线上有海拔4500～5000米的高山，空气稀薄，气候恶劣，从来没有人驾机从这里飞过。

美国王牌飞行员福克斯上校被召至中国。他曾试飞过许多新型飞机，并开辟过多条新航线。但这一次他驾驶的C-46飞机在恶劣的气候中撞到了山峰上，不幸殉难。

此后，经过中美双方的共同努力及飞行员前赴后继的试飞，“驼峰航线”终于被开辟出来。

在三年多中，经过“驼峰航线”，共向中国运送了736374吨物资，但也损失了468架运输机，1579名美国飞行员在“驼峰航线”上英勇捐躯。

“鲨鱼”吞日机

抗战时期，美国援华飞虎队将军陈纳德，得知日本民族崇尚“武运”精神，他们把“鲨鱼”视为“神灵”，又敬又畏。

据说日本人落海，碰上鲨鱼便远远地虔诚祈祷，生怕神灵降罪。由此，陈将军想到若长空变大海，飞机成鲨鱼，日机岂有不惧？那时趁机狠狠地轰他几炮，岂不事半功倍！陈纳德命令飞机修理厂厂长陆立坦立即调集人员，在所有的P-40型驱逐机头部，用油彩喷制成龇牙咧嘴的鲨鱼头状，机身喷制成鲨鱼颜色。

一天下午，18架日本零式飞机从明山方向侵入，袭击芷江。陈纳德令20“条”青背白肚鲨鱼升空迎击。日机此行根本没把P-40型驱逐机放在眼里，他们高兴地认为炸毁芷江机场易如反掌，多则20分钟，少则10分钟，便可班师凯旋。

日军正得意洋洋时，突然被前面的一切惊呆了：是大海？是长空？是梦幻？是现实？只见一群鲨鱼摇头摆尾、龇牙咧嘴呼啸而来。日机飞行员个个吓得心惊胆战，不知所措。

“神灵，神灵！”有人惊呼，有人祷告，逃的逃，跑的跑，机群一下被冲得七零八落。鲨鱼显神威，张开巨口，吐出长长的火舌，“有滋有味”地吞噬了12架日机，只有6架敌机得以逃生。

珍惜友谊

70多年前的飞虎队员们，以年轻的生命写就了中美人民共同抗击法西斯侵略的辉煌历史，中国人民永远都不会忘记那些为中国的独立而付出鲜血和生命的朋友。

1998年成立的美中航空历史遗产基金会的宗旨，清楚地表明了中美人民共同的心愿：培养在二战期间形成的关系，促进人民之间的友谊与理解；教育当代青年，为了美好的未来，发展友谊，珍视和平。

八、罗生特记

白求恩是人们熟知的国际主义战士。其实，在新四军中也有一位白求恩式的外国大夫。他叫罗生特，更有着超乎寻常的经历：在中国服务9年，直到新中国成立……

志愿参加新四军

罗生特，1903年出生于奥地利，1928年获得综合医学博士学位。

1938年冬，罗生特远渡重洋，来到上海开诊所。他认识了居住上海而经常出入抗日根据地的波兰共产党员汉斯·希伯。1941 年初，希伯把罗生特介绍给新四军驻上海工作的吴之理、沈其震。罗生特当即要求参加新四军，到前线去参加抗日。

陈毅军长根据罗生特的意愿，将他安排在新四军卫生部的直属医院。他不仅为苏北地区军民服务，还经常奔走于新四军驻华中的各部队。他忘我工作的实地行动，赢得了军民的崇敬和爱戴。大家亲切地称他为“新四军里的白求恩大夫”。

经过几年敌后斗争的考验，1943 年春，党组织根据罗生特同志的申请和实际表现，经过钱俊瑞和陈毅介绍，光荣地加入了中国共产党，成为中国共产党的特别党员。

不辞劳苦救罗帅

1943 年春，山东军区司令员兼政委罗荣桓，因患肾病，来新四军请罗生特医治。罗生特热情地接待了罗帅，并详细询问了病史，作了全面检查，初步诊断为良性肾肿瘤。经过一段时间的治疗和恢复，罗荣桓觉得病情大有好转，决定回山东。

临行前，罗生特十分关心地对罗荣桓说：“你肩负重任，我不好多留你。但目前你的病只是好转而没有痊愈。你最好坐担架回去，不能骑马，不然又会复发的。”罗荣桓激动地握住罗生特的双手，诚恳地对他说：“有机会，我们欢迎你到山东来。”

1943 年 9 月，罗生特突然接到陈毅的紧急电报：“山东军区来电，罗荣桓司令员兼政委肾病复发，血尿不止，请罗生特同志去为他治疗。”

罗生特获知消息后，日夜兼程，于 9 月下旬赶到罗帅驻地。当晚，罗生特不顾旅途的劳累，要求立即去看望罗司令员。

经过几天的治疗和休息，罗荣桓的血尿竟奇迹般地消失了。军区首长和卫生部的领导，都对罗生特的医术赞叹不已。但他仍每天几次为罗荣桓诊疗。在他的精心医疗下，保证了罗司令员得以有充沛的精力来领导山东军民建设根据地，抗击日寇的“清乡”“扫荡”。

罗生特同志跟随罗荣桓在山东抗战，直到 1945 年日本帝国主义投降。随后，罗生特又跟随罗荣桓挺进东北，直到新中国成立。

九、日本八路

2014 年 9 月 1 日，国家民政部发布第 237 号公告，公布了一份经国务院批准的“300 名著名抗日英烈和英雄群体名录”(其中包括聊城籍和在聊牺牲的抗日英烈 12 名,如范筑先将军,张自忠将军、东阿人刘海涛烈士、汪洋烈士)。日本人宫川英男的名字也出现在名单中。

被俘改造

在济南市长清区烈士陵园 1 号公墓,坟茔前竖立着一块白色大理石墓碑,上面写着“日本反战同盟会盟员,宫川英男烈士之墓”。

1939 年,在日本国内“全民皆兵”的战争狂热气氛中,家境贫困的宫川应征入伍,成为日本陆军第三十二师团一员,并于当年踏上侵华战场。1941 年夏,宫川所在连队被八路军伏击,宫川被俘虏。

宫川被俘后,经过八路军艰苦细致的思想改造工作,从侵华日军的一员,变成了一位反法西斯战士。

策反日军

1942 年 5 月前后,改造后的宫川英男被送到冀鲁豫军区第三分区。

宫川平时主要负责编写印刷日文宣传品。针对日军内部官兵之间的矛盾,他在一些宣传品醒目位置印上“对士兵不许打耳光”“士兵不是牛马”等宣传口号;他在另一些宣传品上印上“家里老少在眼巴巴地盼望着你回去”“请千万保重身体”等内容,以动摇日军军心。

除印刷反战宣传品外,宫川还随八路军去日军据点喊话。为了安全,喊话一般都在夜里进行。喊话内容主要是,以一个曾经的日本侵略军的身份告诫碉堡里的日军:这是非正义的战争,放下手中的武器,回到自己亲人身边。

在反法西斯战争末期,宫川从事的工作收效明显。济南万德车站日本警备队里,有个名叫阪田的伍长,他得到宣传品后,不但不上缴,反而经常拿出来给别人看,结果被关禁闭。1944 年樱花节那天,他从禁闭室里逃出来,带着反战同盟会印的宣传品向八路军敌工队投诚。

据其战友回忆,宫川投身抗日队伍后,表现了极高的觉悟。有一次,他得知和自己一同工作的日本战友桥本对中国房东姑娘作风轻佻时,表现十分气愤,立即对他进行了“严肃批评和斗争”。

壮烈牺牲

1945 年春季,为保证日籍反战人士的安全,中方把宫川和桥本等人送回了军分区,在官庄村一带休整。然而,日军把官庄村包围,并开始了入村搜查。宫川在一位范大娘的掩护下，躲进了秸杆垛。“鬼子进村后，见柴禾垛就用刺刀，不是捅就是烧。宫川在麦秸垛里已感到无法坚持了。”

正隐蔽在麦秸垛里的宫川英男突然冲出麦秸垛，向日军和叛徒连发数枪后自尽。

宫川英男牺牲时年仅27岁。

【参考文献】

[1]蒋晓勤:《国家记忆》，江苏文艺出版社2013年版，第245～257页。

[2]云南卫视编:《飞虎传奇:美国志愿援华航空队影像档案》，中国友谊出版公司2013年版，第111～119页。

[3]刘强伦等:《中国抗日战争年度焦点:血肉长城(1940—1942)》，湖南人民出版社2005年版，第308～323页。

第十二章 日本劫掠

一、日占我土

抗战时期，日军到底侵占了多少中国领土呢？这是国人关心的一个重要问题。

1937 年以前，日本已经侵占了我国的台湾省、东北三省、热河省、察哈尔省大部和冀东地区。

1937 年“七七”卢沟桥事变发生后，日本发动了全面侵华战争，到 1945 年 8 月无条件投降，在 8 年中，它侵占了半个中国。

从“七七”事变到 1938 年 10 月，侵略者气焰嚣张，大举进犯，是其战略进攻阶段。在 16 个月中，攻占了一大批县城、9 个省会和北平、天津、上海、武汉、广州等大城市，直到首都南京。日军铁蹄踏遍了平汉、津浦、平绥铁路沿线和长江下游沿岸及珠江三角洲地区，控制了华北、华中、华东广大富庶地区。其侵略魔爪向西已深入到绥远省的归绥（今呼和浩特）、包头，山西的原平、阳曲、太原等地。

日本侵略军由于占地太多，战线过长，兵力分散，1938 年 10 月转入战略相持阶段，直至 1942 年。其间，日军实施有限目标进攻，又侵占了南昌、随县、枣阳、金华、奉化等城市和地区。向西进占到湖北省的宜昌，向南深入到福建省的闽侯（今福州）、厦门，广西省（今自治区）的邕宁、绥缘，广东省的汕头、雷州半岛直至海南岛全岛。还侵占了香港。我国西南大后方云南省西部的腾冲、龙陵也被侵占。

随着世界反法西斯战争的迅猛发展，中国战局发生了重大变化。日军优势尽失，于 1943 年转入战略防御阶段。它为了扭转被动局面，并确保本土安全，1944 年春发动了豫湘桂战役。在 8 个月中，攻陷城市 146 座（重要城市有郑州、许昌、洛阳、株洲、长沙、衡阳、桂林、柳州、南宁等），空军基地 7 个，飞机场36个，打通了纵贯中国南北的交通线(平汉线、粤汉线)，湘桂线和中越交通线，侵占了豫、湘、桂、粤四省20多万平方公里的土地。这是中国抗战以来正面战场的一次大溃败。蒋介石不得不承认：这是中国战场最艰危的时期。通过这次战役，日军向西侵占了河南省的陕县、卢氏、灵宝(后收复)，湖南省的邵阳，广西省(今自治区)的宜山，贵州省的独山，逼近贵阳，致使重庆陷于混乱。

到1945年，世界反法西斯战争取得了重大胜利，日军处境更加孤立，但它垂死挣扎，在中国战场又发动了一些攻势，侵占了江西省的遂川、赣州，广东省的南雄、新城、海丰及老河口、芷江等飞机场。还侵占了河南省西部的淅川、西峡口，并于4月4日攻占了豫、陕交界的河南省的重阳店，这是日军1945年“在中国大陆向西前进得最远的地点”。

二、伪钞经战

1937年7月7日，日本悍然发动了全面侵华战争。为彻底征服中国，日本在强力推行其军事行动的同时，还在经济领域对中国发动了另一场战争——伪造法币，企图瓦解国民政府的经济，扰乱民心。由此，中日之间展开了一场没有硝烟的经济战。

耍阴招，东条英机亲批“造假令”

在1937年8月的淞沪会战中，中国官兵在清扫战场时，竟从阵亡的日本士兵的口袋里发现了一些中国纸币，其中一些还是一家早在袁世凯上台后就已经宣布倒闭、名曰“中国殖边银行”发行的废币。人们不禁好奇，这些日本士兵拿着中国早已弃用的纸币来干什么?

原来，早在卢沟桥事变时，为配合日军的侵华军事行动，日本陆军最高指挥部参谋本部就密令特务机构，制定并实施破坏国民政府经济的措施。于是在淞沪会战之前，为套取军需物资，摧毁沪宁杭地区的经济基础，日军就将不知从哪里弄到的废纸币，强行在沪宁杭地区使用。

于是，制造法币的伪钞就成了日本方面的特等绝密。日本陆军大臣东条英机于1938年12月下令，批准伪造中国货币。到1940年4月，他们成批伪造出中国农业银行1元、5元、10元券法币，共计500多万元。

绝地反击，军统以牙还牙

伪钞的横行引起了中方的高度关注，国民政府通令严禁假币流通，规定

"凡贩卖牟利者严行究办"，举报者有奖，并对大案、要案及时曝光，以警世人。不仅如此，面对日本来势汹汹的"假币战"，国民政府也被迫制定并实施了"以假对假"的策略，以其人之道还治其人之身。

当时，在日占区内流通有各种面值的日本钞票、伪币和军用票。然而令其意想不到的是，每当日军发行一种新版纸币，戴笠就会从汪伪汉奸周佛海处获取日伪银行的印钞票版，将之复制并日夜赶印。据统计，军统印出来的日伪钞票总数多达15000多箱。这些钞票成品与日占区新流通的真钞一模一样，连日本制币专家也难辨真伪。

此后，一直到1944年"对敌经济作战室"关闭，伪造日伪货币的工作才告一段落。

疯狂造假，严重扰乱中国经济

据统计，在整个抗日战争期间，日本在中国制造的伪钞总额约为40亿元，在日占区流通的金额约为25亿元。相当于抗日初期一两年的中国战费——从中国抗战开始到1938年10月武汉失陷，国民政府的战费只有10亿至15亿元，国家行政经费仅7亿元，合计不过17亿～22亿元。

某种程度上可以说，日本侵华战争是依靠伪钞维持的战争。对此，日本明治大学文学部讲师渡边贤二曾指出："日本制造伪钞的首要目的是搞乱中国经济，但也被用于在中国采购物资或支付士兵薪水。没有这种伪钞，那场日中战争是打不下去的。"

需要指出的，日本利用伪钞对中国进行疯狂掠夺，给中国人民带来了深重的经济灾难；同时伪钞的流通也严重地破坏了法币在国统区和日占区的信誉，为抗战胜利后国民党经济的崩溃埋下了伏笔。

三、文化掠劫

抗日战争期间，日军对华的侵略，包括文化掠劫方面，图书馆是遭难的"重灾区"。

书，汇聚了中国千百年来知识分子的灵魂，透过一页一页的文字，传承着民族文化的脊梁。

无论像当年"遣唐使"这样的日本公派留学生，还是儒学思想在日本的传承，中华文明一直是日本极尽模仿的对象。但在极端野蛮的战争丛林时代，抢劫图书成了日本侵华的另一个战场。

据《1937 年以来的中国教育》记载，1946 年 11 月，中国代表团递交联合国教科文组织巴黎大会的一份材料说：战前全国图书馆计有 1848 所，“抗战发生，图书馆事业受影响最大，或被摧残，或被掠夺…… 至各省市之公私立图书馆，因战事影响，损毁停顿者达 50%以上，其能幸存者亦均损失甚多。”

仅在南京大屠杀期间，日军对南京各类图书馆进行了系统劫掠，掠夺图书总数达 897178 册。

日军侵占济南后，山东省立图书馆遂遭焚劫，绝大部分书籍荡然无存。据统计，“七七”事变前，山东省图书馆藏书 218000 册，经过洗劫后，残存图书仅有 7560 册。

私立齐鲁大学被日军焚烧损失的图书计 12 万余册。1938 年，牟平县城，日军焚烧了当地的图书、档案。

齐鲁遭劫

物华天宝的齐鲁大地，从史前到近代的文物星罗棋布，但是这份山东与中国人民的宝贵财富却在抗日战争时期遭到日本的破坏与掠夺。

首先，大量文物古迹在日军炮火中惨遭破坏或毁灭。日军在进攻德州时，炮火击中建于唐初的广觉寺，寺内贞观年间建立的古塔中弹，矗立 1300 余年的宝塔倒塌。1938 年 5 月，日军血洗牟平，县城重要文化古迹文庙文昌阁、魁星楼全部烧成废墟。

其次，日本“专家”盗掘历史遗址。抗战时期，大批日本考古“专家”在“学术研究”的旗号下，盗掘中国古墓、古城等遗址，山东是其“发掘”的重点之一。1941 年，关野雄等人盗掘临淄齐国故城和滕国、薛国故城遗址。1942 年，日本原田淑人等组成的“考古队”，对曲阜城东周公庙东侧高地的鲁国灵光殿遗址“考古发掘”，持续一年之久，1943 年方才停止。

最后，日本军政各界人员盗取文物。抗战时期，日本军政人员或者直接掠夺字画、青铜器、瓷器等文物，或者收取汉奸“致送”的文物“礼物”，致使一些珍贵文物流落日本。

日本战败

1945 年 10 月，在日本投降两个月后，39 位中国学者，包括许广平、周建人、郑振铎等发表了一封公开信，要求日本返还从中国劫掠的图书，但由于中国此后到来的内战和动乱，这个呼吁受到阻碍，没有实现。

尽管在盟军占领时期，日本向中国归还了 158873 册图书，但只占全部掠夺的 2742108 册图书的不到 6%，大部分图书没有被归还。

主席赠书

在山东省聊城市海源阁展厅里，正冲着大门挂着一幅照片，记载了1972年9月中日两国邦交正常化谈判时，毛泽东主席赠送日本首相田中角荣《楚辞集注》的一幕。此书就是1961年毛泽东主席指示人民文学出版社影印的出自海源阁的宋版《楚辞集注》。

1972年，中日关系开始破冰。9月25日，日本首相田中角荣访问北京，当天晚上在周恩来总理主持的欢迎宴会上，田中角荣发表祝酒词，其中有这样一句话："过去我国给中国国民添了很大的迷惑，对此，我再次表示深切的反省之意。"

"迷惑"一词，在当时引发了争议。

田中告别毛泽东时，毛泽东指着一套影印的宋版《楚辞集注》说："没有什么礼物，把这送给你。"

毛泽东主席为什么选赠《楚辞集注》给田中角荣？研究此段历史的卢志丹先生说："原因恐怕是这部书上载有'迷惑'的典型用法。读一读《楚辞·九辩》中的这两句话就明白了，'慷慨绝兮不得，中瞀乱兮迷惑'"。

田中角荣收到礼物后颇感荣幸。回国以后，他将《楚辞集注》交日本读卖新闻社复印了一些。一年以后，中国外交部又收到了日本读卖新闻社回赠给毛泽东主席的《楚辞集注》。

不知日本在回赠影印版的时候，是否忘记了侵华时在中国掠夺的那270余万册书籍。

四、血腥罪行

侵占东南亚是日本帝国主义蓄谋已久的既定国策。

早在1927年，日本帝国主义就在其"东方会议"上确定了用武力侵占中国，进而征服印度、南洋群岛和东南亚的《国策基准》，又确定了"中间突破(先占中国)、南北并进(南攻南洋，北攻西伯利亚)"的方针。

1937年，日本发动全面侵华战争，陷入了中国人民抗日战争的汪洋大海中，不得不把主力部队用于中国战场，不敢贸然北犯苏联和向南扩张。

1940年春，德国的闪电战在欧洲得逞于一时，日本帝国主义把英、法等国在西欧的败退视为自己实现扩张美梦的良机，认为一旦控制东南亚的丰富资源，就能解决侵华战争的需要，在经济上和军事上完全支配亚洲。

从 1940 年 6 月起，日本改变了“北进”的主张，制定了以“南进”为内容的“作战指导方针”。同年 7 月，以日军大本营的“南进”方针为基础，制定了臭名昭著的“大东亚共荣圈”侵略计划：以日本为核心，“日、满、华的牢固结合为基础”，把东南亚和西太平洋的广大地区都变成日本的殖民地。在独霸亚洲乃至世界的侵略野心的驱使下，日本帝国主义乘法国在 1940 年向德国法西斯投降之机入侵印支国家，从法国手中夺得南侵基地，并在翌年偷袭珍珠港挑起太平洋战争，迫不及待地把侵略魔爪伸向东南亚。

1941 年 12 月 7 日，日军偷袭美军基地珍珠港。就在同一天，日军出动南方军主力 11 个师团、2 个飞行集团、4 个舰队共计 40 余万人、700 余架飞机倾力执行“南进”侵略计划，大举进攻东南亚。

日军在不到半年的时间里先后攻占泰国、菲律宾、马来亚和缅甸等国家，对这些国家统治达 4 年之久。东南亚各国 380 万平方公里的河山横遭日本军国主义铁蹄的蹂躏，1.5 亿人民在日本的殖民统治下遭受无穷的灾难，因日本侵略而死亡的人难以计数。

日本侵略者在东南亚实行极其野蛮残酷的法西斯统治。日本占领当局取缔一切组织，取消一切民主自由，到处安插警察、宪兵和密探，大批捕杀当地爱国志士，大肆屠杀和平居民。

新加坡沦陷后，日本宪兵屠杀了 15 万以上和平居民。其中大半为华人，不少被活埋而死。

日本侵略者还使用高压手段，侮辱当地居民，不准他们悬挂本国国旗，强迫他们向日本军人鞠躬致敬，每天向东京遥拜，强制他们使用日语。

日本侵略者在占领地恣意掠夺，横征暴敛。他们通过银行和商行控制各国经济命脉，巧取豪夺当地人民财物；垄断东南亚人民赖以为生的稻米生产和销售，掠夺大部分东南亚稻米充作日军军粮；强制改变各国农业生产结构，生产日本需要的产品。

他们控制缅甸的国内外贸易，掠夺印度尼西亚的石油等重要资源，强迫菲律宾削减稻米种植，砍掉甘蔗，种植日本短缺的棉花。在日本占领军的残酷榨取下，东南亚饥荒迭起，广大劳动人民不得不以糠菜充饥，许多人处于“毒螺充饥，麻袋蔽体”的悲惨境地。

日本占领军还在各地普遍建立“劳动营”，强迫东南亚人民为日本侵略者从事无偿劳役、修建军事工程。据统计，仅印度尼西亚爪哇一地被强征的劳力就达 50 万人，被送往国外的 30 万人中，23 万人由于劳动条件恶劣命丧异国。日本用刺刀威逼东南亚百姓和战俘修建一条从泰国西部至缅甸的铁路，在一年的施工中竟有 1.2 万余名战俘和 25 万余名劳工在非人的劳役中身亡，这条长415公里的铁路一直被称为“死亡铁路”。

日本侵略者还强迫东南亚人民为他们充当炮灰，仅在印度尼西亚就掳掠了30万人送到缅甸和新几内亚作战，结果90%的人死在热带丛林之中，只有少数人生还。

【参考文献】

[1]王天平:《日本三代天皇操纵侵华战争内幕》，辽宁人民出版社2013年版，第303～319页。

[2]李巨廉、王斯德主编:《亚太地区反对日本法西斯侵略的斗争》，上海远东出版社1995年版，第9～15页。

第十三章　日本投降

一、最早消息

1945 年 8 月 10 日晚，在日本侵略军铁蹄下的南京已经有 8 年没有这般热闹了。市区的路上不时有鞭炮鸣响，一群群市民喜形于色，欢呼雀跃，他们奔走相告有关日本投降的消息。

日本正式投降是在 8 月 15 日，那么在汪伪政府首都严密的新闻封锁下，市民们是怎样预先得知这一消息的？原来是有人偷播了日本投降的消息，此人名叫谭宝林。

1942 年，谭宝林开始在汪伪中央广播电台做无线电技术员。1945 年 8 月 10 日晚，正轮到谭宝林值班。8 时整，他照例转播东京电台的新闻，同时又把另一部转播机调到重庆电台的频率，利用工作之便收听重庆的广播。

这时，耳机中突然传来日本政府通过瑞士发出照会谋求投降的惊人消息。他顿时热血沸腾，民族自尊心和责任感使其忘掉了个人安危，决意将此消息传播出去。这时正好没有日本人在场，他就毅然卡断“大东亚联播”，改播重庆电台的新闻。

该特大新闻在几分钟内反复重播了几遍，胜利的消息顿时传遍了六朝古都，人们奔走相告，鞭炮齐鸣，庆祝来之不易的胜利。

二、抗战胜利

1945 年 8 月份，美国向日本投掷了原子弹，苏联对日宣战和抗日根据地的军民开始了全面反攻，收复失地。经过艰苦抗战，终于打败了日本鬼子，取得了最后胜利。

8月6日和9日，美国向日本的广岛、长崎投掷了2颗原子弹。

8月8日，苏联政府对日宣战，苏联百万红军分3路进入我国东北，消灭了盘踞我国东北长达14年之久的日本关东军。

8月9日，毛泽东主席发表了《对日寇的最后一战》，指出："对日战争已处在最后阶段，最后地战胜日本侵略者及其一切走狗的时间已经到来了。"

毛泽东号召中国人民的一切抗日力量，举行全国规模的反攻，歼灭敌人的力量，扩大解放区，缩小沦陷区。他号召组织武装工作队，深入敌后之敌后，发动人民破坏敌人的交通线，配合正规军作战。他还号召放手发动沦陷区的千百万群众，立即组织地下军，准备武装起义，配合从外部进攻的军队，消灭敌人。声明还提醒全国人民，必须注意制止内战危险，努力促成民主联合政府的建立。

10日，朱德总司令向各解放区部队发布进军命令。我抗日武装部队分别限令附近城镇和交通要道的敌伪军队缴械投降，并准备接收任何敌伪军所占领的城镇和交通要道。

那时候，蒋介石企图夺取抗战胜利的果实，用"中央政府"名义，要解放区军队"就地驻防待命"，不准对日军大反攻。他还指使敌伪军继续抵抗人民军队，拒绝向中国人民投降。

由于中国人民军队的猛烈反攻和苏联红军的进攻，8月15日，日本帝国主义被迫宣布无条件投降。但是，在中国的日本侵略军勾结国民党反动派，继续抵抗解放军。

中国人民军队拒绝了违背人民意志的国民党反动派的命令，独立自主地向敌占区大举进攻，收复失地，消灭拒不投降的日伪军。从8月11日到10月10日，前后两个月的时间，人民军队在各个战场上取得了辉煌的胜利。

冀热辽人民军队沿着北宁路，向东北进军，配合苏联红军和东北抗日联军解放东北。晋察冀人民军队解放了察哈尔，包围着北平、天津、保定。晋绥人民军队解放了绥远和山西的广大地区。晋冀鲁豫人民军队解放了黄河沿岸的广大地区。山东人民军队向津浦路（天津至浦口，现在是京沪线的一段）中段和胶济路（青岛至济南）进攻，山东的108县解放了100县。华中人民军队向沪杭甬、浙赣、淮南等路和陇海路（兰州至连云港）东段进攻，解放城市36座，使江苏和安徽两省北部的解放区完全联成一片。华南抗日纵队向广九、潮汕两路进攻，也取得了重大胜利。

在这期间，人民军队收复国土31.5万平方公里，解放人口1870万人，收复城市190座，毙伤日伪军23.3万多人。

9月2日，日本正式签订投降书，中国人民抗日战争胜利结束了。

伟大的抗日战争胜利了。被日寇统治长达50年之久的台湾也回到了祖国母亲的怀抱。

抗日战争的胜利，是全国人民、八路军、新四军和其他人民抗日武装力量在8年间英勇奋斗、流血牺牲的结果，是全国各民主阶级、民主党派团结一致共同反抗帝国主义侵略的结果。

抗日战争的胜利，结束了中国人民百年来在反抗帝国主义斗争中失败的历史，奠定了中国人民解放战争在全国胜利的基础。

中国的抗日战争为世界反法西斯战争作出了重要贡献。

三、签字仪式

1945年9月2日，在东京湾的美国海军战列舰“密苏里”号上，举行了日本投降签字仪式，标志着世界反法西斯战争胜利结束。

9月2日8时整，盟军太平洋战区总司令、美国太平洋舰队总司令尼米兹海军上将登上了“密苏里”号战舰。随后，驻日盟军最高司令官麦克阿瑟陆军上将和各国代表也先后登舰。

9时02分，仪式开始。日本外相重光葵、陆军参谋长梅津美治郎分别代表日本政府和帝国大本营签字。接着，盟国代表麦克阿瑟总司令、美国代表尼米兹上将、中国代表徐永昌将军等各国代表也先后签字。仪式完毕，上千架美国飞机从上空掠过，宣告这场人类历史上空前大浩劫的结束。

为什么日本投降仪式要在军舰上举行呢？

原来，对于受降仪式地点的问题，麦克阿瑟和尼米兹曾进行过激烈的争论。

杜鲁门总统已经内定，由麦克阿瑟主持日本向盟国投降仪式，他将以盟军最高司令官的身份执行对日占领。由他主持仪式，看来是顺理成章的。不过，这可惹恼了海军上将尼米兹。

“是谁打赢了太平洋战争？”尼米兹愤愤不平地质问，“是海军！从珍珠港到冲绳岛，洒遍了海军将士的鲜血！”尼米兹还向总统表示，如果不能体现海军在太平洋战争中的巨大作用，他宁愿不出席仪式。

尼米兹是在珍珠港惨败、美国海军最黯淡的时刻接任太平洋舰队司令的，他不仅很快重振了海军官兵的自信和斗志，而且在兼任中太平洋战区总司令期间，出色地指挥了一系列有决定意义的海空战、岛屿争夺战和广泛的潜艇战，率先发展了“跳岛”战术，大大加快了战胜日军的进程。谁都知道尼米兹和太平洋舰队在整个太平洋战争中扮演了十分突出的角色。如今在凯歌高奏中却让麦克阿瑟唱头牌，岂不是对海军的大不敬？尼米兹和麦克阿瑟之间，本来就颇多矛盾，海军和陆军之间，一贯彼此竞争，现在如何才能一碗水端平呢？

这时，海军部长福雷斯特给杜鲁门出了个好主意：把签字仪式放在停泊于东京湾的“密苏里”号战列舰上举行。该军舰是以杜鲁门总统的家乡州名命名的，还是由他的女儿为它下水剪彩的。同时，“密苏里”号战舰也是尼米兹将军的旗舰。

后来，经过调解，杜鲁门总统决定由麦克阿瑟主持仪式，但必须在海军的战舰上举行，并决定由“密苏里”号担此荣任。

至今，“密苏里”号后甲板上仍嵌着一块铭牌，上刻：1945 年 9 月 2 日，日本无条件投降签字地点。

四、日本投降

1945 年 9 月 2 日上午，在美国太平洋舰队司令尼米兹将军停泊于日本东京湾的海军旗舰“密苏里”号上，举行日本签署投降书仪式时，盟国的将军们全部端坐在旗舰甲板上的两张桌子的周围，注视着日本外相在这里签署投降书。

参加日本无条件投降签字仪式的，还有美联社、合众社、国际新闻社、路透社和中央通讯社等 5 家通讯社的记者。代表中国中央通讯社的，是香港记者曾安波。

当时，“密苏里”号舰上仅有一架留作通讯用的无线电台。签字仪式结束后，谁先使用这架电台来发出这个激动人心的消息呢？围绕这一问题，大家进行了一场激烈的争论。最后，大家同意由抽签来决定。

抽签活动开始了。当中国记者曾安波打开自己手里的纸卷时，出现在他眼前的是个醒目的斜线符号“1”。于是，他就欣喜若狂地冲进报务室，迅速将这一轰动世界的消息发往设于重庆的中央通讯社总部。

这真是“上苍有眼，天不灭曹”。俗话说得好，“善有善报，恶有恶报；不是不报，时候未到；时候一到，一切都报”。日本帝国主义给中华民族带来了深重的灾难，曾安波也就成为世界上第一个报道日本投降消息的记者。

五、拒降被歼

1945年8月15日，日本宣布无条件投降，9月2日签署投降书。朱德总司令发布命令，要求人民抗日武装向附近的日伪军发出通牒，限令他们立即向我军缴械投降。新四军收复了华中敌占区的大片土地。

但是，位于苏皖解放区南面的高邮仍被日伪军占据着，非但拒不缴械，反将原驻扬州的日军独立混成第九十旅团1000人及伪军第二方面军一部调至高邮，使高邮守敌增至5000余人，妄图负隅顽抗。

12月，新四军华中野战军司令员粟裕亲自部署指挥，发动了高邮战役，用1周的时间收复该城，成为中国抗日战争中对日寇的最后一战。

日伪拒降

高邮易守难攻，南临扬州，北靠两淮，西倚运河、邵伯湖，东接水网田畴，城墙高耸，护城河环绕，是古运河畔的一个重镇。1938年日军侵占高邮后，数次加修工事，使其层层坚固。这里是国民党向华中解放区领导机关所在地——淮安、淮阴地区进攻的必经之路。当时国民党声称："运河是道大门，高邮是把大锁，只要占领高邮，就等于打开了大门之锁，就可以长驱直捣两淮，置共军于死地。"

高邮日伪军自恃城高地险，驻有重兵，且有国民党撑腰，故对我军令其投降的通牒置之不理，并态度骄横。随着国民党军在各解放区的进攻日益扩大。高邮的日伪军不但不降，反而更加猖狂。新四军委派盐城战役(高邮战役之前)中投诚的原伪军第五军军长赵云祥前去劝降，竟被"枭首示众"，并扬言要"北攻宝应，奉命收复失地"云云。

我军强攻

1945年11月，华中野战军司令员粟裕经过深思熟虑，于12月3日向中央和新四军军部建议：集中华中野战军第六、七、八纵队，组织进行高邮、邵伯战役，歼灭投降之敌，除却后患。两天之后，中央和军部复电："同意来电报告，夺取高邮，同时集结主力准备支援部署……整个战役以在一个月结束才好。"

华中野战军司令员粟裕和华中军区司令员张鼎丞亲自作战前动员，部署战斗，战士们个个摩拳擦掌。当地老百姓也积极行动起来，仅高邮县就调集了 1.5 万民工、500 条船运输物资，还组织 3000 名民兵配合作战。

攻心劝降

1945 年 12 月 19 日，天刚黑，参战部队悄悄进入阵地，当攻击命令下达后，华中野战军第七、八纵队及苏中军区部队共 15 个团从南北 40 公里、东西 20 公里的地域内，对高邮发起了全线进攻。

粟裕亲自部署指挥战斗，采取“围三阙一”的做法，集中火力、兵力，从东、西、北三面进攻，诱使日军拼命向南突围，进行围歼。

为减少伤亡，新四军在攻城的同时，还大力开展政治攻势，以瓦解日军。首先是，攻城部队开展喊话活动，敌工部的同志和日本籍战友宫本干脆跑出屋子，对敌人大声喊话，当时还有“日本反战同盟”“朝鲜独立同盟”的几十位同志来到前线协助，他们用日语劝降，还写劝降信，派人送进城里。还在城门外挂上醒目的大标语：“你们为谁流血？”“放下武器，保证生命安全。”还印刷了大批传单，有中文、日文，有文字的，也有图画的，用弓箭或迫击炮射进城里。

军区敌工部干部还用大喇叭对守城日军士兵宣读天皇的投降诏书，还用留声机播放《支那之夜》《思乡曲》等日本音乐和歌曲，勾起日本士兵的思乡之情。面对四面楚歌，还不知道日本已无条件投降的日本士兵开始动摇，出现内部混乱，攻心战收到了一定成效。

攻城歼敌

25 日夜晚，雨夜，总指挥部下达总攻命令。军区炮兵团在北、东、南三面各派一个山炮连、迫击炮连和步兵连，形成火力攻势。

攻城的战士们利用雨夜，隐蔽接近到城墙脚下，眼看就要爬到墙头，敌人突然开枪，让人措手不及。幸好战士们更快，人未到，手榴弹已扔上城头。由于后续攻城部队没跟上，突击班与敌人之间的一场白刃战随即展开。很快新四军主力登上城墙，猛烈的火力压向敌人，最终迫使日军在城墙举白旗投降。

战斗到 26 日下午 4 时，日军司令部已在我方包围之中，眼看大势已去，日伪军不得不放弃抵抗，日军驻高邮最高司令官岩崎大佐终于缴械投降。

从 19 日晚到 26 日，高邮战役仅用了 1 周的时间，速战速决，取得辉煌战绩。我军以微弱优势，经过激烈战斗，以伤 400 余人、亡 200 余人的代价攻克坚城，歼敌 5000 余人，其中日军 1100 余人，缴获各种火炮 61 门、枪支 4308 支，歼灭和俘虏日军之多，缴获枪炮弹药、军械物资之多，在华中抗日战场上也是为数不多的。

高邮城是抗战中全国最后一个光复的县城，也是新四军抗日的最后一战。

六、审判战犯

南京大屠杀元凶被判处绞刑

1937年12月13日，日军谷寿夫师团以重炮猛轰南京中华门，炸塌城墙数处，日军蜂拥而入，南京沦陷。

日军攻占南京的最高指挥官松井石根大将，在攻占南京前夕，曾命令其部下谷寿夫等师团长说："南京是中国的首都，占领南京是一个国际事件，所以必须作周详的研究，以便发扬日本的武威，而使中国畏服。"

攻占南京后约6个星期的时间内，日军官兵在南京城内犯下了极端残暴的反人道罪行。谷寿夫在攻占南京后，公然宣布"解除军纪三天"，唆使其部下疯狂地烧杀淫掠，制造了惨绝人寰的南京大屠杀罪行。

曾任关东军参谋的田中隆吉在二战后对南京大屠杀进行了研究，他的结论是："如此大量的屠杀，如果不是在军队统一指挥下采取集体行动的话，那是绝对不可能办到的，而这种集体行动只有遵照上司的命令才能进行。"

日军在南京的暴行震惊了国际社会，迫于国际舆论的巨大压力，日本政府于1938年3月5日召回松井石根。

1945年9月19日，驻日盟军总部将松井石根逮捕入狱。远东国际军事法庭从1946年5月开始，对松井等甲级战犯的战争罪行进行了长达2年的审讯。松井被指控要对南京大屠杀负主要责任。在起诉的55项罪状中，与松井有关的就达38项。

1948年11月12日，松井作为甲级战犯被远东国际军事法庭判处绞刑。12月23日，松井在东京巢鸭监狱被送上了绞刑架。松井在绞刑架上挣扎了2分钟11秒才断气，于12月23日零时13分结束了其罪恶的一生。

早在1947年3月10日，南京审判战犯军事法庭依据中国刑事诉讼法、海牙陆战规例、战时俘虏待遇公约、战争罪犯审判条例等有关的法律条款，对日本乙级战犯谷寿夫作出最后死刑判决，并于4月26日上午10时整，在南京雨花台执行枪决。

“百人斩”恶魔伏法

1947年，一张让人不寒而栗的合影被时任远东国际军事法庭中国检察官秘书的高文彬发现，随即传回国内，一场国际抓捕开始了。

1. 一次意外发现

1946年5月16日，中方法律人士高文彬抵达日本，步入远东国际军事法庭。为了搜集更多战犯的证据，高文彬一有空就到国际检察处3楼的档案室查资料——那里集中了数不清的日本官方档案、媒体报道、机密文件，浩如烟海。

1947年的一天，高文彬翻到了一份1937年12月的《东京日日新闻》，刊登了一张拍摄于侵华日军攻入南京不久，两个面带微笑的日军少尉军官挂刀而立的照片。报道的标题是《百人斩超记录》，文章这样写道：

> 以南京为目标的“百人斩竞赛”这样少见竞争的参与者片桐部队的勇士向井敏明、野田毅两少尉，在紫金山攻略战中的杀人对战成绩为106对105。

《东京日日新闻》的这篇报道，无疑是侵华日军暴行的又一铁证。但是，当时远东国际军事法庭对于南京大屠杀的举证程序已经结束，这份证据已不能再呈送；而且，向井和野田的军衔很低，也不够远东军事法庭审判的资格。向井和野田，注定要接受来自中国的审判。

高文彬随即把报纸复印了三份：一份留在检察处办公室，另两份转寄回国给南京审判战犯军事法庭。那场灭绝人性的“百人斩竞赛”在其发生10年后，终于被公之于众。

2. 残暴的“勇武传”

高文彬发现的那份《东京日日新闻》，只是日本媒体对“百人斩”报道的其中一份。根据这一发现，代表团很快搜集到了大量的同题报道。

历史学者程兆奇说：“这样的报道是日军特有的‘勇武传’，宣扬的都是所谓的‘武士道精神’和狂热的军国主义思想。”

然而向井和野田真正的杀戮对象，更多的是战俘和平民，在战斗中杀死对手与残杀战俘、平民，性质完全不同。很明显，这是在对已经放下武器的战俘进行屠杀。

“勇武传”背后的血腥和残暴是显而易见的，但在日本军国主义把全民族煽动到癫狂的年代，却成了“振奋人心的英雄事迹”。“百人斩竞赛”却让向井和野田成了日本家喻户晓的“英雄”。

3. 难逃天网恢恢

南京审判战犯军事法庭接手此案。按照程序，国民政府电告中国驻日代表团，让他们向盟军总部提出抓捕向井和野田。

1947年8月20日，在日本琦玉县的一个小集市上，靠摆地摊讨生活的野田毅被国际宪兵偶然发现。被抓住时，野田并没有马上就范。他假装听不懂国际宪兵说的话，毫不配合。直到把翻拍的《东京日日新闻》放到他眼前，野田才垂头被擒。通过审讯野田毅，向井敏明随后就落网了。

1947年12月18日，南京军事法庭对南京大屠杀“百人斩”战犯向井敏明、野田毅进行公审。公审决定1948年1月28日将战犯向井敏明、野田毅押赴雨花台执行死刑。

七、八个丑鬼

铭记历史，不忘国耻，以下这8个日本人是中国人民最应该记住的，不仅因为他们是日本军国主义的代表，更因为他们在中国犯下了滔天罪行及背负的累累血债！

伊藤博文:《马关条约》始作俑者

1841年9月2日，伊藤博文出生在一个农民家中。青年时代，他在“松下村塾”师从素有日本“恶魔宗师”之称的吉田松阴，崇信“尊王攘夷”的思想，在倒幕运动中指挥“骑兵队”抗击幕府的讨伐。

伊藤博文多才多艺，深得天皇信任，并担任了明治政府内阁要职，以总理大臣的名义主持制定了第一部日本宪法，这部宪法对日本的影响极为深远。

1895年，甲午中日战争后，伊藤博文与清廷重臣李鸿章谈判，签订《马关条约》，逼迫中国赔款白银2.3亿两，他因此晋升为侯爵。

1905年，伊藤博文又逼迫朝鲜签订了不平等条约，朝鲜从此沦为日本殖民地。1909年10月26日，他在哈尔滨火车站被朝鲜爱国志士安重根击毙。

大山岩:“旅顺大屠杀”的元凶

大山岩出生于1842年，日本鹿儿岛人。早年参加明治维新运动，是促进近代日本称霸亚洲、跻身世界军事强国的关键人物之一。他毕生极力推行军国主义侵略扩张政策，是一个狂热的军国主义分子。

1885 年，大山岩出任伊藤博文内阁首任陆相。1891 年晋升陆军大将。1894 年参加制定侵略中国的作战计划。日本政府据此挑起甲午战争。同年 9 月任日本第二军司令官，率部登陆辽宁南部，先后占领金州、大连湾、旅顺等地，纵兵制造了震惊世界的“旅顺大屠杀”。因侵华有功，受封侯爵。1904 年日俄战争时期再次指挥作战，侵占辽东半岛。1916 年病死于日本。

裕仁天皇：发动侵略战争的祸首

日本裕仁天皇生于 1901 年，1926 年即位。在他执政的前半期，日本军国主义先后发动了侵略中国的“九一八”事变、“七七”事变和向美、英盟军开战的“珍珠港事件”。在“发扬皇威”“八纮一宇”的口号下，成千上万的日本人被蒙骗、被驱使，为侵略战争效劳。长达 14 年的战争给亚洲各国人民带来了深重的灾难，也把日本推向了崩溃的边缘。1989 年，他因肠癌而死。

东条英机：军国主义战争头号战犯

东条英机，1884 年生于东京一个军阀家庭，自幼受到军国主义思想、武士道精神的熏染。先后在东京陆军地方幼年学校、陆军中央幼年学校经历了严格的军事化学习。军事教官的“在战争中要勇猛冲杀、视死如归，为日本征战建立功勋的‘训示’”对他影响很大。

毕业后，他历任陆军省副官、陆军大学教官、陆军省军务局课员等职，坚决支持日本军部的右翼法西斯分子谋划、策动武装侵略中国的“九一八”事变。

1937 年“七七”事变后，东条英机率日军直扑察绥和晋北。1938 年 11 月 28 日，东条英机在“陆军管理事业主恳谈会”上发表演说。他扬言要对中国和苏联两国发起战争，而后全部占领中国。1940 年 7 月担任陆军大臣后，进而提出“大东亚共荣圈”的口号。

1948 年 11 月 12 日，东条英机被远东国际军事法庭判处死刑，于 12 月 23 日被执行绞刑。

冈村宁次：实行“三光政策”的杀人魔头

1884 年，冈村宁次出生在一个没落的武士家庭。小学毕业后，升入日本陆军士官学校。该校尤为注重向学生灌输封建忠君思想和军国主义毒素，通过非常残忍的方法来培养武士道精神。

1927 年，他任日本陆军部第六团团长时，出兵中国山东，是制造“济南惨案”的主凶之一。

1932 年,他任日本“上海派遣军”副参谋长,参与制造了“一·二八”事变,率部侵犯上海,屠杀上海人民。

1933 年春,关东军侵犯热河(省)、长城,威逼天津,他代表日方迫使国民党当局与之签订了屈辱的《塘沽协定》。1941～1944 年,他疯狂推行烧光、杀光、抢光的“三光”政策,使得中国冀中地区“无村不戴孝,处处闻哭声”。

1946 年 1 月,远东国际军事法庭将冈村宁次等人一起列入战犯名单。但蒋介石政府却想方设法庇护这个反共有功的战犯。这个曾对中国人民犯下无数不可饶恕罪行的恶魔,最后竟然得享天年,于 1966 年 9 月,因心脏病突发而死。

谷寿夫:“南京大屠杀”刽子手

谷寿夫,1882 年出生于日本福冈县。1905 年,他赴中国东北参加日俄战争。1934 年晋升为陆军中将。

1937 年,日本侵华战争爆发时,谷寿夫担任日本第六师团中将师团长。12 月 13 日,第六师团攻入南京市,当时逃难的南京市民拥挤在主要街道上,谷寿夫命属下官兵对无辜百姓狂掷手榴弹,用机枪扫射,数以万计的南京市民被杀。谷寿夫因此获得嘉奖。他还亲自参与了屠杀及奸淫中国妇女的兽行。因其凶悍,得“九州虎”绰号。

1945 年日本投降后,远东国际军事法庭将其列为乙级战犯,于 1946 年 8 月被引渡至南京受审,并被判处死刑。于 1947 年 4 月 26 日,在南京被执行枪决。

石井四郎:731 部队细菌战魔头

石井四郎,1892 年出生于日本加茂,1927 年获得微生物博士学位。

促使石井四郎下定决心从事罪恶的细菌战,源自于他发现了二等军医原田撰写的有关细菌战的报告书,细菌战所具有的杀人威力深深地吸引了石井四郎。

此后,他为能实施细菌战计划而到处游说。他的主张得到日本大本营和关东军的大力支持。1933 年,他在中国东北建立起细菌研究所,并开始进行惨无人道的活体细菌实验,残害大量中国军民。

1945 年日本战败,石井随 731 部队全体撤回日本。1947 年,石井向美军要求,把 731 部队的情报资料全部提供给美国,作为交换条件,免除全体人员的战犯罪。美国同意了他的请求,从此他一直被美国包庇下来。1959 年,石井四郎患喉癌,死于东京。

土肥原贤二:侵华日军的间谍头目

土肥原贤二,1891年出生于日本的一个军人世家。1912年从陆军大学毕业后,任职于日本陆军参谋本部,随后被派往中国,开始了他在中国的特务生涯。

1928年3月,他任张作霖顾问,后因关东军制造“皇姑屯事件”暗杀张作霖,被解聘。

1930年10月,奉关东军司令部指示,开始在华北设立特务机关。1931年8月,出任日本驻奉天特务机关长,参与策划“九一八”事变和制造伪满洲国。

1935年6月27日,作为日军代表迫使国民党政府签订《秦土协定》,把侵略势力扩展到察哈尔省,建立所谓非武装区。1936年3月晋升为中将。

1945年日本战败投降后,土肥原贤二被远东国际军事法庭判为甲级战犯,在东京巢鸭监狱被执行绞刑。

八、胜利凯歌

抗日战争的胜利,扭转了一百多年来中国人民反抗外国侵略的屡败局面,洗刷了近代以来的民族耻辱,成为中华民族由中衰到振兴的转折点。中国人民为世界反法西斯战争的胜利做出了重要贡献,也做出了巨大的民族牺牲。

中国的抗日战争是第二次世界大战的重要组成部分,是世界参加反法西斯战争的五个最大的国家之一,是在亚洲大陆上反对日本侵略者的主要国家。中国军队的广大官兵在前线流血战斗,中国的工人、农民、知识分子、工商业者,在后方努力工作,海外华侨输财助战,一切抗日政党都对战争有所尽力,中国人民以自己的血和汗同日本侵略者英勇地奋战了8年。

中国的抗战对其他战场抗击法西斯的斗争,以至最后歼灭法西斯势力起到了重要的支援和配合作用。1941年冬,当德军兵临莫斯科城下时,希特勒曾狂妄地要求日军迅速采取配合行动,以期两军在西伯利亚铁路线上会师,从而实现其东西两面夹击苏联的目标。而日本在太平洋战争中暂时得手时,日本大本营则制定了一个攻占澳大利亚,夺取锡兰(今斯里兰卡),与德军会师印度洋的计划。不论在日军的“北上”还是“南下”计划中,中国都处于枢纽位置。但随着战局的发展,日军的战略意图或根本没能够实现,或在很大程度上受到遏制，这都与中国人民英勇抗击并牵制了日本陆军主力，使其无力他顾分不开。中国人民的抗战对世界反法西斯战争作出了很大的贡献。

中国的抗战赢得了世界上所有主持正义的国家与人民的同情和支持，二战中中国国际地位不断提高。如太平洋战争爆发后，美国罗斯福总统开始把中国与英国、苏联相提并论；1942 年元旦发表的反对法西斯的共同宣言——《联合国家宣言》，中国被列为四大签字国之一；1943 年，美、英、苏在德黑兰召开会议，在商议成立联合国问题上，提出苏、美、中、英四国为战后和平的四大支柱；1945 年 9 月 2 日，在美国"密苏里"号战舰上举行日本投降仪式，在盟国代表签字的顺序中，中国代表仅在美国之后。

为了争取中国人民抗日战争的胜利，并且为中国人民革命的最后胜利准备条件，1945 年 4 月 23 日至 6 月 11 日，中国共产党在延安召开了第七次全国代表大会。大会制定了党的政治路线，那就是：放手发动群众，壮大人民力量，在中国共产党的领导下，打败日本侵略者，解放全国人民，建立一个新民主主义的中国。党的"七大"以后，人民军队继续加强反攻，切断、破坏敌人封锁、包围解放区的几十条重要交通线。1945 年 8 月 8 日，苏联对日宣战，苏联华西列夫斯基元帅率百万红军进攻驻在我国东北的日本侵略军。8 月 9 日，毛泽东发出"对日寇的最后一战"的伟大号召。8 月 10 日，朱德总司令命令八路军、新四军和其他敌后抗日军队发动大反攻，消灭拒绝投降的敌人。抗日战争进入了大反攻阶段。

1945 年 8 月 15 日，日本裕仁天皇被迫宣布无条件投降。9 月 2 日，正式签订投降书。中国人民艰苦卓绝的八年抗战，终于取得了最后胜利。

八年抗战，中国军队共消灭日军 130 多万人。其中，中国共产党领导的敌后抗日根据地军民，共消灭日军 52 万余人，歼灭伪军 118 万多人。人民军队发展到 130 多万人，解放人口 1 亿多人，解放区的面积达 104 万平方公里。

中国抗日战争的胜利，开创了一条殖民地半殖民地人民打败残暴的帝国主义国家的道路，谱写了一曲夺取反侵略战争彻底胜利的凯歌，有深远的历史意义和世界意义。

【参考文献】

[1]朱成山主编：《日本侵华史研究》第 3 卷，南京出版社 2013 年版，第 39～44 页。

[2]经盛鸿：《南京沦陷八年史》，社会科学文献出版社 2013 年版，第 1205～1217 页。

[3]张中：《日本战犯改造》，辽宁人民出版社 2013 年版，第 220～229 页。